全国教育科学"十三五"规划2018年度教育部重点课题
"融合教育学校残疾学生同伴关系不良的干预研究"（DHA180362）成

U0453872

融合教育学校同伴关系的绘本干预研究

江小英　著

重庆大学出版社

图书在版编目(CIP)数据

融合教育学校同伴关系的绘本干预研究／江小英著.
重庆：重庆大学出版社，2025.3. --（特殊儿童教育康
复学术专著）. -- ISBN 978-7-5689-5193-7

Ⅰ. G76

中国国家版本馆 CIP 数据核字第 2025P3F718 号

融合教育学校同伴关系的绘本干预研究
RONGHE JIAOYU XUEXIAO TONGBAN GUANXI DE HUIBEN GANYU YANJIU

江小英　著

策划编辑:陈　曦

责任编辑:黄菊香　　版式设计:陈　曦
责任校对:刘志刚　　责任印制:张　策

＊

重庆大学出版社出版发行
出版人:陈晓阳
社址:重庆市沙坪坝区大学城西路 21 号
邮编:401331
电话:(023) 88617190　88617185(中小学)
传真:(023) 88617186　88617166
网址:http://www.cqup.com.cn
邮箱:fxk@ cqup.com.cn(营销中心)
全国新华书店经销
重庆新荟雅科技有限公司印刷

＊

开本:787mm×1092mm　1/16　印张:14　字数:276 千
2025 年 3 月第 1 版　2025 年 3 月第 1 次印刷
ISBN 978-7-5689-5193-7　定价:60.00 元

序

在全球教育公平进程加速的背景下,《中国教育现代化 2035》将"全面推进融合教育"纳入国家战略框架,与联合国《2030 年可持续发展议程》提出的"确保包容和公平的优质教育"的倡导形成共振。这种跨文明的价值共识,正推动残疾儿童与普通儿童共同成长的教育图景从理念走向实践。融合教育如同破晓之光,照亮了残疾儿童与普通儿童共学共生的路径,使"努力让每个孩子都能享有公平而有质量的教育"的承诺转化为可触达的成长体验。

融合教育的核心在于打破隔离的藩篱,让所有儿童在包容、支持的环境中共享教育资源,共创社会价值。在融合教育实践中,同伴关系不仅构成残疾儿童融入校园生活的关键纽带,更成为衡量教育公平实现程度的核心维度——它既是对人类多样性的具象化尊重,也是检验融合质量的重要标尺。我国融合教育政策实施三十余年来,虽在入学率等显性指标上取得显著突破,但理想与现实间的沟壑依然明显:校园场域中隐性排斥持续存在,残疾儿童尤其是智力障碍儿童仍普遍面临被忽视、误解乃至边缘化的困境。这种同伴关系困局使残疾儿童难以真正融入校园生活,制约着残疾儿童的社会性发展,更折射出现代教育体系亟待破解的深层命题——如何通过教育干预弥合认知鸿沟,构建双向赋能的同伴支持系统。残疾儿童在面对友善、支持、尊重、接纳和归属感需求的互动壁垒时,却常常遭遇理解的鸿沟。如何改善残疾儿童的同伴关系,成为融合教育中亟待破解的难题。

融合教育的本质在于通过普通教育环境实现所有儿童的适性发展,这一目标的达成高度依赖于良性同伴关系的生态构建。残疾儿童的社会性发展与其同伴接纳度呈显著正相关,但现实中,普通儿童对差异群体的认知偏差与互动策略匮乏,往往导致双向互动陷入僵局。由于身心特质限制,特殊儿童难以通过自发游戏建立同伴联结,这要求教育者必须搭建认知、情感和社会交往的转化桥梁。在此背景下,绘本这种广受儿童青睐的优质教育资源,以其多元的教育智慧、深厚的教育意蕴以及独特的叙事张力与认知支架功能,为重构同伴关系提供创新性解决方案。

近年来,绘本在特殊教育中的应用日益受到关注。绘本以其生动形象、童真童趣的特点,为残疾儿童提供了丰富的学习资源和情感支持。绘本作为"图文合奏的艺术",其视觉符号系统与叙事逻辑具备天然的中介潜能:直观的画面语言可将抽象社会规则转化为具象情境,而凝练的文本叙事则为认知迁移提供了结构化支架。以《故障鸟》为例,其通过单翅鸟寻找伙伴的隐喻叙事,将"差异补偿"与"身份认同"转化为可视化的认知图式;而《搬过来,搬过去》则以跨物种协作突破生理限制的创意叙事,具象化呈现异质个体通过创造性合作实现共融的实践路径,直观化呈现融合过程中空间重构与关系调适达成共生的动态过程。这些作品不仅传递融合教育价值观,更通过角色互动为儿童提供差异情境下的具体社交策略。尤为重要的是,绘本的"去说教化"特质使其避免道德灌输的生硬,转而通过叙事留白激发儿童自主建构意义,在具身体验中深化对同伴特质的理解与接纳。

本书是江小英副教授主持的全国教育科学规划教育部重点课题"融合教育学校残疾学生同伴关系不良的干预研究"的成果。绘本干预并非简单地"讲故事",而是一项基于严谨理论的教育实践。本书整合了生态系统理论、阅读治疗理论与读者反应理论,针对融合教育学校中残疾儿童同伴关系的现状,采用融合绘本和同伴关系主题绘本进行深入的干预研究,构建了"环境浸润—认知重构—行为转化"三维干预模型。这种跨学科的理论自觉,使研究既扎根于融合教育实践沃土,又获得教育心理学、儿童文学的学理滋养。研究通过务实求索与精耕细作,有力证实了以绘本为媒介的干预能够重构儿童的意义世界,在认知共情向行为共情的转化过程中培育真正的融合文化,为普通学校改善残疾儿童同伴关系提供了可复制、可推广的有效途径。

书中所采用的绘本干预方法,不仅关注残疾儿童的特殊需求,也兼顾了普通儿童的情感、认知和行为的发展,为他们提供了解和接纳残疾儿童的契机,在潜移默化中增进对残疾儿童的理解与包容,充分体现了融合教育的核心价值。书中强调绘本干预的系统性和持续性,通过班级共读,营造良好的阅读氛围,使残疾儿童和普通儿童在长期的阅读过程中逐渐建立起积极的同伴关系。这种干预模式不仅关注短期的效果,更注重长期的影响,为残疾儿童在融合教育环境中的成长与发展奠定了坚实的基础。在写作过程中,她以严谨的学术态度和丰富的实践案例,使理论与实际紧密结合。书中不仅有翔实的研究数据和分析,还有对实际教学场景的生动描述,为读者提供了全面而深入的视角。

作为导师,我很高兴地看到学生在研究上取得成果、学术上取得进步。更让我欣喜的是,我能够为学生的著作写序。这篇序言表达了我对她新书《融合教育背景下同伴关系的绘本干预研究》的衷心祝贺。

本书体现了"以儿童为中心"的教育哲学,是献给所有融合教育实践者的行动指南。期待这项凝结实践智慧的研究成果,能在融合教育的生态系统中播下认知变革的种子——当绘本的叙事力量穿透差异的藩篱,残疾儿童与普通儿童将沐浴着共读的春风,自然生长出彼此聆听、相互映照的生命对话,共同编织出共融共生、共享共赢的成长诗篇。

华东师范大学教育学部 教授、博士生导师
2025 年 3 月于华东师范大学丽娃河畔

前　言

　　20世纪美国著名的批判社会学家C.赖特·米尔斯(C.Wright Mills)在其《社会学的想像力》名篇《论治学之道》中有一个精辟的论断,"那些最有名望的思想家并不把研究工作与日常生活相割裂。他们舍不得冷落任何一方面……并且力图使两者相得益彰……选择做一名学者,既是选择了职业,同时也是选择了一种生活方式……必须在学术工作中融入个人的生活体验:持续不断地审视它,解释它"[①]。这段话无疑道出了学术研究与生活经验的紧密关系。

　　本研究正是基于研究者个人的成长经历以及对生活经验的不断审视。作为中国第一代独生子女,我的成长过程伴随着孤独感,尽管这种孤独感直到青春期才被更为清晰地体验到。在我成为母亲后,我的孩子成为第二代独生子女,居住在城市钢筋水泥的楼房里,成长过程中面临着更为严峻的社交挑战。他与同伴交往的机会比我当年更少,缺乏主动交往的意识和技能,让我内心颇为着急。于是,从孩子上幼儿园开始,我就在亲子阅读中选择大量关于友谊的绘本,和孩子讨论分享与同伴的相处之道,同时经常为孩子创造各种与同伴交往的机会。反思自己和孩子的成长经历,我感到遗憾和庆幸,遗憾的是童年时并未意识到同伴关系对自己社会适应和未来发展的重要性,庆幸的是我终于意识到这个问题,并及时改善孩子的同伴关系。

　　这种个人经历和反思促使我在研究融合教育时格外关注残疾儿童的同伴关系。融合教育是国际教育发展的趋势,全面推进融合教育是我国教育发展的现实需求。普通儿童与残疾儿童之间的同伴关系是影响融合教育成效的重要因素。在普通学校就读的残疾儿童数量逐年增长,他们不仅面临较大的学业压力,也面临应对同伴交往的挑战。残疾儿童需要从同伴交往中获得友善、支持、尊重、接纳和归属感,才能快乐、自信地生活和学习。但物理空间的融合并不意味着心理的融合就随之产生。受多方面复杂因素的影响,普通儿童对残疾儿童的接纳是有限的。对普通儿童而言,除了教育说服的方式,还有没有更润物细无声的途径可以有效地促进他们对残疾儿童的认识、理解、尊重和接纳?

　　阅读是人类获取知识、启智增慧、培养道德的重要途径,可以让人得到思想启发,树立崇高理想,涵养浩然之气。全民阅读作为一项重要的国家战略,已经连续11年被写入政府工作报告。党的二十大报告强调,要深化全民阅读活动。全民阅读,儿童阅

---

　　①　C.赖特·米尔斯.社会学的想像力[M].陈强,张永强,译.3版.北京:生活·读书·新知三联书店,2012:211-212.

读优先。绘本是最适合儿童早期阅读的材料。20 多年来,绘本作为一种优质的教育资源,已被广泛认可,它不仅为儿童带来视觉愉悦,提供精神享受,还有助于儿童的心灵成长和价值观的塑造。2016 年,教育部颁布的《普通学校特殊教育资源教室建设指南》和《培智学校义务教育生活语文课程标准》,均强调绘本在特殊教育中不可或缺的重要性。2022 年,绘本首次被写入教育部颁布的《义务教育语文课程标准》,着重强调小学低段学生阅读绘本的重要性。本研究旨在探讨通过班级共读融合绘本和同伴关系主题绘本,探索改善残疾儿童同伴关系新的有效途径。

本书共分为六章:第一章主要介绍了研究的背景、目的、问题和意义;第二章重点回顾了融合教育、同伴关系及绘本干预研究的文献,并建构了研究的理论框架;第三章从研究设计的角度重点阐述了研究方法的选择、研究总体架构及研究方法;第四章综合运用问卷、访谈和观察法全面调查了融合教育学校中残疾儿童的同伴关系现状;第五章以生态系统理论、阅读治疗理论、读者反应理论为理论基础,针对同伴关系最亟待改善的残疾儿童类型——智力障碍儿童,采用融合绘本和同伴关系主题绘本对他们的同伴关系进行了较长时间的干预;第六章将残疾儿童的同伴关系置于班级生态环境中进行综合讨论,探讨了融合教育学校残疾儿童同伴关系的典型特点和影响因素模型、残疾儿童同伴关系的绘本干预模式与效果。本书旨在通过同伴关系的干预研究,为促进普通学校营造融合的班级和学校氛围提供有效途径,为残疾儿童真正平等地参与学校生活、获得适性发展奠定基础。

本书在写作过程中,受到大量国内外文献的不断启发,同时得到众多老师、同学、同事、家人的鼎力相助。我对他们的帮助表示最深切的感谢。书中的结论和观点难免有纰漏之处,敬请各位读者不吝斧正!本书可供普通高校特殊教育、小学教育、学前教育、儿童文学等相关专业的师生,以及其他教育领域的研究者和实践者借鉴与参考。

江小英

2024 年 10 月

于西南大学田家炳教育书院

目　录

第四章 融合教育学校残疾儿童同伴关系研究

第五章 融合教育学校残疾儿童同伴关系的绘本干预研究

第六章 研究的综合讨论

附录

参考文献

第一章

绪　论

第一节　研究背景

一、融合教育是国际教育发展的趋势

融合教育直接起源于美国 20 世纪 50 年代以来声势浩大的民权运动,更远可以追溯到文艺复兴、法国启蒙运动等西方资本主义发展时期对个人平等、自由、多元选择等的追求的一系列社会运动。① 融合教育强调教育应该主动满足所有人的学习需求,同时也主张将残疾儿童安置在普通教育环境中,普通学校有责任消除任何不利于残疾儿童参与学校一般活动的障碍,为残疾儿童提供必要支援;同时,加强普通教师与特殊教育教师的合作,共同计划、协同教学,促进残疾儿童实质性地参与班级活动,最终让班级中包括普通儿童在内的所有儿童受益。与隔离式教育相比,融合教育不只是单纯地指某种特殊教育安置形式和策略,而是一种渗透着人文主义精神,促进正常儿童和有特殊需要儿童共同发展的教育思想。② 融合教育以西方平等、自由、多样化的价值观念为基础,旗帜鲜明地反对歧视和排斥,极力推崇"异质平等、承认差异、尊重多元"等极具后现代主义思想特点的教育理念,主张有意识地消除"不公平竞争"对儿童发展带来的物化、驯化、异化等负面影响,以"教育的宽容"和"发展的多元"来维持人的自尊和自信。③ 联合国对融合教育的发展起到了重要的推动作用,如编写《融合教育共享手册》、发布《融合教育指南:确保全民教育的通路》、召开主题为"融合教育:未来之路"的第 48 届国际教育大会,推动世界各国融合教育的研究和实践。2016 年联合国颁布的《变革我们的世界:2030 年可持续发展议程》明确指出:提供包容和平等的优质教育……所有人……都应有机会终身获得教育。④ 不让任何一个人掉队是该议程的重要承诺,旨在消除一切形式的歧视和排斥、减少使人们落后并损害个人和全人类潜力的不平等和脆弱性。

马祖芮克(Mazurek)和温泽尔(Winzer)将 28 个国家和地区的特殊教育实施分为有限的特殊教育、正在形成特殊教育、隔离式特殊教育、接近融合式特殊教育和完全融合式特殊教育。⑤《萨拉曼卡宣言》发布后,全世界形成了融合教育研究和实践的热潮。随着研究的深入和各国教育实践经验的不断积累,融合教育的理论体系越来越清晰化、具体化和系统化。融合教育虽起源于特殊教育,但早已超出特殊教育的范畴,逐渐打破普通

---

① 邓猛,苏慧.融合教育在中国的嫁接与再生成:基于社会文化视角的分析[J].教育学报,2012,8(1):83-89.
② 刘艳虹,朱楠.融合教育中儿童发展状况的案例研究[J].中国特殊教育,2011(8):8-13.
③ 方俊明.融合教育:当代特殊教育发展的必由之路[N].中国社会科学报,2009-12-15.
④ 联合国.变革我们的世界:2030 年可持续发展议程[EB/OL].(2016-01-13)[2023-04-22].中华人民共和国外交部官网.
⑤ 朴永馨.特殊教育[M].长春:吉林教育出版社,2000:266-267.

教育与特殊教育二元分离的教育体制。经过 30 多年的探索和发展,马祖芮克和温泽尔提出的分类格局已逐渐被新的教育理念与实践打破,越来越多的国家和地区进入融合教育的行列。美国、英国、澳大利亚、新西兰、芬兰、挪威、意大利、法国、瑞典等发达国家,在政府和各领域专业人员等多方力量的共同推动下,已实现全面融合。以美国为例,《第 43 年度残疾人教育法案实施报告》数据显示,2019 年秋季95.10%的 6~21 岁残疾儿童用40%至 80%的时间和普通儿童共同学习。① 这一比例首次突破 95%。融合教育兴起后,也影响到亚洲国家特殊教育的发展。泰国是亚洲国家中较早实施融合教育政策的国家之一,走在亚洲其他国家的前列。1995 年,印度政府颁布《残疾人法案》,明确让儿童在"最适合的环境下接受教育"。经过政府的努力,印度融合教育取得了一定的成就。2016 年,我国台湾地区从学前到高中职阶段的残疾学生约有 95%在普通学校就读,与美国的比例较为接近,表明我国台湾地区特殊教育已迈进融合教育行列。

综上可见,尽管欧美等发达国家和亚洲各国特殊教育的发展程度不同,但追求融合教育的脚步是一致的。这充分表明融合教育是世界教育发展的趋势。

二、全面推进融合教育是我国教育发展的现实需求

融合教育是中国满足残疾儿童青少年受教育需求的形式,既符合中国国情,也顺应世界融合教育发展的趋势。1987 年,原国家教委在《关于印发"全日制弱智学校(班)教学计划"(征求意见稿)的通知》中正式提出"随班就读"的概念,随后在全国多省市开展三类残疾儿童随班就读的试验。1994 年,《关于开展残疾儿童少年随班就读工作的试行办法》颁布后,融合教育作为国家政策在全国推广。30 多年来,我国融合教育政策保障、普及水平和教育质量得到显著提升。

第一,融合教育的政策保障。2006 年《中华人民共和国义务教育法》中,"随班就读"第一次被正式写入国家法律,代表着国家意志。党的十八大和十九大提出"支持特殊教育""办好特殊教育",党的二十大强调"特殊教育普惠发展",充分凸显了特殊教育在国家事业发展中的重要战略部署位置。党和政府对特殊教育的重视不仅有深切关怀的郑重承诺,更有大力支持的积极行动。② 《国家中长期教育改革与发展规划纲要(2010—2020 年)》中规定:"鼓励和支持接收残疾学生的普通学校为残疾学生创造学习生活条件。"2017 年颁布的《残疾人教育条例》规定,"要积极推进融合教育,根据残疾人的残疾类别和接受能力,采取普通教育方式或者特殊教育方式,优先采取普通教育方式"③。2014 年推出的《特殊教育提升计划(2014—2016 年)》指出,"全面推进

---

① U.S.DEPARTMENT of EDUCATION.The 43th Annual Report to Congress on the Implementation of the Individuals with Disabilities Education Act,2021[EB/OL].(2022-01-18)[2023-05-23].https://sites.ed.gov/idea/files/44rd-arc-for-idea.pdf.本书中所引英文文献均为笔者所译,后同。

② 江小英.认真贯彻十八大精神 全面推进随班就读工作[J].中国特殊教育,2013(2):3-5.

③ 中华人民共和国国务院.中华人民共和国残疾人教育条例[EB/OL].(2017-02-23)[2023-05-10].中国政府网.

全纳教育,使每一个残疾孩子都能接受合适的教育"[1];2017 年推出的《第二期特殊教育提升计划(2017—2020 年)》指出,"以普通学校随班就读为主体、以特殊教育学校为骨干、以送教上门和远程教育为补充,全面推进融合教育"[2]。2020 年印发的《教育部关于加强残疾儿童义务教育阶段随班就读工作的指导意见》指出,"要坚持普特融合、提升质量,实现特殊教育公平而有质量发展,促进残疾儿童少年更好融入社会生活"[3]。2021 年底,《"十四五"特殊教育发展提升行动计划》强调,推进融合教育,全面提高特殊教育质量,预期在 2025 年初步建立高质量的特殊教育体系,创设融合教育环境,推动残疾儿童和普通儿童融合,让残疾儿童青少年和普通儿童青少年在融合环境中相互理解尊重、共同成长进步。[4] 党的十八大以来,国家政策的层层推动,为我国融合教育的全面推进奠定了坚实基础。

第二,融合教育成为我国残疾儿童接受教育的主要形式。1994—2020 年全国教育事业发展统计公报统计结果显示,在普通学校就读的融合教育残疾儿童数量整体上保持增长趋势,其比例保持在 50%左右,如图 1-1 所示。30 多年来,融合教育已经成为我国残疾儿童接受教育的最主要形式,有效地保障了残疾儿童少年受教育的权利,提高了残疾儿童的入学率。

第三,我国融合教育体系初步形成。学前阶段,有相当数量的智力障碍、听觉障碍、视觉障碍、肢体障碍和孤独症(也称"自闭症",故本书有些地方遵照所参考的文献,保留了"自闭症"一词)等各类残疾幼儿在普通幼儿园就读。近年来,全国各地还涌现出一批以融合教育为特色的幼儿园,如北京大学幼教中心、郑州市管城回族区奇色花福利幼儿园和驻马店市博爱幼儿园等。高等院校录取的残疾青年逐年增多,一方面是因为能够招收残疾大学生的特殊教育学院不断增设,另一方面是因为越来越多的普通高校的大门向优秀残疾青年开放,部分残疾大学生被录取为硕士、博士研究生。根据 2007 年到 2022 年全国残疾人事业发展统计公报统计结果,我国共有 16.6 万名残疾大学生进入普通高校学习。进入普通高校学习是残疾大学生接受高等教育的主要途径。残疾大学生在普通高校就读的比例从 83%逐步上升到 92%。[5] 除此之外,部分残疾人还努力通过自学考试、成人教育、开放大学教育、网络教育等各种途径接受高等教育。我国已初步形成以义务教育为主,不断向学前教育、高等教育两头延伸的融合教育体系。

---

① 国务院办公厅.国务院办公厅关于转发教育部等部门特殊教育提升计划(2014—2016 年)的通知[EB/OL].(2014-01-18)[2023-05-10].中国政府网.

② 中华人民共和国教育部,等.教育部等七部门关于印发《第二期特殊教育提升计划(2017—2020 年)》的通知[EB/OL].(2017-07-17)[2023-05-10].中华人民共和国教育部政府门户网站.

③ 中华人民共和国教育部.教育部关于加强残疾儿童少年义务教育阶段随班就读工作的指导意见[EB/OL].(2020-06-28)[2023-05-10].中华人民共和国教育部政府门户网站.

④ 国务院办公厅.国务院办公厅关于转发教育部等部门"十四五"特殊教育发展提升行动计划的通知[EB/OL].(2022-01-25)[2023-05-10].中国政府网.

⑤ 根据中国残疾人联合会数据中心 2007—2022 年中国残疾人事业发展统计公报整理而成.

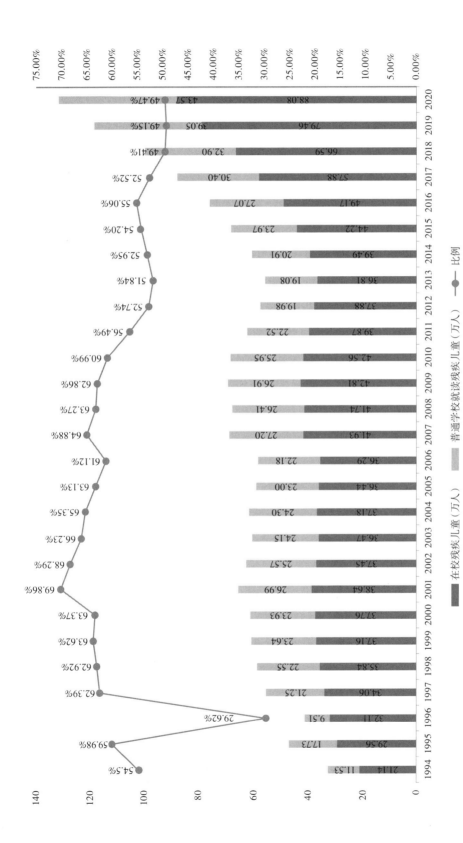

图1-1 1994—2020年我国融合教育残疾儿童数量和比例

在中国,融合教育发展呈多元化特点,既有发展中国家普及残疾孩子入学的基础性目标与实践,也有追求卓越优异的融合先行者,融合正在从理想走向现实。① 我国融合教育发展成就显著,但还存在发展不平衡、不充分等问题,仍是教育领域的薄弱环节。

首先,融合教育立法滞后。我国是特殊教育的大国,除《中华人民共和国残疾人保障法》外,没有专门的特殊教育法。国家层面颁布的融合教育专项文件仅有一项,且从1994年实施以来未做修订,关于融合教育的法律法规仅仅分散在相关的政策文件中,用词空泛,缺乏系统性、强制性、操作性,不能满足近年来我国融合教育迅猛发展的需求,与国际融合教育的发展趋势差距增大。欧美国家及我国港台地区的经验表明:融合教育的发展与相关法律法规的建立健全是同步的。融合教育的现实发展呼唤更有力的立法,提高师资队伍的质量和待遇,保护残疾儿童的公平受教育权利,从根本上保障融合教育的实施,提高融合教育的质量。

其次,师资队伍力量不足。师资数量和质量是影响融合教育质量的关键因素。早在1989年颁布的《关于发展特殊教育的若干意见》中就要求"各地普通中等师范学校、幼儿师范学校的有关专业课,可根据当地需要适当增加特殊教育内容;高等师范院校应有计划地增设特殊教育选修课程",并多次在《中华人民共和国残疾人保障法》《残疾人教育条例》和《教育部关于加强残疾儿童少年义务教育阶段随班就读工作的指导意见》等相关政策文件中不断重申,《"十四五"特殊教育发展提升行动计划》强调将特殊教育课程内容列为必修课并提高比例。② 目前国内开设该课程的师范院校数量极为有限。普通教师职前培训中缺少特殊教育相关课程内容,职后也较少接受特殊教育的相关培训。目前,全国开展融合教育教师培训多为短期培训,难以从根本上解决教师教学实际中遇到的难题。普通教师融合教育素养的缺乏、过重的工作负担、统一化的评价形式和内容、普通儿童对残疾儿童的排斥、相关专业服务的支持不足等导致相当部分残疾儿童虽然"进得来",却难以"留得住""学得好"。

再次,残疾儿童仍遭排斥。人们对融合教育和残疾儿童的态度是影响融合教育的重要因素。全国各省市普通儿童家长联名拒绝残疾儿童在普通学校就读的事件每年都有发生。2019年,1名8岁的孤独症儿童遭到片区的普通学校拒绝,教育局表示可以送教上门,一周两节课;2021年,1名孤独症儿童相继被合肥市区的幼儿园和小学劝

---

① 邓猛,李芳.融合教育导论[M].北京:北京师范大学出版社,2022:2.
② 国务院办公厅.国务院办公厅关于转发教育部等部门"十四五"特殊教育发展提升行动计划的通知[EB/OL].(2022-01-25)[2023-05-10].中国政府网.

退。① 残疾儿童即便被普通学校接受,也会遭受到忽视其学习特点、进度和需求的隐性排斥②,还可能面临被欺凌的风险,有身体障碍或智力障碍的儿童非常容易遭受欺凌。③ 国内许多研究调查了不同群体对融合教育的态度,普通教师对残疾儿童的接纳态度尚未达到比较积极的程度,而普通儿童和普通儿童家长的接纳程度则更低。④ 在班级中,残疾儿童均受到了不同程度的言语和行为上的欺负,如踢打、嘲笑、戏弄、起外号等。⑤ 众多研究结果和事实共同发现:肢体、听觉或视觉等生理器官上显性障碍的儿童相对受接纳,而智力障碍和孤独症儿童这类隐性障碍的儿童受到更多排斥。⑥ 残疾儿童不仅在校园处于弱势地位,其身上的"障碍"符号也会引发污名效应,增加了他们被同伴排斥的现象。⑦ 这些事实的存在与开展融合教育的初衷背道而驰,对残疾儿童教育公平的实现产生了重大的负面影响。

融合教育在我国的推进已经进入关键时期。我国融合教育实践无论在规模上,还是在质量上,都与国际融合教育的发展有很大的差距,我国融合教育在通往"真正的融合教育"的道路上还有很多问题亟须解决。

三、同伴关系是影响融合教育成效的重要因素

美国心理学家马斯洛(Maslow)提出需要层次理论,其中生理需要、安全需要、归属与爱的需要、自尊的需要属于基本需要,认知的需要、审美的需要以及自我实现的需要属于成长需要。⑧ 归属与爱的需要和自尊的需要,说明所有人都希望被他人接纳、爱护、关注、鼓励、支持和尊重。低层次需要得不到满足,则难以发展出高层次的需要。儿童离开家庭,在幼儿园或学校与同伴互动的机会越来越多,同伴在儿童社会化学习与发展中扮演着重要作用。童年期的同伴交往会影响儿童在校期间的适应情况,同伴接纳是满足归属与爱的需要和自尊的需要的重要来源,儿童同伴关系的发展日益受到重视。在融合教育环境中,引导普通儿童对残疾儿童产生正确认识、接纳他们并建立良好的同伴关系,能够促进普通学生和残疾学生的成长发展。⑨ 残疾儿童能够从融合

---

① 徐婷婷.自闭症儿童的入学困境:拼尽全力,还是被劝退了[EB/OL].(2021-09-23)[2023-05-10].搜狐网.
② 关文军,刘菁菁,李鑫.融合之殇:孤独症儿童家长教育安置选择的质性研究[J].中国特殊教育,2022(1):75-82.
③ 钟杰.预防校园欺凌,班主任需要做什么[J].人民教育,2019(1):48-51.
④ 江小英,牛爽爽,邓猛.北京市普通中小学融合教育基本情况调查报告[J].现代特殊教育,2016(14):22-27.
⑤ 王文娟.随班就读特殊儿童学校欺负行为之研究:基于随班就读特殊儿童个案研究[D].重庆:重庆师范大学,2014.
⑥ 陈光华,张杨,石颖,等.我国大陆随班就读态度研究综述[J].中国特殊教育,2006(12):27-32.
⑦ 冯秋涵.融合教育背景下特殊儿童校园霸凌现象的质性研究[D].北京:北京师范大学,2019.
⑧ 张春兴.现代心理学:现代人研究自身问题的科学[M].上海:上海人民出版社,2005:338-339.
⑨ 周兢.学前特殊儿童教育[M].大连:辽宁师范大学出版社,2002:300.

教育中受益,同伴成为他们模仿的榜样,产生的行为问题更少、自尊更高。① 残疾儿童唯有掌握知识获取与同伴互动两种能力才能真正达成融合教育。毕夏普调查了大量的教师、家长和残疾儿童,归纳出影响融合教育的十大因素,其中同伴的接纳和互动排在第二位。②

实际上,四岁和五岁的幼儿已经开始能觉察特殊幼儿的不同之处,并从觉察和外显特征形成其对特殊幼儿的态度,四岁的幼儿已经能对残疾人形成某些看法和观点。③ 对大量儿童、青少年和成人的研究表明:当受到排斥时,人们会产生生气、挫败、孤独、愤怒、困惑、冷淡、封闭等消极感受;当受到接纳时,则会产生快乐、兴奋、欣赏、被爱、自豪、安全、特别、舒服、自信、信任、重要、成长等积极感受,这充分证明没有人愿意在群体中受到排斥。④ 在融合教育环境中,增进普通儿童对残疾儿童的正确认识,使普通儿童接纳残疾儿童并与他们建立良好的同伴关系,不仅对残疾儿童的社会性发展有重要的作用,也能促进普通儿童的社会化学习,接纳同伴之间的差异和不同。只有以尊重和包容的态度友善对待残疾儿童,才能真正体现融合教育的本质。对特殊儿童来说,来自同伴的友谊和来自教师的支持同样重要,同伴的接纳能够增加特殊儿童与普通儿童社会交往的机会,满足特殊儿童的需要,帮助他们提高自尊,促进情感发展。⑤

残疾儿童不仅要面对课业压力,还要面对同伴交往的重要挑战。如果残疾儿童在与同伴互动时缺乏技巧和经验,就容易受到同伴排挤、负面态度的对待;倘若现阶段的融合只注重融合环境的安置而忽略对残疾儿童心理环境的建设,融合教育的效果便会打折扣。同伴关系是影响融合教育成效的重要因素之一。良好的同伴关系仅靠教师和残疾儿童的努力或能力提升是不够的,普通儿童内心的真正接纳对残疾儿童同样必要,这是融合教育必须面对的重要课题。

四、绘本干预是改善残疾儿童同伴关系的有效方式

目前,残疾儿童的同伴关系问题在融合教育环境中尚未受到足够重视。研究者发现,促进同伴关系的方式不尽相同,合作学习可以促进智力障碍儿童的同伴互动,同伴

① CECIL R REYNOLDS,ELAINE FLETCHER-JANZEN.Encyclopedia of Special Education[M].3rd.New York:JOHN WILEY & SONS,2007:1086.

② BISHOP V E.Identifying the components of success in mainstreaming[J].Journal of Visual Impairment & Blindness,1986,80(9):939-946.

③ DIAMOND K E,HONG S Y.Young children's decisions to include peers with physical disabilities in play[J].Journal of Early Intervention,2010,32(3):163-177.

④ VILLA R A,THOUSAND J S.Creating an inclusive school[M].2nd.Alexandria,Virginia:Association for Supervision and Curriculum Development,2005:1-10.

⑤ 周兢.学前特殊儿童教育[M].大连:辽宁师范大学出版社,2002:300.

训练方式可以增进同班同学对孤独症同伴的接纳态度,同伴接纳课程和认识特殊儿童课程对接纳特殊儿童具有成效,绘本教学可以提升幼儿和小学生对残疾儿童的接纳态度,增进同伴互动。[①] 国内外越来越多的研究证实,绘本资源丰富多元,绘本教学寓教于乐,对各类残疾儿童都具有良好的教育成效。孩子听故事的耳朵是打开的,听教训的耳朵是关闭的。故事犹如通往孩子内心的幽径,故事中的隐喻可以作用于孩子的心灵,让他们的行为发生正向的转变,如果一个故事以充满想象力的方式如实呈现孩子的心灵状态,并带着爱和鼓励,提供一种解决方案,或提供一个看待事物的新视角,孩子就会接收到故事中的讯息,令人惊喜的改变会由此而发生。[②] 故事像水,温柔地打开孩子的心灵,引领偏离行为回归平衡,比直接说教更有力量。[③] 绘本精致优美的图画能吸引儿童的注意力,故事内容生动有趣、浅显易懂、深入浅出,不简单说教,因此,本书选择蕴含融合教育价值观的绘本和同伴关系主题绘本,运用多元化、生动有趣的绘本干预方式,营造良好的班级和家庭阅读环境,鼓励儿童反复阅读,促进他们对绘本内容的深入理解、对绘本主题的深刻领悟,提高他们对残疾儿童的接纳程度,帮助他们建立友谊关系,使残疾儿童在普通班级中得到关怀、尊重、理解和接纳,满足其归属感和自尊的需求,提升残疾儿童的班级适应能力,从而达成促进融合教育发展的目的。

第二节 研究目的和研究问题

一、研究目的

通过问卷调查融合教育学校残疾儿童同伴关系,了解普通儿童对残疾儿童的同伴接纳态度和二者之间的友谊关系;运用绘本干预普通班级普通儿童对残疾儿童的同伴接纳态度和友谊关系;探究改善残疾儿童同伴关系的绘本干预模式,进而探索促进残疾儿童融入普通班级的有效途径,达到真正提高残疾儿童融合教育质量的目的。

二、研究问题

据此,本书提出以下研究问题:

1.普通儿童与残疾儿童同伴关系现状如何?

在融合教育学校中,普通儿童对残疾儿童整体同伴接纳态度如何,包括认知、情感

---

① 范秀辉.普通幼儿对身心障碍同伴接纳态度之干预研究[D].重庆:重庆师范大学,2012.
② 苏珊·佩罗.故事知道怎么办:如何让孩子有令人惊喜的改变[M].重本,童乐,译.天津:天津教育出版社,2011.
③ 苏珊·佩罗.故事知道怎么办2:给孩子的101个治疗故事[M].春华,淑芬,译.天津:天津教育出版社,2014.

和行为意向各维度的接纳程度？哪些因素影响残疾儿童的同伴接纳态度？普通儿童对残疾儿童的同伴接纳水平如何？残疾儿童的朋友数量及友谊质量如何？

2.绘本干预普通儿童与残疾儿童同伴关系的基本模式是什么？

在融合教育学校中，残疾儿童同伴关系的绘本干预如何选择绘本，如何开展干预活动，如何促进所有儿童参与，如何保障绘本干预顺利实施？

3.绘本干预对普通儿童与残疾儿童同伴关系有什么影响？

绘本干预能否改善普通儿童对残疾儿童的同伴接纳态度，能否提升普通儿童对残疾儿童的同伴接纳水平，能否有利于普通儿童与残疾儿童之间友谊关系的建立？

第三节　研究意义

同伴关系在儿童社会化过程中发挥着极其重要的作用。随着融合教育的推进，普通儿童与残疾儿童的同伴关系逐渐进入研究者的视野，但大多数聚焦在对同伴接纳态度的调查研究上，有效的干预研究比较缺乏。残疾儿童的同伴关系会直接影响他们自我概念、社会认知、社会适应能力和交往能力等方面的发展。本书通过调查了解融合教育学校残疾儿童的同伴关系现状，以绘本干预探究促进残疾儿童和普通儿童同伴关系的绘本干预模式。本书的主要研究意义如下。

一、理论意义

（一）提供融合教育研究的新视角

我国融合教育无论在规模上还是质量上都需要提升，需要结合不同学科的研究成果，为融合教育的研究提供新的视角，探索行之有效的途径。目前，同伴关系的干预研究在融合教育领域仍未受到足够重视。绘本是深受儿童青睐的读物。运用生态系统理论、阅读治疗理论和读者反应理论，选择融合绘本和同伴关系主题的绘本，结合多元化的活动形式，引导普通儿童和残疾儿童享受阅读乐趣的同时，与书中人物展开对话，受到潜移默化的影响。绘本不仅是适合儿童的读物，而且是促进融合教育的优质教育资源。

（二）丰富同伴关系研究的领域

因为针对普通儿童同伴关系的研究成果已相当丰富，所以本书的干预对象主要是同伴关系不良的儿童。近年来，虽然残疾儿童同伴关系研究渐增，但仍鲜有融合教育学校残疾儿童同伴关系的研究。残疾儿童进入普通班级面临同伴关系的巨大挑战。积极而稳定的同伴关系能够促进残疾儿童自我概念、人格、情感、社会认知、社会适应和社会交往等方面的发展。普通儿童与残疾儿童的同伴关系将直接影响融合教育的成效,如何引导他们建立良好的同伴关系,没有现成的答案。运用绘本干预普通儿童和残疾儿童的同伴关系,将扩展同伴关系研究的领域。

(三)拓展绘本干预研究的应用价值

目前,绘本作为课程资源已经广泛进入国内的幼儿园和小学课堂,一方面融入学科教学以提升学生的核心素养,另一方面融入生命教育、安全教育、劳动教育、心理健康教育、品格教育等方面的研究。绘本是一扇窗户,能让普通儿童更全面地了解残疾儿童,学习如何与他们相处。绘本是一面镜子,能让普通儿童照见自己,意识到自己对待残疾儿童态度和行为的不足,需要先改变自己,而不是残疾儿童。绘本贴近儿童的生活实际,契合儿童的阅读心理,符合儿童的思维方式和语言发展特点。运用绘本干预促进普通儿童和残疾儿童的同伴关系,是有益的尝试,能够进一步拓展绘本干预研究的应用价值。

二、实践意义

(一)有利于改变普通儿童对残疾儿童的认识和态度,形成融合的班级氛围

残疾儿童到普通班级就读时,同伴接纳不会自然产生。建立尊重、理解、接纳、欣赏的同伴关系和形成平等、团结、友爱、互助的班级氛围与学校文化是融合教育成功的标志之一。以融合绘本和同伴关系主题绘本为媒介,运用多元化阅读策略,能够改变普通儿童对残疾儿童的认识和态度,并最终形成融合的班级氛围。

(二)有利于增进普通儿童与残疾儿童的同伴互动,增强其社会适应能力

同伴关系是同龄人之间的一种互动关系。对普通儿童而言,认识和了解残疾儿童有助于促进他们的社会化学习,接纳同伴之间的差异,以尊重和包容的态度对待残疾儿童。对残疾儿童而言,来自同伴的接纳能够增加残疾儿童和普通儿童的交往机会,满足残疾儿童的社交需求,帮助他们提高自尊、促进情感发展。本书在绘本干预中,促进普通儿童对残疾儿童产生积极、正向的认知、情感和行为,增进残疾儿童和普通儿童的互动,从而促进残疾儿童同伴关系的发展,增强其社会适应能力。

(三)为普通学校开展融合教育宣导活动提供新的有效途径

普通学校通过融合教育宣导活动促进普通儿童对残疾儿童的认识和理解,但往往收效甚微,很难真正改变普通儿童的认识、情感和行为。在普通儿童眼里,残疾儿童往

往只是能力不足的被帮助对象,而不是值得欣赏和交往的伙伴。绘本干预以润物细无声的方式,促使普通儿童认同并领悟绘本故事中所传递的价值观。绘本是儿童能够理解并乐于阅读的读物,共读融合绘本将为普通学校开展融合教育宣导活动提供新的有效途径。

第二章

研究现状

本章将综述融合教育、同伴关系、绘本干预相关研究现状,并阐述本书的研究理论框架。

第一节　融合教育相关研究现状

一、融合教育的相关概念

(一)融合教育概念

融合教育(Inclusive Education,又称全纳教育)这一概念最早由斯坦巴克夫妇在1984年明确提出。[①] 1994年联合国教科文组织召开世界特殊需要教育大会,通过《萨拉曼卡宣言》和《特殊需要教育行动纲领》,首次在国际大会上提出"融合教育"的概念,并对融合教育的思想进行了阐释。融合教育要求"应接纳所有的学生,而不考虑其身体、智力、社会、情感、语言及其他状况";"包括残疾儿童和天才儿童,流浪儿与童工,边远地区及游牧民族的儿童,少数民族儿童及其他处境不利的儿童"都应该一同在融合学校中接受教育;"每个儿童都有独一无二的个人特点、兴趣、能力和学习需要"[②]。融合教育逐渐成为多数发达国家的基本教育政策,也成为全球理论研究和实践探索共同关注的话题。但是,"融合教育对于那些对融合教育有着不同期待的人来说,含义不尽相同"[③]。

许多组织机构和著名学者都阐述了对融合教育的理解。2005年,联合国教科文组织在《融合教育指南:确保全民教育的通路》中给出以下定义:融合教育是通过增加学习、文化和社区参与,减少教育系统内外的排斥,应对所有学习者的多样化需求,并对其做出反应的过程。[④] 美国国家融合教育重建中心将融合教育界定为:给所有学生(包括严重残疾的学生)提供均等地接受有效教育的机会,为了培养学生作为社会的公正成员来面对未来的生活,在就近的学校中的相适年龄的班级中,要给予他们充分的帮助和支持。[⑤] 英国融合教育研究中心提出:融合教育指的是在适当的帮助下残疾和非残疾儿童与青少年在各级普通学校的共同学习;融合意味着充分发挥学生的能力,

---

① 邓猛.融合教育理论反思与本土化探索[M].北京:北京大学出版,2014:12.
② 李芳,邓猛.从理想到现实:实证主义视角下的全纳教育及其对中国的启示[J].教育研究与实验,2010(3):24-26.
③ FUCHS D, FUCHS L S.Inclusive schools movement and the radicalization of special education reform[J].Exceptional Children,1994,60(4):294-309.
④ 周满生.全纳教育:概念及主要议题[J].教育研究,2008,29(7):16-20.
⑤ 雷江华.全纳教育之论争[J].教育研究与实验,2004(4):48-52.

使所有学生能参与到学校的学习和生活中去;尽管学生的能力和学习成绩会有差异,但学生毕业后都要进入社会发挥其作用。① 如英国融合教育专家托尼·布思(Tony Booth)认为,融合教育就是要加强学生参与的一种过程,是要促进学生参与就近学校的文化、课程和团体活动并减少被排斥。② 法尔维(Falvey)、吉夫纳(Givner)和金姆(Kimm)认为:融合是一种态度、价值和信仰系统,而不是一个或一系列行为……融合教育是指全部接纳,通过一切手段为社区内每位儿童或民众提供接纳的权利与机会……融合强调如何支持每个儿童特别的禀赋和需要,努力使社区内的每个学生都感到被欢迎、安全及成功。③ 我国学者结合我国国情形成了我国关于融合教育的界定。邓猛认为,融合教育是基于满足所有学生的多样(Diverse)需要的信念,在具有接纳(Acceptance)、归属(Belongings)和社区感(Community)文化氛围的邻近学校内的高质量(High quality)、年龄适合(Age-appropriate)的班级里为有特殊教育需要的儿童提供平等接受高效的教育与相关服务的机会。④ 黄志成认为,融合教育是一种新的教育理念和持续的教育过程。融合教育接纳所有学生,反对歧视排斥,促进积极参与,注重集体合作,满足不同需求。⑤

综合以上不同的定义,融合教育概念的核心要点是基本一致的。首先,融合教育的对象是所有儿童,强调融合教育在保障人权的基础上,关注所有儿童的入学教育问题,主张教育公平,为所有儿童构建融合学校,甚至融合社会。其次,融合教育的目标是让所有儿童获得满足需要的教育,强调让包括残疾儿童在内的所有儿童在普通学校就近入学,并为其提供满足身心发展需要的、有效的、高质量的教育服务。最后,融合教育意味着接纳、参与、合作和支持。融合教育不是某个人的事情,而是与社会上所有公民相关的事情。⑥ 本书的融合教育是指让所有儿童共同就读于适合其年龄层次及特殊需要的普通班级或学校,通过各方的协同合作,为这些儿童提供保证质量的、有效的教育,让所有儿童都获得充分的发展,融合教育的最终目的是建立融合的社会。⑦

(二)融合教育与随班就读

《关于开展残疾儿童少年随班就读工作的试行办法》颁布后,随班就读正式作为国

---

① 雷江华.融合教育导论[M].北京:北京大学出版社,2012:5.

② 黄志成.全纳教育之研究 访英国全纳教育专家托尼·布思教授[J].全球教育展望,2001,30(2):1-2.

③ VILLA R A, THOUSAND J S. Creating an inclusive school [M]. 2nd. Alexandria, Virginia: Association for Supervision and Curriculum Development,2005:1-10.

④ 邓猛,朱志勇.随班就读与融合教育:中西方特殊教育模式的比较[J].华中师范大学学报(人文社会科学版),2007,46(4):125-129.

⑤ 黄志成.全纳教育:国际教育新思潮[J].中国民族教育,2004(3):42-44.

⑥ DANIELS H.World Yearbook of Education 1999[M].London:Routledge,2013.

⑦ 邓猛.融合教育理论指南[M].北京:北京大学出版社,2017:2.

家政策在全国推广。《特殊教育辞典》中"随班就读"的定义是：在普通教育机构中对特殊学生实施教育的一种形式，在中国特殊教育体系中起主体作用。①

融合教育与随班就读的关系一直存在争议。有研究者认为，随班就读就是"融合教育"并在学术交流中直接使用"Inclusive education 或 Inclusion"描述我国随班就读的情况。② 也有研究者认为，我国随班就读虽然与西方融合教育的主要观点有很多相似之处，但是它们的出发点、总体目标、理论基础、实施办法等与融合教育是有很大差别的，我国的随班就读是实用主义的融合教育。③ 目前的基本共识认为，"随班就读"是我国实施融合教育的一种形式，是"我国基础教育工作者特别是特殊教育工作者参照国际上其他国家的融合教育做法，结合我国的特殊教育实际情况所进行的一种教育创新"④。2020 年，我国义务教育阶段残疾儿童在普通学校就读的比例为 49%⑤，美国 5~21 岁残疾学生接受融合教育的比例为 95.10%⑥。从概念到实践，随班就读和融合教育二者是不能画等号的。但通常认为，随班就读应该属于融合教育的范畴⑦，随班就读是融合教育的浅层模式⑧，而且中国的随班就读最终会"演变成为真正的融合教育"⑨。

二、融合教育的沿革

融合教育作为一种社会现象和教育思想，早在 18 世纪世界第一所特殊教育学校产生前就已经存在。捷克教育家夸美纽斯（Komenský）早在 1632 年出版的《大教学论》论述了融合教育的必要性和重要性，是最早论述融合教育思想的人，"我说，才智不同的人应当混合起来，我所注重的是对学生的额外的帮助，不只限于施教的地点。比如教员，倘若发现某个学生比其他学生都聪明，就可以给他两三个愚蠢的孩子让他去

---

① 朴永馨.特殊教育辞典[M].3 版.北京：华夏出版社，2014：58.
② 邓猛，朱志勇.随班就读与融合教育：中西方特殊教育模式的比较[J].华中师范大学学报（人文社会科学版），2007，46（4）：125-129.
③ 邓猛，朱志勇.随班就读与融合教育：中西方特殊教育模式的比较[J].华中师范大学学报（人文社会科学版），2007，46（4）：125-129.
④ 朴永馨.融合与随班就读[J].教育研究与实验，2004（4）：37-40.
⑤ 中华人民共和国教育部.2020 年全国教育事业发展统计公报[EB/OL].（2021-08-27）[2023-05-15].中华人民共和国教育部政府门户网站.
⑥ U.S. DEPARTMENT of EDUCATION. The 44th Annual Report to Congress on the Implementation of the Individuals with Disabilities Education Act, 2022[EB/OL].（2023-04-26）[2023-05-25].https://sites.ed.gov/idea/files/44rd-arc-for-idea.pdf.
⑦ 邓猛.特殊教育管理者眼中的全纳教育：中国随班就读政策的执行研究[J].教育研究与实验，2004（4）：41-47.
⑧ 雷江华，邹春芹.我国一体化教育模式探讨[J].现代特殊教育，1998（9）：17.
⑨ 肖非.中国的随班就读：历史·现状·展望[J].中国特殊教育，2005（3）：3-7.

教……他们双方都可以从此得到巨大的利益"①。18世纪,法国第一所聋校建立前后,曾有过安置形式的争论。赞成融合教育的观点认为,应将聋生放到普通学校就读,他们和所有普通儿童一样,不应与家庭教育隔开。普通学校能够接纳更大数量的聋生学习。② 历史上不乏残疾人在普通学校就读的成功案例,英国著名盲人数学家尼古拉斯·桑德森(Nicholas Saunderson)、盲文发明者路易·布莱尔(Louis Braille)和美国盲聋女作家海伦·凯勒(Helen Keller)。这说明,融合教育是残疾人接受教育的重要途径,教师和同伴的接纳与支持是重要影响因素。但这样的成功案例并不多。苏联特殊教育学者将这个时期称为"假融合时期"③。

　　20世纪20年代,苏联心理学家维果斯基(Vygotsky)指出,建立残疾儿童与普通儿童一起学习的教育体系的必要性。他认为,教育要促进残疾儿童融入生活,以某种方式实现缺陷的社会方面的补偿。维果斯基是最早阐述融合教育思想的人之一④,他的思想在欧美国家得以实现。1967年,班克·米尔克森(Bank Milkkesen)提出,残疾者、智力落后者应与普通市民一样具有同等的生存权利,使他们的生活尽可能地接近普通市民的生活条件和生活方式。⑤ 这种思想在学者中得到了普遍的认同,并在整个丹麦乃至欧洲迅速传播。1968年,瑞典学者尼尔耶(Nirje)进一步表述了观点:尽可能保证智力落后者日常生活的类型和状态与成为社会主要潮流的生活模式相接近。⑥ 这种思想以"正常化"的概念得到广泛传播。1984年,斯坦巴克夫妇(W. Stainback & S. Stainback)首次提出融合教育的概念。1990年,世界全民教育大会召开,会议提倡所有人,无论是残疾人还是普通人,都有接受教育的权利,应为每一个人提供均等的受教育机会,满足所有人的基本学习需要。全民教育为融合教育发展奠定了思想基础。1993年,联合国教科文组织亚太地区特殊教育研讨会上通过《哈尔滨宣言》,提出"融合教育"一词。1994年,世界特殊需要教育大会则正式确立了融合教育的地位,拉开了融合教育的大幕。

三、融合教育的价值观

　　融合教育就其本质而言是一种态度,是学校及其成员在一种价值观念的驱使下做出的一系列充满关爱的决策和行动。联合国教科文组织编写的《融合班级中对儿童需

---

① 夸美纽斯.大教学论[M].傅任敢,译.北京:教育科学出版社,1999:27,37,53,58-59.
② 朴永馨.特殊教育[M].长春:吉林教育出版社,2000:22.
③ 娜·米·纳扎洛娃.特殊教育学[M].朴永馨,银春铭,等译.北京:北京师范大学出版社,2011:64.
④ 娜·米·纳扎洛娃.特殊教育学[M].朴永馨,银春铭,等译.北京:北京师范大学出版社,2011:64.
⑤ 娜·米·纳扎洛娃.特殊教育学[M].朴永馨,银春铭,等译.北京:北京师范大学出版社,2011:64.
⑥ 朴永馨.特殊教育[M].长春:吉林教育出版社,2000:95.

要的理解和回应:教师指导用书》(*Understanding and Responding to Children's Needs in Inclusive Classrooms:A Guide for Teacher*)一书中指出,要通过学校内外部人员的合作才能促进学校文化的变革。学校的文化和传统的变革不是一蹴而就的,也不是单靠一个人就能改变的。① 融合教育强调让残疾儿童能够进入普通教育环境,让所有残疾儿童都能实质性地参与所有教育活动并产生良性互动,并最终能在参与活动的过程中获得进步。② 为此,融合学校首先要致力于建立一个融合共同体,这个共同体不仅包括学校全体领导、教师、学生,还包括所有家长、相关专业人员、社区成员等等。在这个共同体中,人人都受到欢迎,人人都被接受认可,人人都受到尊重,人人都有归属感,人人的需要都能得到满足,人人都能取得最好的成绩。在这个共同体中,领导、教师、学生、家长、社区人员对融合教育都达成了共识;学生之间相互帮助,教师之间相互合作,师生之间相互尊重,教师与领导之间工作配合默契,教师设法消除学生的所有障碍,学校尽力减少歧视和欺负行为;教师与家长之间相互合作,社区和各界都积极参与学校工作。③ 总之,融合教育的重要基础是促使所有领导、教师、学生、家长和社区人员形成平等、接纳、尊重、合作的融合教育价值观。

平等与相关的公平、公正等概念是融合教育价值观的核心。融合教育倡导的平等有双重含义:首先是承认每个人具有同等的价值,学校欢迎每个人,每个人都是集体的一员,它影响着儿童在学校和班级中的分组,还涉及学校的管理方式④,要尽量减少不平等的地位、生活和学习条件;其次是主张人人都有平等的受教育权,即不仅要有平等的入学机会,而且要能做到平等地对待每一个学生,满足他们的不同需求⑤。《萨拉曼卡宣言》强调每个儿童都是不同的,都有各自独特的特性、兴趣、能力和学习需求。⑥ 融合教育追求的并不是一种绝对的平等,而是强调不能仅仅关注部分学生而歧视和排斥其他学生,应该关注每一个学生的发展。这与融合教育提倡更多地关注被排斥的学生是不矛盾的。

融合教育倡导接纳所有的学生,而不考虑其身体、智力、社会、情感、语言及其他状

① UNESCO.Understanding and responding to children's needs in inclusive classrooms:a guide for teacher[EB/OL].(2014-08-08)[2023-05-15].http://unesdoc.unesco.org/images/0012/001243/124394e.pdf.

② HITCHCOCK C,MEYER A,ROSE D,et al.Providing new access to the general curriculum[J].TEACHING Exceptional Children,2002,35(2):8-17.

③ TONY BOOTH,MEL AINSCOW.Index for inclusion:developing learning and participation in schools[EB/OL].[2014-08-07].https://www.eenet.org.uk/resources/docs/Index%20English.pdf.

④ Tony Booth.玫瑰之名:全纳价值观融入教师教育的行动中[M]//联合国教科文组织国际教育局.教育展望.国际比较教育专栏.全纳教育与教师教育的国际发展动态:问题与挑战.华东师范大学,译.上海:华东师范大学出版社,2013:3-17.

⑤ 黄志成.全纳教育展望:对全纳教育发展近10年的若干思考[J].全球教育展望,2003,32(5):29-33.

⑥ 邓猛,刘慧丽.全纳教育理论的社会文化特性与本土化建构[J].中国特殊教育,2013(1):15-19.

况。这里的所有学生包括残疾儿童和天才儿童、流浪儿童与童工、边远地区及游牧民族的儿童、少数民族儿童及其他处境不利的儿童。① 融合共同体总是以开放的态度接纳每一位新成员，他们对共同体的形成都能作出贡献并使共同体更加丰富。可以说，平等是接纳的思想基础，而接纳是尊重与合作的前提。具体而言，融合教育除了提倡所有教师对所有学生的接纳，还特别强调所有学生对教师的接纳、学生与学生之间的相互接纳、家长与学生之间的接纳、教师与教师之间的接纳，以及学生的自我接纳等。

融合教育理念的核心是尊重学生的多样性，满足学生的不同需求。这里的多样性是指相似性和差异性，是在某一共通的人性中的差异。对多样性的融合回应需要建立多样性的群体，属于群体的每一个人都是平等的，他们悦纳并尊重他人的平等价值，而不考虑彼此间的差异。拒绝多样性同样会拒绝自身存在的差异。② 融合教育认为，儿童之间的差异是普遍存在的，承认每个儿童都具有独特的智力、兴趣、情感、意志、性格、气质、能力和学习需要。未来社会对人才的需求是多元化的，每个儿童都具有不同的潜能，其发展也具有多样性。差异不一定是坏事，换个角度来看，就可能成为可利用的教育资源。联合国教科文组织主张学校要进行改革，积极看待学生的多样性，将个体差异不是视为需要解决的问题，而是视为丰富学习的机会。③ 我国新课程理念基本精神——"为了每一个学生的发展"，同样体现了对每个学生的尊重和呵护，特别是对有特殊需要学生的尊重和呵护。融合教育还倡导学校中包括校领导、教师、学生、家长、社区人员在内的每个人都应该互相尊重。

融合教育所指的合作是指人们参与共同的活动，他们感觉自己参与其中并被接纳。融合共同体的建立需要一种鼓励合作的文化，它涉及责任感的培养，涉及公共服务、公民与全球公民等意识以及对全球相互依存的认可。④ 融合教育主导的价值观之一是倡导集体合作，从融合学校最终走向融合社会，营造人人参与、共同合作的氛围。融合教育认为，每个学生都可能遇到学习困难，这不仅是他个人的问题，也是班级的问题，因为他是班集体的一员，是学习集体中的合作者。⑤ 合作是未来社会优秀人才必备的能力，融合教育的目标之一就是培养学生的合作能力，使他们对自己和对他人具有

① 李芳.论全纳性教育思想及其挑战[J].现代特殊教育,2002(7):12-14.

② Tony Booth.玫瑰之名:全纳价值观融入教师教育的行动中[M]//联合国教科文组织国际教育局.教育展望.国际比较教育专栏.全纳教育与教师教育的国际发展动态:问题与挑战.华东师范大学.译.上海:华东师范大学出版社,2013:3-17.

③ 联合国教科文组织."全纳教育:未来之路":第48届国际教育大会简介[EB/OL].(2008-04-30)[2023-05-22].联合国教科文组织数字图书馆.

④ Tony Booth.玫瑰之名:全纳价值观融入教师教育的行动中[M]//联合国教科文组织国际教育局.教育展望.国际比较教育专栏.全纳教育与教师教育的国际发展动态:问题与挑战.华东师范大学.译.上海:华东师范大学出版社,2013:3-17.

⑤ 黄志成.全纳教育展望:对全纳教育发展近10年的若干思考[J].全球教育展望,2003,32(5):29-33.

一种责任感,能够与兴趣不同、能力不同、个性不同、学科背景不同、社会背景不同的人共同合作。融合学校要满足所有学生的各种不同需求,需要领导与教师之间、不同学科普通教师之间、普通教师与特教教师之间、教师与学生之间、教师与家长之间、学生与学生之间、家长与学生之间以及教师与社区之间建立一种更为密切的合作关系,充分发挥他们各自的优势,共同创建一种融合的氛围。①

第二节　同伴关系相关研究现状

一、同伴关系的相关概念

过去30多年,由于同伴关系对儿童发展的重要意义,同伴关系研究得到了迅速发展。同伴是儿童与之相处的具有相同或相近社会认知能力的人。同伴关系是人际关系的一种。美国心理学家哈塔普(Hartup)认为,同伴关系是指同龄人之间的互动②;《儿童行为和发展百科全书》认为,同伴关系是同龄伙伴之间的积极或消极的互动关系③。多数人认为,同伴关系指的是年龄相同或相近的儿童之间的共同活动和相互协作的关系,或者主要指同龄人间或心理发展水平相当的个体间在交往过程中建立和发展起来的一种人际关系。④ 研究人员和教育工作者达成的共识认为,同伴关系对儿童情感和社会性发展具有独特和重要的贡献⑤⑥,为儿童在学校适应、学习技能、交流经验、宣泄情绪、习得社会规则、形成价值观、完善人格等方面提供充分的机会,是儿童社会化的主要动因。儿童青少年的同伴关系是一个多层次、多侧面、多水平的网络结构。⑦ 哈塔普强调的,同伴从两方面影响儿童的发展:同伴群体的接纳或拒绝影响着儿童的发展过程;友谊关系则以潜在的积极或消极的方式影响着儿童的发展,积极的方式如促进其习得社会技能,消极的方式如产生越轨行为。⑧ 因此,很多研究集中在同伴

① 邓猛.融合教育实践指南[M].北京:北京大学出版社,2016:42.
② NAYLOR J M.Peer relationships[M]//GOLDSTEIN S, NAGLIERI JA.Encyclopedia of Child Behavior and Development.Boston, MA:Springer,2011:1075-1076.
③ NAYLOR J M.Peer relationships[M]//GOLDSTEIN S, NAGLIERI JA.Encyclopedia of Child Behavior and Development.Boston, MA:Springer,2011:1075-1076.
④ 张文新.儿童社会性发展[M].北京:北京师范大学出版社,1999:133.
⑤ STUDER M M, ASHER S R, COIE J D.Peer rejection in childhood[J].Contemporary Sociology,1991,20(4):628.
⑥ PEPLER D J, CRAIG W M.Assessing children's peer relationships[J].Child Psychology and Psychiatry Review,1998,3(4):176-182.
⑦ 邹泓.青少年的同伴关系:发展特点、功能及其影响因素[M].北京:北京师范大学出版社,2003:33.
⑧ HARTUP W W. On Relations and Development[M]// HARTUP W W, RUBIN Z. Relationships and Development.Hillsdale, NJ:Lawrence Erlbaum,1986:1-26.

关系的同伴接纳和友谊两个方面。近年来,同伴欺侮也逐渐进入研究者的视野。同伴接纳是群体成员对个体喜欢或不喜欢、接纳或排斥等态度,反映个体在同伴群体中的社交地位。[①] 态度指个体基于过去经验对其周围的人、事、物持有的比较持久而一致的心理准备状态或人格倾向。[②] 梅尔斯(Myers)指出态度包括3种要素:认知要素是指个体对态度对象具有评价意义的观念和信念;情感要素是指伴随认知成分而产生的情绪与情感体验;行为意向要素是指个体对态度对象所持有的一种内在反应倾向,是个体做出行为之前所保持的一种准备状态[③]。友谊则是指两个或两个以上个体间亲密的情感联系,反映同伴群体中个体间的双向关系。[④] 友谊属于人际关系中的高级情感。稳定性、双向性、亲密的支持与肯定[⑤]是友谊的3个前提条件。同伴接纳和友谊在儿童发展中具有不同的功能,是两种不同的关系,代表两种不同的经验。

残疾儿童是与普通儿童在各方面有显著差异的各类儿童。本书中的残疾儿童是指普通学校中的残疾儿童,是具有接受普通教育能力的智力障碍、听觉障碍、视觉障碍、言语障碍、肢体障碍、精神障碍、多重障碍的儿童,也包括脑瘫、孤独症、多动症及其他类别的残疾儿童。与残疾儿童对应的是普通儿童。本书中的残疾儿童同伴关系主要是指在普通学校普通班级就读的残疾儿童,与其年龄相同或相近的普通儿童间在共同活动或交往过程中所建立和发展起来的一种人际关系,既包括普通儿童群体对残疾儿童个体的同伴接纳,也包括残疾儿童与普通儿童之间的友谊。

二、同伴关系的研究

国外儿童同伴关系领域的研究最早可追溯到20世纪30年代。新一轮同伴关系的研究在20世纪七八十年代崛起,同时,研究开始深入探讨儿童发展过程中同伴关系的本质和意义,将同伴关系分为同伴接纳和友谊,并探讨两类同伴关系各自的特点。同伴关系对儿童青少年发展的重要作用不断得到理论研究和实证研究的证实。同伴关系能够促进儿童社会能力的发展,满足儿童的归属与爱的需要、社交的需要和尊重的需要。儿童在班级中被同伴接纳并建立友情,具有一定的班级社会地位,受到同伴的尊重和认可而产生安全感和满足感,有益于儿童的发展;同伴交往经验有助于自我概念和人格的发展。[⑥] 同伴关系的研究主要集中在测量研究、影响因素研究、干预研究等方面。

---

① 林崇德.心理学大辞典[M].上海:上海教育出版社,2003:1249.
② 林崇德.心理学大辞典[M].上海:上海教育出版社,2003:1217.
③ MYERS D G.Social psychology[M].New York:McGraw-Hill Book Company,Inc.,2010:123-129.
④ 林崇德,杨治良,黄希庭.心理学大辞典[M].上海:上海教育出版社,2003:1589.
⑤ 张文新.儿童社会性发展[M].北京:北京师范大学出版社,1999:133.
⑥ 邹泓.青少年的同伴关系:发展特点、功能及其影响因素[M].北京:北京师范大学出版社,2003:2-4.

（一）同伴关系的测量研究

同伴提名法、同伴评定法等社会测量法通常用来测量同伴接纳程度。友谊提名问卷、友谊质量问卷和班级戏剧问卷是友谊关系测量的常用方法。

1.同伴提名法

同伴提名法（Peer Nomination Method）由同伴对个体的社会行为、人格或个体在同伴群体中的社交地位进行评价。[①] 通常要求被试分别列出班级中最喜欢和最不喜欢的3个同学并说出原因。积极提名次数与同伴接纳程度成正比；消极提名次数与同伴排斥程度成正比。提名1次记1分，计算出班级每个被试积极和消极提名的次数和分数，运用SPSS分析软件，转换为Z分数（Zp和Zn），即以班级为单位的积极和消极提名标准分数。采用"两维五组"模型[②]，结合积极提名和消极提名分数，则会产生社会偏好（$SP = Zp - Zn$）和社会影响（$SI = Zp + Zn$）两个新参数和两个分数，由此划出5个不同社交地位的群体，即受欢迎组（$SP > 1$，$Zp > 0$，$Zn < 0$）、被拒绝组（$SP < -1$，$Zp < 0$，$Zn > 0$）、被忽视组（$SI < -1$，$Zp < 0$，$Zn < 0$）、矛盾组（$SI > 1$，$Zp > 0$，$Zn > 0$）和一般组（$-1 < SP < 1$，$-1 < SI < 1$）[③]。同伴提名法可以比较准确地判定个体在班级的同伴接纳水平，同伴接纳水平最低的是被忽视组和被拒绝组，同伴接纳水平最高的是受欢迎组。结合日常观察、同伴评定和教师评定等，可以更准确地分组。

2.同伴评定法

同伴评定法（Peer Rating Method）由同伴提名法发展而来。由成员对团队其他成员的社会性、情感、行为、同伴接纳程度或人格进行评定。一般采用评定量表，由被试根据自己的喜欢程度，对每个成员进行逐一评分，最后计算各成员的平均得分，判断其受欢迎程度及同伴关系。[④] 根据正态分布，可将$Z \geq 1$，$Z \leq -1$，$-1 < Z < 1$作为临界点，划分出高接纳、一般和低接纳3种同伴接纳水平。同伴评定法的分数和同伴提名法的分数有显著相关，但与同伴提名法主要测量同伴接纳类型不同的是同伴评定法主要测量同伴接纳的程度。

3.友谊提名问卷和最好朋友提名法

友谊提名问卷（Friendship Nomination）是将班级同学名单提供给每个儿童，让他们选出好朋友。只有互相提名为好朋友才能算作友伴，计算出每个儿童所得到的被提名的互选友伴数，并在班级内标准化，然后将儿童的友伴数在互选友伴间进行平均，获得

① 林崇德,杨治良,黄希庭.心理学大辞典[M].上海：上海教育出版社,2003：1250.

② COIE J D, DODGE K A, COPPOTELLI H.Dimensions and types of social status：a cross-age perspective[J]. Developmental Psychology,1982,18(4)：557-570.

③ 赵红梅,苏彦捷.被同伴拒绝个体的心理理解[J].中国特殊教育,2005(6)：74-78.

④ 林崇德,杨治良,黄希庭.心理学大辞典[M].上海：上海教育出版社,2003：1249.

每对友谊的互选友伴数得分。[①] 最好朋友提名法与此类似,儿童根据亲密程度写出 3 个最好朋友的名字。计分有 3 种标准:严格标准只将互选为第一最好朋友作为互选朋友;较宽松标准则是只要 3 个提名有互选都可以确认为互选朋友;宽松标准将儿童获得的最好朋友提名数作为拥有朋友的数量,不考虑是否互选。[②]

4.友谊质量问卷

友谊质量问卷(Friendship Quality Question)主要是评价与最好朋友间的友谊质量。问卷由派克和阿舍编制,共 40 个项目 6 个维度,计分为 0~4 分,消极友谊质量反向赋分,所有项目分数相加,得分与友谊质量成正比。1993 年,派克和阿舍将问卷简化,变为 18 个项目的简表。1998 年,邹泓将 40 个项目的量表修订为 37 个项目的中文版,分为信任与支持、陪伴与娱乐、肯定价值、亲密袒露和交流、冲突与背叛[③] 5 个维度,维度间内部一致性较好。万晶晶进一步将量表修订为 35 个项目,包括信任尊重、帮助陪伴、肯定价值、亲密交流、冲突背叛[④] 5 个维度。施测时,被试根据与最好朋友的真实情况填写。每个维度总分与题目数的平均分作为被试该维度的得分,并将友伴间的得分平均,从而得到友伴对的友谊质量分数。

5.班级戏剧问卷

班级戏剧量表(Class Play Questionnaire)由万晶晶和周宗奎根据马斯腾等 1985 年编制的班级戏剧问卷原型,修订了罗伯特·科恩(Robert Cohen)等编制的班级戏剧问卷而形成。该问卷具有较高信度和效度,包括 6 个因素 39 个项目,涉及关系取向的攻击、外部攻击、社交/领导性、被排斥、消极/孤立、受欺侮,涵盖了儿童青少年社会行为的主要方面。[⑤] 根据施测要求,施测时发给被试一份全班同学名单,要求被试根据问卷中提到的 39 个“角色”,在全班名单中选出一个或几个合适的人选扮演该角色,不能选自己。统计时每个儿童被其他同学提名的次数作为该儿童在每个项目上的得分,将每个维度的平均分作为被试在该因子上的得分,然后以班级为单位,计算出每个儿童在 6 个因子上的标准分。除此之外,访谈法、观察法、教师评价问卷、两难故事法等也可以用于同伴关系的测量。

(二)同伴关系的影响因素研究

同伴关系的影响因素研究较为丰富,直接因素包括社会认知、社会技能、社会行

---

①　万晶晶.初中生友谊发展及其与攻击行为的关系研究[D].武汉:华中师范大学,2002:20.
②　邹泓.青少年的同伴关系:发展特点、功能及其影响因素[M].北京:北京师范大学出版社,2003:11.
③　邹泓.青少年的同伴关系:发展特点、功能及其影响因素[M].北京:北京师范大学出版社,2003:44-45.
④　万晶晶.初中生友谊发展及其与攻击行为的关系研究[D].武汉:华中师范大学,2002:25.
⑤　PHILLIPSEN L C,DEPTULA D P,COHEN R.Relating characteristics of children and their friends to relational and overt aggression[J].Child Study Journal,1999(29):269-289.

为、身体特征、性别差异、气质、个性特征、心理理论、孤独感、学业成绩,间接因素包括家庭教养方式、家庭关系、亲子关系、教师的态度和行为、班级环境、跨文化因素等。最主要的影响因素是儿童的社会行为和社会认知。① 这些因素与同伴关系相互作用、相互影响。

早期对同伴关系影响因素的研究主要集中在社会行为方面。社会行为主要是指儿童在同伴交往中所表现出的合作、分享、谦让、助人、关心、同情等亲社会行为以及攻击、破坏、退缩等反社会行为。受欢迎型幼儿行为表现最为积极、友好,消极行为很少;被拒绝幼儿行为表现最为消极、不友好,积极行为很少;被忽视幼儿积极行为与消极行为均较少;一般幼儿行为表现一般。② 受欢迎青少年的亲社会行为较多;被拒绝青少年的攻击和退缩行为较多;被忽视青少年的退缩行为最多;矛盾组青少年的攻击行为、有争议行为和亲社会行为都较多,退缩行为最少。③ 大量研究结果表明,儿童的亲社会行为有助于建立良好的同伴关系,反社会行为则容易导致同伴关系不良,同伴的排斥则又强化了儿童的反社会行为,形成恶性循环。社会行为和同伴关系之间被认为可能相互作用、互为因果。

近年来,儿童青少年的社会认知在同伴关系中的作用也逐渐进入研究者视野。4—5岁幼儿的社会规则认知与其同伴关系有显著的正相关④;5岁儿童社会智力、移情、心理理论与同伴接纳相关显著,能很好地预测其同伴接纳⑤;5—9岁儿童心理理论能较好地预测其同伴接纳程度⑥。青少年社会认知复杂性与同伴接受、同伴拒绝之间存在显著相关。⑦ 大部分研究者得出了社会认知会影响儿童青少年的同伴关系、已形成的同伴关系也会影响儿童青少年社会认知的结论。

身体特征也是儿童同伴关系的重要影响因素。儿童在婴儿期就开始对身体外部特征表现出偏好,童年时期对面部有吸引力的个体更为偏好。研究证明,身体有吸引力是被同伴接纳的有利因素。⑧ 同伴在描述外形特征好的幼儿时,更偏好使用友善、聪明等反映个体积极内在品质的词语。从小学开始,具有吸引力的儿童就更受人欢迎⑨,成熟速度和体型也与同伴接纳程度有关。良好的身体特征能激发同伴的好感,增加儿

---

① 邹泓.同伴关系的发展功能及影响因素[J].心理发展与教育,1998,14(2):39-44.
② 庞丽娟.幼儿同伴社交类型特征的研究[J].心理发展与教育,1991,7(3):19-28.
③ 辛自强,孙汉银,刘丙元,等.青少年社会行为对同伴关系的影响[J].心理发展与教育,2003,19(4):12-16.
④ 周杰.4—5岁幼儿社会规则认知与同伴关系的相关研究[D].大连:辽宁师范大学,2013.
⑤ 刘淑凤.5岁儿童社会认知与同伴接纳的相关研究[D].大连:辽宁师范大学,2013.
⑥ 李东林.5—9岁儿童心理理论的发展及其与同伴接纳关系的研究[D].南京:南京师范大学,2008.
⑦ 张梅,辛自强,林崇德.青少年社会认知复杂性与同伴交往的相关分析[J].心理科学,2011,34(2):354-360.
⑧ 张文新.儿童社会性发展[M].北京:北京师范大学出版社,1999:133.
⑨ 李燕.学前儿童发展心理学[M].上海:华东师范大学出版社,2008:232.

童的自信,使他们更容易建立和保持良好的同伴关系。

（三）同伴关系的干预研究

同伴关系干预的对象聚焦在同伴关系不良的儿童,如被拒绝、被忽视、有攻击性行为、退缩性行为的儿童,主要针对他们进行社会认知训练、社会情绪训练和社会技能训练,具体策略包括强化法、模仿法、游戏法、行为塑造法、角色扮演法、故事法、箱庭疗法等。其中社会技能训练是研究最多的,它是指通过干预方案的实施,对个体进行相关的认知、情感、行为方面的培养或调整,帮其掌握社会交往所必需的知识或技能,促进个体与他人进行有效互动并建立良好关系,进一步提高其社会适应。① 干预方案包括:学习交往的原则和概念;转化为特殊的行为技能;树立同伴交往的新目标;保持和泛化已有行为技能;增强同伴交往的信心。② 大量研究证实,不同年龄层次儿童同伴关系通过社会技能训练可以得到显著改善,例如:拉赫马提（Rahmati）等帮助儿童习得必要的社会技能,从而被同伴接受并得到同伴的认可和支持③;科普兰（Coplan）对羞怯儿童进行干预,对同伴交往产生积极的影响④;庞丽娟对被忽视和被拒绝的幼儿进行干预,使他们的同伴关系得到改善⑤⑥。

三、残疾儿童同伴关系研究

国外对残疾儿童同伴关系的研究相对较早。受《残疾人教育法》（IDEA）的影响,美国残疾儿童同伴关系研究更多集中于残疾儿童与普通儿童的互动,它是确保残疾儿童在普通课堂能够获得适宜教育的重要议题。鲁宾（Rubin）和科普兰提出,同伴关系始于小学低年级,随着儿童的成长,同伴群体的影响也会增加。⑦ 残疾儿童同伴关系研究的对象包括各类残疾儿童,以学习障碍和听觉障碍学生的同伴关系研究居多,从学前阶段到高等教育阶段普通学生对不同类型残疾学生同伴接纳态度皆有涉及,但结论各不相同。测量研究、影响因素研究和干预研究等问题是残疾儿童同伴关系研究的焦点。

———————————————————

① 周冬华.同伴关系不良初中生的社会技能干预[D].济南:山东师范大学,2015:8.

② 邹泓.社会技能训练与儿童同伴关系[J].北京师范大学学报（社会科学版）,1996（1）:46-50.

③ 赵毅冉.移情和社会技能训练对儿童高级心理理论能力的影响[D].郑州:郑州大学,2013.

④ COPLAN R J,SCHNEIDER B H,MATHESON A,et al.Play skills' for shy children:Development of a Social Skills Facilitated Play early intervention program for extremely inhibited preschoolers[J].Infant and Child Development,2010,19（3）:223-237.

⑤ 庞丽娟.幼儿被忽视社交地位的矫正研究[J].心理发展与教育,1992,8（2）:8-13.

⑥ 庞丽娟.幼儿被拒绝社交地位的矫正研究[J].心理发展与教育,1993,9（1）:23-29.

⑦ RUBIN K H,COPLAN R L.Peer relationships in childhood[M]// BERNSTEINAND M H,LAMB M E.Developmental psychology:An advance textbook,3rd.Hillsdale,NJ:Erlbaum,1992:519-528.

(一)残疾儿童同伴关系测量研究

残疾儿童同伴关系的测量以自编或改编的接纳态度问卷为主要工具,少部分使用社会测量法、观察法、访谈法,测量的内容更偏重同伴接纳态度。接纳态度问卷通常使用《态度量表》。被试根据列出的有关事件、情境、机构、人物等问题表达自己的观点。法瓦萨和奥多姆、吴婉君、孔秀丽、江小英等都通过自编同伴接纳态度量表来测量小学生对残疾同伴的接纳态度。余(Yu)等人[①]、维格尼斯(Vignes)等人[②]、波尔(Boer)等人[③]的文章综述分析了 52 项儿童对残疾同伴态度的研究。这些研究来自美国、英国、加拿大等 7 个国家,调查人数从 14 名到 5837 名不等,以学前儿童和小学生为主,多数研究的研究工具仅涉及态度的一个或两个维度,仅有 7 项研究的研究工具涉及态度的 3 个维度。彭素真、胡静怡和范秀辉[④]等研究者在普通儿童对残疾同伴接纳态度的研究中使用的前后测工具都是由认知、情感和行为 3 个维度构成的问卷。社会测量法是最常用来评量同伴地位的方法,埃内尔、郑丽月、林怡铃等采用同伴提名法来测量班级中残疾儿童被同伴接纳的情况。除了收集定量数据,多数研究者还辅以观察法、访谈法、实物收集法来收集质性数据,定量和定性相互印证。例如,通过观察普通幼儿与残疾幼儿的互动情形以了解普通幼儿的接纳态度,通过观察分析普通幼儿对智力障碍幼儿的接纳特点[⑤],运用口答的方式对普通幼儿进行接纳态度的调查,并对幼儿、班级教师进行访谈[⑥]。

(二)残疾儿童同伴关系影响因素研究

残疾儿童的同伴关系是一个受诸多因素影响的复杂现象。[⑦] 我国的研究源于 20 世纪 90 年代,20 年后该领域的研究开始增多。

1.同伴接纳的影响因素研究

同伴接纳是同伴关系的重要方面,我国有关普通儿童对残疾儿童同伴接纳态度的研究数量逐渐增多。许多研究都探讨了普通儿童对残疾同伴的态度,研究发现,普通

① YU S,OSTROSKY M M,FOWLER S A.Measuring young children's attitudes toward peers with disabilities[J]. Topics in Early Childhood Special Education,2012,32(3):132-142.

② VIGNES C,COLEY N,GRANDJEAN H,et al.Measuring children's attitudes towards peers with disabilities:a review of instruments[J].Developmental Medicine & Child Neurology,2008,50(3):182-189.

③ DE BOER A,PIJL S J,MINNAERT A.Students' attitudes towards peers with disabilities:a review of the literature [J].International Journal of Disability,Development and Education,2012,59(4):379-392.

④ 范秀辉.普通幼儿对身心障碍同伴接纳态度之干预研究[D].重庆:重庆师范大学,2012.

⑤ 谭雪莲.幼儿园智力落后儿童与普通儿童同伴关系研究:以两个智力落后儿童的个案研究为例[D].重庆:重庆师范大学,2009.

⑥ 范秀辉.普通幼儿对身心障碍同伴接纳态度之干预研究[D].重庆:重庆师范大学,2012.

⑦ CECIL R.REYNOLDS,ELAINE FLETCHER-JANZEN.简明特殊教育百科全书[M].赵向东,译.北京:华夏出版社,2013:419.

儿童对残疾同伴的态度通常比对非残疾同伴的态度更为消极。[①] 同伴接纳态度影响因素众多,与普通儿童有关的因素包括性别、年龄、与残疾儿童接触程度、社会经济地位、安置形式、学校规模、是否担任班干部、学业成就、国籍、宗教信仰、是否具备残疾儿童知识等,与残疾儿童有关的因素包括年龄、性别、障碍类别、身体特征、个性特征、自我概念、情绪、社会认知、社会行为和社会技能水平等。大部分研究发现女生接纳态度更积极,也有报告男生接纳态度更积极或没有性别差异。[②] 年级对接纳态度的影响没有一致的结论,小班幼儿比大班幼儿对残疾幼儿的接纳程度更高[③],小学高年级学生更积极[④]、中低年级学生更积极或没有年级差异的研究结果皆有。接触程度对接纳态度的影响得出较为一致的结论,大部分研究显示经常接触残疾儿童或残疾人的普通儿童接纳态度更高。法瓦札(Favazza)等人指出,普通儿童与特殊儿童的直接或间接接触经历会影响其认知、态度的形成与发展,积极的直接或间接接触经历会导致接纳和积极的态度。[⑤] 家庭社会经济地位对接纳态度的影响不一致。关于学业成就对同伴接纳态度的影响,有研究发现高学业成就学生的接纳态度更佳,也有研究报告没有显著影响。学校规模对接纳态度有影响,中、小型学校学生的接纳态度显著高于大型学校;担任班干部的学生接纳态度更佳。

残疾儿童自身的特征也是影响普通儿童对他们接纳态度的因素。普通儿童对肢体障碍与听觉障碍类、无问题行为的残疾儿童的接纳态度和支持的程度更高,对残疾男生的接纳程度更高,重度孤独症学生受普通儿童的接纳程度更高,对学习障碍、智力障碍学生的接纳态度显著低于生理感官残疾儿童,普通幼儿对唐氏综合征儿童的能力持消极的看法;对脑瘫幼儿、视觉障碍幼儿和肢体障碍幼儿的能力多持积极的看法。同时,在融合环境中,经常参与积极社会互动的特殊儿童更可能也更容易被其普通同伴所接纳。

教师的态度与行为也是重要影响因素。有研究发现,教师与低社会地位、学习障碍的学生发生更多消极的互动,会影响普通儿童与残疾儿童之间的关系。[⑥]

---

① ROSENBAUM P, ARMSTRONG R, KING S. Determinants of children's attitude toward disability: a review of evidence[J]. Child Care Health and Development, 1988, 17: 32-39.

② WISELY D W, MORGAN S B. Children's ratings of peers presented as mentally retarded and physically handicapped[J]. American Journal of Mental Deficiency, 1981, 86(3): 281.

③ 许碧勋. 幼儿融合教育[M]. 台北: 五南图书出版社, 2003.

④ 江小英, 王婧. 农村小学生对随班就读同伴接纳态度的调查报告[J]. 中国特殊教育, 2013(12): 10-18.

⑤ FAVAZZA P C, ODOM S L. Promoting positive attitudes of kindergarten-age children toward people with disabilities[M]. Exceptional Children, 1997, 63(3): 405-418.

⑥ CECIL R REYNOLDS, ELAINE FLETCHER-JANZEN. Encyclopedia of special education[M]. 3rd. New York: JOHN WILEY & SONS, 2007: 1528.

综上,由于社会文化背景、教育发展水平、研究对象、研究工具的差异,所以各项研究结果不一致。整体而言,普通儿童对残疾儿童的接纳态度是有差别的,普通儿童对残疾儿童接纳态度较积极,少数研究显示接纳态度消极,需要改善。

2.友谊质量的影响因素

友谊和友谊质量是同伴关系的另一个重要方面。国内针对残疾儿童与普通儿童之间的友谊的研究较为有限,国外研究则较为丰富和深入。残疾儿童友谊质量的影响因素复杂,与安置形式、教师的态度和行为及残疾儿童自身能力等因素均有关。

不同类型残疾儿童在不同安置形式下的友谊质量有差异。轻度智力障碍儿童的友谊质量在特殊教育学校和融合教育环境中是不同的,他们对友谊的认识具有显著差异,前者拥有朋友数量更少,大多数只在学校才有朋友,同伴关系中显得更为被动,感到更孤独。[①] 启聪学校听觉障碍学生与健听同伴之间的友谊正向经验的表现优于普通学校听觉障碍学生与健听同伴之间的友谊,表现得更为出色。

对教师的态度和行为方面研究的结论比较一致,即教师的积极引导有利于发展普通儿童与残疾儿童的友谊。教师通常是第一位与残疾儿童建立关系者,进而推动两类儿童共同合作、发展友谊关系。教师给予适当指导是正向友谊形成的基础,对等关系才是友谊长久维持之道,同伴会依照教师的态度去选择与残疾儿童相处的模式。障碍不至于成为儿童友谊关系的鸿沟。教师的管教态度可能会对残疾儿童的友谊关系产生影响。教师为促进残疾儿童良好友谊关系的形成,需要让普通儿童了解残疾儿童的真实能力与人际状况,协助残疾儿童展现自我,增加残疾儿童与同伴的正向互动机会,让残疾儿童在班级中扮演他能胜任的角色及善用教师言行对学生的影响力。智力障碍儿童渴望与普通儿童建立友谊关系,但融合环境并不必然就带来儿童间的友谊;智力障碍儿童与普通儿童的友谊关系是存在的,但是不平等的;成人的引导、智力障碍儿童能力的提升和普通儿童的努力,有助于两类儿童间友谊关系的建立与发展;增加普通儿童与智力障碍儿童接触的机会,可能带来友谊关系的转变;智力障碍儿童与普通儿童的友谊关系对彼此都很重要,双方都能从中学习。图画书课程对增进脑瘫儿童友谊关系具有可行性,要增进友谊关系必须经过长时间的实施,具有延续性,需要教师的引导,残疾儿童的友谊关系才能得到改善。

对残疾儿童自身能力方面的研究发现,他们对友谊的认知、需求和交往技能等都会影响友谊的质量和稳定性。青春期轻度孤独症儿童对友谊的看法和彼此互动行为,会依个体能力发展和对朋友的依赖程度而有不同的表现,他们对追求友谊和接近同伴

---

① HEIMAN T L. Friendship quality among children in three educational settings[J]. Journal of Intellectual & Developmental Disability,2000,25(1):1-12.

都表现出浓厚的兴趣,若感到自己不受欢迎,则易感到孤单;他们会接近对自己态度较友善者,想与其建立紧密的"朋友关系",但欠缺交往的策略和行动。不同孤独症者的友谊发展各有特点,但友谊的质量和稳定性都比较薄弱。斯珀斯坦(Siperstein)等发现,与普通儿童之间的友谊不同,学习障碍儿童和普通儿童之间的友谊特点是有限的合作和共享决策、低水平的合作游戏以及非对称的、层次化的角色划分。①

综上,残疾儿童与普通儿童建立友谊受更多因素的影响,比被同伴接纳难度更大。残疾儿童与普通儿童能够建立友谊关系,残疾并不是影响他们之间友谊关系的障碍。但残疾儿童在友谊关系中更易处于被动、不平等的地位,友谊的质量和稳定性较弱。教师的言传身教和恰当引导能够帮助两类儿童建立与发展友谊关系。

(三)残疾儿童同伴关系的干预研究

国外关注残疾儿童同伴关系研究比较早,研究成果丰富,成为融合教育研究中的重要议题,而我国的研究较为有限。表2-1列举了代表性的研究。

表 2-1　改善残疾儿童同伴关系相关研究

作者/年代	研究主题	研究方法及对象	研究结果
Van Westervelt, D, & McKinney, J D (1980)	Effects of a film on nonhandicapped children's attitudes toward handicapped children	实验研究 46名4年级学生	通过观赏有关坐轮椅的肢体障碍者的影片,实验组的接纳态度有明显提升,优于控制组并有显著差异。
Clunies-Ross, G, & O'meara, K (1989)	Changing the attitudes of students towards peers with disabilities	实验研究 2所学校,各30名4年级学生	通过与残疾同伴的受控替代接触、残疾模拟和以成功为导向的小组体验,实验组在后测和追踪测中表现出明显更积极的态度。校内有残疾同学的学校,学生普遍表现出较积极的态度。
Li C, Wu Y, Ong Q (2014)	Enhancing attitudes of college students towards people with intellectual disabilities through a coursework intervention	实验研究 42名大学生	课程式残疾意识项目能够显著改善大学生对智力障碍人士的态度,定性研究结果为定量结果提供了一些支持,并为态度的改善提供了原因。

---

① SIPERSTEIN G N,LEFFERT J S,WENZ-GROSS M.The quality of friendships between children with and without learning problems[J].American Journal on Mental Retardation,1997,102(2):111.

续表

作者/年代	研究主题	研究方法及对象	研究结果
Armstrong M，Morris C，Abraham C，et al.（2017）	Interventions utilising contact with people with disabilities to improve children's attitudes towards disability：a systematic review and meta-analysis	元分析	研究评估了旨在改善儿童对残疾的态度并涉及与残疾人直接（面对面）或间接（例如，扩展）接触的干预措施，12项研究中11项研究发现，干预能有效改善儿童对残疾的态度。
Mcmanus J L，Saucier D A，Reid J E（2021）	A meta-analytic review of interventions to improve children's attitudes toward their peers with intellectual disabilities	元分析	对59项研究结果的分析发现，实施干预项目后，儿童对智力障碍同伴的态度有所改善。调节结果显示，最有效的干预措施是多次干预、涉及多种策略和社交互动的积极参与、强调非结构化或间接的平等身份接触等。初中生在干预后表现出更多负面态度。
Elise Settanni，L Kern，Alyssa M Blasko（2023）	Improving student attitudes toward autistic individuals：a systematic review	元分析	13项研究中共有2097人参加，所有研究都包括接触（直接、间接或同辈调解）。研究结果表明，干预措施能够有效地改善人们对自闭症的态度，但还需要进一步研究，以确定其整体影响。
李晓杰（2009）	普小学生对随班就读智力障碍同伴接纳态度的干预研究	实验研究 小学3、5年级学生	对随班就读的智力障碍学生的接纳态度有显著改善，且接纳态度好。
张弛（2015）	小学随班就读智力障碍儿童同伴关系的实证研究	问卷、访谈、观察 小学生、2名智力障碍儿童	合适的干预措施可以显著改善小学随班就读智力障碍儿童的同伴交往能力，丰富其同伴交往策略。
王佳颖（2022）	融合环境下普通幼儿对特殊需求幼儿接纳态度的干预研究	实验研究、观察、访谈、问卷评估 1名特殊教育幼儿、大班儿童	普通幼儿对特殊需求幼儿的同伴接纳水平在干预后有显著上升、互动频次变高，但仍低于班级平均水平；家庭、教师在提升特殊需求幼儿同伴接纳水平方面具有重要影响。

作者/年代	研究主题	研究方法及对象	研究结果
丁雯（2020）	运用奥尔夫音乐活动促进自闭症幼儿同伴互动的研究	实验研究 3名自闭症幼儿、普通幼儿	奥尔夫音乐活动的介入对自闭症幼儿和普通幼儿的同伴互动有良好的干预成效，且有较好的泛化效果。

综合分析已有研究,残疾儿童同伴关系的干预整体呈现出多元化的特点。第一,干预对象多元化,主要包括肢体障碍、智力障碍、听觉障碍、孤独症、脑瘫、发展迟缓、学习障碍、多动症等类型的残疾儿童。干预对象多为学前阶段和小学中高年级的普通儿童,少数是中学生。第二,研究方法多元化,综合采用实验研究法、调查法、测验法、访谈法、观察法、实物收集法、行动研究收集资料,多方验证,以保证结论的可靠性和准确性。其中大部分研究者采用实验研究的方法,以前后测准实验研究和单一被试实验居多。部分研究将行动研究与准实验研究相结合。第三,干预措施多元化,采用同伴接纳课程或认识残疾儿童课程、社交技巧训练方案、绘本、影片、动画、讲座、动态活动、静态展览及认知强化和行为模仿等多种方式。研究者多以现实生活中残疾人的故事、影片或绘本为素材设计教学活动。研究者采用系统的课程方案进行干预具有一定的代表性。对于学前儿童和小学生,多以绘本作为教学媒材。林坤灿总结出53项常见的融合教育干预措施,绘本干预是其中备受推荐的一项措施。第四,干预策略多元化,研究者多采用合作学习、小组讨论、团体分享、体验、脑力风暴、角色扮演、价值澄清、问题解决和随机教学等教学策略渗透到课程教学之中。此外,有研究通过认知强化和行为模仿的方式,使实验组儿童对随班就读智力障碍儿童的接纳态度有显著改善。第五,干预成效多元化。多数干预研究结果显示,幼儿园和小学的普通儿童改变了对残疾同伴的刻板印象,增加了对残疾同伴的了解与关怀,激发了更多尊重、包容、体谅,且接纳态度的认知、情感、行为意向均有正向的改变,普通儿童和残疾儿童互动显著改变,包括主动打招呼、主动称赞、主动加入活动等。

在融合教育环境下,残疾儿童同伴关系研究的已有成果为后续研究奠定了重要基础,但仍存在以下局限性:普通儿童对残疾儿童的同伴接纳态度研究成果比较丰富,残疾儿童友谊关系的干预比较少;干预的对象通常以学前阶段或小学中高年级的普通儿童为主,小学低年级儿童同伴关系的干预比较少。

第三节 绘本干预相关研究现状

一、绘本与绘本干预的概念

（一）绘本的概念

绘本的英文是"picture book"，也可以译作"图画书"。"绘本"一词来自日语"绘本"。严格来讲，"绘本"和"图画书"虽意思相近但又有区别。本书统一使用"绘本"一词，引用文献时，也尽量尊重原文献的用语。

国内研究者对"绘本"给出了不同的界定。彭懿认为，图画书是用图画与文字共同叙述一个完整的故事，是图文合奏。它是通过图画与文字这两种媒介在两个不同的层面上交织、互动来讲述故事的一门艺术。[①] 他强调，绘本中的图画不是文字的附庸，而是绘本的生命。陈晖提出，图画书是基于以图为主的图文关系创作的，具有文学性和独特的艺术品质，阅读与欣赏都有别于传统儿童图画故事读物的作品。[②] 林敏宜认为，"绘本"顾名思义是一种以图画为主、文字为辅，甚至完全没有文字、全是图画的书籍，因此文字不仅要浅显易懂，具有口语感或韵律感，还要符合幼儿的发展与兴趣，通常以幼儿有兴趣且关心的事物为题材。插画应考虑孩子视觉心理的适当表现，运用趣味、动态、具体、鲜明的造型特质来吸引孩子的兴趣与注意力。[③] 苏振明提出，狭义的图画书就是给儿童看的画本，是专为儿童阅读设计的，这种图画书里头，每一页或每一版本，以大幅的图画和一些简单的文字相互配合，以便引发儿童观赏的乐趣。[④]

国外学者从不同视角阐述了对绘本的理解。胡克（Huck）等人从艺术的角度解释，指出绘本通过文学艺术与插画艺术两种媒介传递讯息，共同承担叙事的责任。[⑤] 林德（Linder）指出，绘本是由文字与图画相辅相成来叙述故事或呈现内容，只有通过作者的文字和画者的图画的交互作用，才能产生书本完整的意义。[⑥] 松居直（Tadashi Matsui）认为，图画书是一种特定的少儿读物的形式，指文和画之间有独特的关系，它以

---

① 彭懿.世界图画书阅读与经典[M].南宁:接力出版社,2011:7.

② 陈晖.图画书的讲读艺术[M].南昌:二十一世纪出版社,2010:9.

③ 林敏宜.图画书的欣赏与应用[M].台北:心理出版社,2001:35.

④ 苏振明.图画书的定义与要素[M]//徐素霞.台湾儿童图画书导读.台北:台湾艺术教育馆,2002:13-15.

⑤ HUCK C S, KIEFER B Z, HEPLER S, et al. Children's literature in the elementary school[M]. New York: McGraw-Hill College,2003.

⑥ LINDER R.Text talk with picture books: developing vocabulary in middle school[J].Illinois Reading Council Journal,2007(4):3-15.

飞跃性的、丰富的表现方法,表现只是文章或只是图画都难以表达的内容①,同时,他用公式阐明绘本的图文关系,即文字×图画＝图画书。加拿大儿童文学家佩里·诺德曼(Perry Nodelman)强调,绘本是一种用来传递信息或讲故事的图书,以一连串的图画为主、少量的文字为辅,或者完全没有文字。② 本书即采用此定义。

国内外学者对绘本的内涵和外延的理解有差异,但都同时强调绘本的三大要素,即图画、文字、叙事(故事)。③ 图画是绘本的核心和生命,具有独立叙事的功能,画面之间具有一定的连续性。除无字书外,文字是大多数绘本不可缺少的部分,图画和文字合奏完成叙事的任务。

(二)绘本干预的概念

与绘本干预最为接近的概念是绘本教学。绘本是发达国家的家庭首选的儿童读物,而将绘本教学作为一种教学方法在欧美国家并没有被明确提出。④ 目前,绘本教学在中国幼儿园普遍开展,在小学也逐渐受到重视。研究者对绘本教学的理解各有不同。绘本教学是教师以绘本为主要载体,对绘本主题与价值进行挖掘和利用,有目的、有计划地面向多名幼儿所开展的集体教学活动。⑤

国内外以绘本作为媒介开展干预的研究较为丰富,但对区别于日常绘本教学的"绘本干预"却少有学者进行界定。科莱蒙(Kelemen)等⑥、刘蕾⑦和王滕⑧等的研究中直接使用"绘本干预"一词,但未给出明确定义。本书将绘本干预界定为:以现代儿童观、教育观为指导,将绘本作为干预的主要媒介或载体,充分挖掘绘本的多元化价值,综合采用讲述、朗读、讨论、游戏、表演等方式,增进儿童、教师、绘本文本之间的对话,从而达到促进儿童发展的目的。

(三)融合绘本

文学作品与残疾人之间有着多重的关系。多数残疾人是文学作品的读者,部分残疾人还是文学作品的创作者,同时,残疾人也可以是文学作品中的角色。残疾儿童与现代绘本的诞生有一段动人的故事。1893 年,波特(Potter)小姐为安慰和鼓励家庭教

---

① 松居直.我的图画书论[M].郭雯霞,徐小洁,译.上海:上海人民美术出版社,2009:216-217.

② NODELMAN P.Words about pictures:the narrative art of children's picture books[M].Athens:University of Georgia Press,1988:7.

③ 方卫平.享受图画书:图画书的艺术与鉴赏[M].济南:明天出版社,2012:10-11.

④ 袁晓峰,王林,等.图画书阅读:引领孩子快乐成长[M].海口:海南出版社,2007:17.

⑤ 李春光.幼儿园绘本教学现状及改进研究[D].北京:首都师范大学,2013:10-11.

⑥ KELEMEN D,EMMONS N A,SESTON SCHILLACI R,et al.Young children can be taught basic natural selection using a picture-storybook intervention[J].Psychological Science,2014,25(4):893-902.

⑦ 刘蕾.中班幼儿三种典型亲社会行为的绘本干预研究[D].天津:天津师范大学,2015.

⑧ 王滕.中班幼儿情绪理解能力培养的实验研究[D].天津:天津师范大学,2015.

师生病在床的残疾儿子诺尔(Noel),经常在信中以图文结合的方式为这个 5 岁男孩讲述调皮小兔子彼得的故事,给男孩带去了心灵上极大的慰藉①,这就是最初的《彼得兔的故事》。海伦·凯勒是美国著名的盲聋女作家,其代表作《假如给我三天光明》《我生活的故事》等,堪称文学史上无与伦比的杰作。美国作家贝芙莉·克莱瑞(Beverly Cleary)13 岁之前患有阅读障碍,但后来成了 20 世纪最受欢迎的儿童文学作家之一。比利时绘本大师凯蒂·克劳泽(Kitty Crowther)从小患有听觉障碍,他创作的绘本曾获得多项大奖。我国著名残疾作家张海迪、史铁生的文学作品传达了他们独特的生命体验,更引导读者探索生命的意义。

残疾人成为文学作品的描述对象最早可以追溯到 17 世纪。夸美纽斯满腔热情地撰文并绘图的《世界图解》一书向儿童介绍了残疾人。尽管他对残疾人的描述和认识并不全面,但他通过儿童读物让儿童了解残疾人的做法是值得称道的,这种努力有利于形成客观认识残疾人的社会氛围。② 1940 年后,美国青年文学作品中有残疾人角色的文学作品数量不断增加。③ 当时的文学作品对残疾人的描绘有 10 种刻板印象:可怜又可悲、可笑、邪恶不祥之物、被当作空气、暴力侵害的对象、优质的超级瘸子、最糟糕的敌人、负担、无性、不能充分参与日常生活。④ 但 1975 年《所有残疾儿童教育法》实施后,美国儿童文学作品中残疾人的形象发生了变化,描写残疾人的儿童文学作品数量增多,残疾类型更全面,描述更现实、更准确,使用术语更适宜,对残疾人刻板印象的描述减少。⑤ 安德鲁斯(Andrews)首先提出"融合文学作品"(inclusion literature)的概念,即融合文学作品是指准确描绘残疾人与普通人一样"享有相同的生活经历、梦想、成功和失败"的图书及其他印刷媒体,这些作品旨在促进对残疾人的理解和接纳,而不是培养消极偏见。⑥ 虽融合文学作品数量不多,影响却可能巨大而深远。《静夜的孩子》讲述的是美国盲聋女孩劳拉·布里奇曼(Laura Bridgman)的传奇故事,该书作为儿童文学经典被部分收录于《朗读手册》一书,改变了世界对待残疾儿童的方式。《我是跑马场老板》以平等的视角、生动形象地描述了一个可信的智力障碍男孩的形象,使读

---

① 蒋风.外国儿童文学教程[M].杭州:浙江大学出版社,2012:174.

② 朱宗顺.特殊教育史[M].北京:北京大学出版社,2011:24.

③ GERVAY S.Butterflies:Youth literature as a powerful tool in understanding disability[J].Disability Studies Quarterly,2004,24(1):1-9.

④ BIKLEN D,BOGDAN R.Media portrayals of disabled people:a study in stereotypes[J].Interracial Books for Children Bulletin,1977,8(6-7):4-9.

⑤ HARRILL J L,LEUNG J J,MCKEAG R A,et al.Portrayal of handicapped/disabled individuals in children's literature:before and after public law 94-142[J].ERIC Document Reproduction Service No.EC,1993,357:557.

⑥ ANDREWS S E.Using inclusion literature to promote positive attitudes toward disabilities[J].Journal of Adolescent & Adult Literacy,1998,41(6):420-426.

者体会到人与人之间的真情,产生了震撼人心的力量。① 殷健灵创作的《象脚鼓》以我国著名残疾人舞蹈家邰丽华的经历为蓝本,讲述听觉障碍女孩的成长历程,被誉为中国版《假如给我三天光明》,入选 2021 年国际儿童读物联盟关爱残障青少年优质图书,得以向全世界残疾儿童青少年推荐。

绘本是儿童文学作品的一种类型,布兰德(Bland)进一步提出了"融合绘本"(inclusive picture books)的概念,用来特指以适当方式描述残疾人的绘本。他提出了融合绘本的 7 个标准:现实、精确平衡、多维度特征、残疾非故事的核心、典型互动、描述积极关系和情境、诚实积极尊敬的语言。② 美国先后设立了两项特别的童书奖专门奖励优秀的融合儿童文学作品,即美国特殊儿童委员会(CEC)创立的多莉·格雷儿童文学奖(Dolly Gray Children's Literature Award)和美国图书馆协会(ALA)创立的施耐德家族好书奖(Schneider Family Book Award)。这两个奖项的创办者都是业界的权威组织,评选标准相当严苛。无论是绘本、小说或传记作品,都强调残疾形象应该是准确、真实的,残疾只是正常生活的一部分,而不是令人可怜的对象;强调作品主题应该符合受众的年龄特点,应专为儿童或青少年创作;对文字与插画质量提出较高的要求。③

儿童无论种族、性别、肤色、国籍、家庭背景、残疾与否,都应该在其读物中看到或听到和他一样的儿童。对残疾儿童而言,融合绘本既是一扇窗户,能够了解书中残疾人的生活,也是一面镜子,能够让他们从中照见自己。④ 对普通儿童、家长和教师而言,融合绘本像是一扇窗户,通过绘本能够更加直观地了解残疾儿童⑤,可以看到一个真实多元的世界,可以学会欣赏、尊重和肯定人的多样性,共同创造一个积极看待多元化的世界。残疾儿童阅读融合绘本,可以对与自己相似的主角的思想、情感和经历感同身受,逐渐认识到自己和其他普通儿童一样,是世界的一部分,是值得看见的、值得肯定的、值得骄傲的部分,而不是隐形的、被忽视的部分,从而增强自身的归属感和自我认同感,故事中的主角可以成为残疾儿童学习和模仿的榜样,可从他们身上汲取克服困难、跨越障碍、砥砺前行的力量。普通儿童阅读融合绘本,有利于认识到无论残疾人面临何种挑战,都不能将他们排除在完整、独立的生活之外,他们同样能够拥有快乐、成

①　蒋风.外国儿童文学教程[M].杭州:浙江大学出版社,2012:222-225.

②　BLAND C M, GANN L A. From standing out to being just one of the gang: guidelines for selecting inclusive picture books[J].Childhood Education,2013,89(4):254-259.

③　江小英,余慧云.多莉·格雷儿童文学奖及残疾主题绘本应用于阅读活动的建议[J].东方娃娃·绘本与教育,2022(4):56-59.

④　BLAND C M.A case study of general education teacher use of picture books to support inclusive practice in the primary grades of an inclusive elementary school[D].Raleigh:The University of North Carolina,2013:21.

⑤　DYCHES T T,PRATER M A,JENSON J.Portrayal of disabilities in caldecott books[J].Teaching Exceptional Children Plus,2006,2(5):17.

功的生活,有利于发现绘本中的残疾人是如何克服残疾及可能的恐惧的,有助于意识到每个人都是与众不同的,从而培养普通儿童对残疾人的接纳与欣赏,促进所有儿童之间的友谊和宽容。①

以残疾人为主角的绘本数量较少,但体现融合教育价值观的绘本数量众多。这些绘本蕴含融合教育的理解、平等、尊重、接纳、合作、支持等价值观,能够帮助普通儿童增进对残疾儿童的认识、理解和接纳。本书中的融合绘本既包括以残疾人为主角的绘本,也包括其他蕴含融合教育价值观的绘本。

二、绘本的主要特点

人类对图画的认识和运用远远早于文字,这与儿童首先发展出读图能力的规律也是暗合的。世界各地留下的早期人类在岩石上凿刻或涂绘的岩画,是文字诞生之前人类最早的形象记录。远古先民们用图画语言表达感情、交流思想、记载事件,使图画成为重要的交流方式。1658年出版的《世界图解》被认为是世界上第一本专门为儿童编写的图画书,成为中外教育史上最富历史地位与意义的带插图的启蒙教育教科书②,也成为很有影响力的儿童读物③。1902年波特小姐出版《彼得兔的故事》,此书被誉为现代绘本的开山之作。清末民初,我国开始出现大量带插图的儿童文学读物,如《儿童世界》《开明国语课本》《幼童文库》等等。2000年后,我国大量引进国外优秀绘本,读者逐渐关注、熟悉和接受绘本。绘本已逐渐走入我国的学校、家庭和社区,成为学前儿童和小学低年级儿童的主要读物。胡克等指出,绘本最高的价值呈现,在于通过图画和文字所传达的意念符号来产生艺术经验,而这样的艺术经验活生生地为读者重建、延伸了过去的经验,并创造了全新的经验与感受。④ 绘本所传达的内容是以儿童的旧有经验为基础的,让儿童能够感同身受,再与新的经验交互作用而建构出新的感受。⑤ 研究者从不同学科领域出发,指出好绘本共同具有的显著特点:趣味性、儿童性、文学性和艺术性、教育性。

首先是趣味性。这是绘本的首要特点,也是选书应遵循的首要原则。学前阶段和

① CYNTHIA G C.Picture books for an inclusive classroom:teaching children about people with special needs[M]. Torrance,California:Fearon Teacher Aids,2000:7.

② 蔡铭津.绘本及其在教学研究上的探讨[M]//黄文树.幼稚园绘本教学理念与实务.台北:秀威咨询科技股份有限公司,2010:13.

③ 蒋风.外国儿童文学教程[M].杭州:浙江大学出版社,2012:33.

④ HUCK C S,KIEFER B Z,HEPLER,S,et al.Children's literature in the elementary school[M].New York: McGraw-Hill College,2003.

⑤ 蔡铭津.绘本及其在教学研究上的探讨[M]//黄文树.幼稚园绘本教学理念与实务.台北:秀威咨询科技股份有限公司,2010:23-45.

小学低年级学生注意力时间比较短,以无意注意为主。色彩鲜明、文字简洁、互动性强的绘本能够引发儿童的好奇心,较容易吸引儿童的注意力。绘本内容具有趣味性,才能吸引儿童参与阅读,享受阅读的乐趣,才会对阅读产生兴趣。佩里·诺德曼和梅维丝·雷默(Mavis Reimer)在《儿童文学的乐趣》一书中归纳出阅读儿童文学的40多种乐趣。绘本的趣味性可以表现在人物形象的呆萌可爱、文字间的幽默感和节奏感、图画的游戏性和音乐性[①]、结局的意料之外情理之中,以及整体的设计与细节安排等诸多方面。

其次是儿童性。虽然绘本适合0—99岁的人阅读,但绘本绝大部分是为孩子做的,就算有成人读者,也是给心中还有童真的大人看的。[②] 绘本最适宜的阅读对象为学前至小学2年级的儿童。在文字方面,绘本必须浅显易懂,具有口语感和韵律感,并符合这个阶段儿童的发展水平和兴趣,以符合儿童的理解程度。绘本的内容往往是对儿童生活的反映,通过图文共同叙事刻画出儿童的真实形象、真实心态,让儿童读来很有代入感和角色的认同感,将故事中主角当作自己或者将故事中的人物作为自己行为的榜样。

再次是文学性和艺术性。绘本属于儿童文学中最受欢迎的一种形式,是文字与图画两种艺术形式共同叙事的作品。绘本的创作是一个严谨的过程,优秀绘本的创作周期一般比较长。文字作者往往注重遣词造句,以想象、比喻、描绘、叙述、排比、重复等方式,利用优美且符合儿童理解程度的文字、语言进行创作。图画作者要充分考虑适应儿童的视觉心理,运用充满创意的构想、趣味的情境、新颖的技法、和谐的版面、美感的造型、独特的风格等要素,以吸引儿童的兴趣与注意力。[③] 相当多的绘本图画作者在从事儿童绘本创作前就是世界或国内知名的插画家。绘本图画多为手绘,每一幅图画都可以参加画展。一本优秀的绘本就是一座世界艺术的宝库,让儿童在阅读故事的过程中,潜移默化地受到艺术审美的熏陶。

最后是教育性。优秀的绘本具备正确的儿童观,拥有先进的教育理念,具有广泛的教育价值。绘本蕴含不同学科领域的知识,儿童阅读绘本能够丰富生活经验,增进对外部世界的认知;能够获得生命价值和人生意义的启迪,学会自我接纳、自我认同和自我实现,拥有更完整的人格;能够涵养心性、陶冶气质,培养责任感、道德感、正义感与同理心;能够养成良好的生活习惯及正确的生活态度。[④] 好的绘本不违背教育规律,不会板着面孔教训儿童,而是采用迂回、隐蔽的手法,将正确的观念传达到读者内心[⑤],以达到润物细

①　林敏宜.图画书的欣赏与应用[M].台北:心理出版社,2001:52-57.
②　郝广才.好绘本 如何好[M].南昌:二十一世纪出版社,2009:34.
③　林敏宜.图画书的欣赏与应用[M].台北:心理出版社,2001:52-57.
④　林敏宜.图画书的欣赏与应用[M].台北:心理出版社,2001:52-57.
⑤　张湘君.儿童文学研究(七):乡土文学专辑(2)[M].台北:台北市国语实验国民小学,1994:94-97.

无声的教育效果。正如日本图画书之父松居直对亲子阅读重要性的阐述,"通过念这些书,我已经在他们小时候,把一个做父亲的想对孩子们说的话说完了"①。

三、绘本干预在教育中的运用研究

绘本既有精致优美的图画,也有简洁生动的文字、隽永深刻的内涵、丰富多元的主题,成为教师和家长广泛使用的优质教育资源。绘本往往蕴含着先进的教育理念,具有多种教育功能,特别是在培养年龄小的儿童对自然与社会的认知、发展儿童的思维、启发儿童的想象力、丰富儿童的情感和心灵、开启儿童的多元智能、培育儿童对于文学和艺术的兴趣等方面发挥着极其重要的作用。② 因此,绘本具有多种功能,如娱乐功能、知识功能、想象功能、审美功能、品格培养功能、纾解情绪功能、社会化的功能。③④

绘本在教育中的运用可分为 3 个方面。首先是心理学、文学、美术学等领域研究者进行的基础研究,着重研究绘本阅读的发生过程。⑤ 其次是对亲子阅读、绘本阅读教学状况的研究,主要以绘本为语言教育、语文阅读载体,考察绘本阅读在激发儿童阅读兴趣、培养儿童阅读习惯、提升儿童读写能力等方面的效果。⑥⑦ 最后是各类主题绘本的干预研究,以绘本为主要载体,开展生命教育、品格教育、情绪管理、自我概念、亲社会行为等方面的干预,表 2-2 是其中一些代表性的研究。

表 2-2　普通儿童的主题绘本干预研究

作者/年代	研究主题	研究方法及对象	研究结果
Fu-PeiHsieh 等（2023）	Promoting first graders' scientific thinking through picture books with the 5E model	实验研究 实验组-对照组 47名1年级学生	实验组的学生干预后在科学思维方面均有不同程度影响。
Xuan Li 等（2023）	Efficacy of digital picture book-enhancements grounded in multimedia learning principles: dependent on age	实验法 前后测 183 名 3—5 岁儿童	绘本中视觉和听觉的增强有利于儿童理解故事和书籍中的词语;同时具有听觉和视觉增强的绘本对理解的益处不如具有单一增强的版本。

① 松居直.幸福的种子:亲子共读图画书[M].刘涤昭,译.济南:明天出版社,2007.

② 陈晖.儿童的文学世界-教师版:我的文学课[M].北京:北京师范大学出版社,2011:108.

③ 黄乃毓.童书是童书:给希望孩子看书的父母[M].南昌:二十一世纪出版社,2009.

④ BERMAN R A.Setting the narrative scene:how children begin to tell a story[M]// AKSU-KOC A,JOHNSON C E,NELSON K（Eds.）.Children's language,interactional contributions to language development. Mahwah,NJ:Lawrence Erlbaum,2001:1-31

⑤ 康长运.幼儿图画故事书阅读过程研究[M].北京:教育科学出版社,2007.

⑥ 袁晓峰,王林,等.图画书阅读:引领孩子快乐成长[M].海口:海南出版社,2007:17.

⑦ 应彩云.情景阅读:新课程背景下的绘本教学[M].上海:少年儿童出版社,2009.

续表

作者/年代	研究主题	研究方法及对象	研究结果
刘婷 （2010）	情绪主题绘本促进幼儿情绪能力发展的行动研究	行动研究法 前后测实验设计 幼儿	运用情绪主题绘本所开展的系列教育活动对幼儿的情绪识别与表达能力、情绪理解能力和情绪调节能力均有积极的促进作用。
杨伟鹏等 （2014）	社会主题绘本教学促进幼儿亲社会行为发展的实验研究	实验研究 前测-后测 非对等控制准实验设计 中班幼儿	运用社会主题绘本教学对中班幼儿亲社会行为的总体发展具有极其显著的促进作用；对中班幼儿亲社会行为的认知和情感发展具有极其显著的促进作用；对中班幼儿不同亲社会行为的促进效果存在差异。
刘璐 （2014）	绘本为主的读书治疗对小学中年级儿童自我概念的影响研究	实验研究 小学中年级学生	绘本为主的读书治疗对小学中年级儿童有辅导效果，干预效果显著，能有效提高小学中年级儿童的自我概念。
刘蕾 （2014）	中班幼儿3种典型亲社会行为的绘本干预研究	实验研究 实验组-对照组 前后测、追踪测设计 中班幼儿	绘本干预可以有效促进幼儿3种典型亲社会行为的发展。绘本干预效果具有持续性影响。
史锦淑 （2016）	交往主题绘本阅读对4—5岁幼儿同伴交往能力影响的干预研究	实验研究 实验组-对照组 77名幼儿	实验班幼儿同伴交往能力后测结果与前测结果存在显著差异，后测中实验班幼儿同伴交往能力总体比控制班幼儿得分高很多，同伴交往能力有显著的进步。
陈倩 （2018）	绘本教学对中班幼儿心理理论影响的干预研究	实验研究 实验组-对照组 52名中班幼儿	绘本教学干预后，实验组与对照组幼儿的心理理论水平差异显著。绘本教学干预后，实验组幼儿前、后测心理理论水平差异显著。

续表

作者/年代	研究主题	研究方法及对象	研究结果
李宗娜（2020）	绘本主题活动促进小班幼儿同伴交往能力的实验研究	实验研究 实验组-对照组 60 名小班幼儿	绘本主题活动能够增加小班幼儿同伴交往亲社会行为、提高语言和非语言能力、增强社会主动性、改善社交障碍，从多方面促进小班幼儿同伴交往能力。
魏婷婷（2021）	绘本主题活动促进中班幼儿创造性思维的实验研究	实验研究 实验组-对照组 40 名中班幼儿	通过绘本主题活动教学，实验组幼儿与实验干预前相比，他们的创造性思维在流畅性、变通性、独特性三个维度及整体性方面均得到了显著提高，且显著高于对照组幼儿。
杜忆莲（2023）	诚实主题绘本阅读对幼儿说谎行为的影响——基于不同的绘本角色	实验研究 三因素组间对照实验 160 名 5—6 岁幼儿	阅读诚实主题绘本能够显著减少 5—6 岁幼儿的说谎行为；在阅读诚实主题绘本条件下，人物角色绘本组幼儿与拟人化动物角色绘本组幼儿的说谎行为发生率存在显著差异；阅读拟人化动物角色的诚实主题绘本在减少 5—6 岁幼儿的说谎行为方面存在显著的年龄差异。
张华玲,黄可心（2021）	亲情主题绘本对农村留守幼儿心理健康的影响	实验研究 实验组-对照组 662 名 4—5 岁留守幼儿	教学干预后，实验组留守幼儿心理健康水平在认知、能力、情感与意志、语言等维度上具有显著性差异。研究表明，亲情主题绘本教学活动能够提高留守幼儿的心理健康水平。

综合分析已有研究,呈现出以下特点:

从研究对象看,以学前儿童为主,对大、中、小班幼儿均有研究,其次是小学生,尤其是小学低年级学生较多,少量涉及中学生和大学生。随着年级的升高,绘本干预的研究数量减少。可见,绘本干预最适宜的对象主要是学前和小学低年级的学生。

从研究方法看,以行动研究和前后测准实验设计为主,部分研究采用质性研究、个案研究、调查研究,同时采用多种收集资料的方式,包括测量、访谈、问卷、观察、分享讨论、学习单、作品记录单、教师教学省思、家长回馈单等。定量资料和质性资料结合论证研究成效。

从研究内容和成效看,涉及生命教育、品格教育(包括同理心、感恩心、责任心)、情绪教育、社会交往(包括同伴关系)、自我概念(自我意识、自我认同)等主题。以绘本为媒介开展生命教育,能够塑造儿童乐观开朗、积极进取的性格,能培养他们以"同理心"去尊重和关怀周遭的人、事、物,使他们能接纳不同的意见,与他人和谐互动,并深刻理解人类与大自然共生共存、相互依存的关系;儿童在此过程中能认识到自己的优点、肯定自己的能力、对自己更有信心;尊重、关怀、接纳的态度渐渐在互动中出现。品格教育绘本课程对于提升儿童的道德认知、情感、行为都有明显的作用。同理心绘本可促进班级管理、提高幼儿的同理心,可提升幼儿与人互动的质量。情绪教育主题绘本对儿童情绪识别与表达能力、情绪理解能力和情绪调节能力有积极的促进作用[1],能增进师生间与班级同伴间的情谊,能增强班级凝聚力,使学生更容易接纳、察觉自己及他人的情绪,从而改善人际关系。社会交往主题绘本干预可以改进被拒绝的幼儿与他人之间的互动技巧,增加所有幼儿的亲社会行为,提升所有幼儿的社会情绪能力。绘本干预对儿童自我概念的发展有显著效果。[2]

以上研究结果表明,主题绘本干预对学前儿童和小学生均有效果,能够提升他们对同伴的关怀、理解、尊重、接纳、同理心,增进同伴之间的互动并建立友谊关系。这表明,融合绘本和同伴关系主题绘本的干预对提升普通儿童对残疾儿童的接纳程度与增进同伴互动具有可行性。以上研究也激发了研究者探索的好奇心:在融合教育学校运用主题绘本干预残疾儿童同伴关系,能否取得同样的成效?

四、绘本干预在特殊教育中的运用研究

目前,我国绘本教学和绘本干预在特殊教育领域运用逐渐广泛,表2-3列举了一些相关研究。

---

① 刘婷.情绪主题绘本促进幼儿情绪能力发展的行动研究[D].重庆:西南大学, 2010.
② 刘璐.绘本为主的读书治疗对小学中年级儿童自我概念的影响研究[D].苏州:苏州大学,2014.

表 2-3　残疾儿童的主题绘本干预相关研究

作者/年代	研究主题	研究方法及对象	研究结果
于文文 （2017）	对话式绘本阅读对提升智障儿童口语叙事能力的研究	单一被试实验 B-A'研究设计 3年级轻、中度智力障碍儿童	对话式绘本阅读对智力障碍儿童叙事宏观结构能力、词语总数、相异词语数的增加和句子表述错误以及对中度智力障碍儿童平均句长的增加均有即时成效和维持成效。对话式绘本阅读能够提高智力障碍儿童对绘本阅读的兴趣和对绘本的理解力，提高儿童自主表达的信心和叙述个人经验的能力。
王永固 （2019）	社会故事绘本教学改善孤独症儿童打招呼和分享行为的干预研究	单一被试实验 跨行为多基线设计 3名孤独症儿童	社会故事绘本教学能明显改善3名孤独症儿童的打招呼和分享行为，对社交行为的陈述性规则的干预效果优于程序性行为的干预效果，对孤独症儿童主动性社交行为的干预效果不明显。
檀紫君 （2019）	绘本阅读对智力障碍儿童叙事能力干预效果研究	实验研究 3—6年级22人；实验组12人，对照组10人	绘本阅读对智力障碍儿童叙事能力发展具有促进作用。绘本阅读对智力障碍儿童正确叙述故事背景、主角行动、主角态度方面有显著的积极影响。
姜婉柔 （2020）	绘本教学在提升听障儿童阅读能力中的应用研究	准实验研究 4—6年级听觉障碍儿童20名	绘本教学对于听觉障碍儿童的阅读能力总体有较大提升且在评价能力和快速阅读能力上有显著提升。绘本教学可以有效提升听觉障碍儿童的阅读能力。
邓祥凤 （2021）	基于绘本教学的智力障碍学生青春期性教育的行动研究	行动研究	绘本教学能促进智力障碍学生对性知识的认识与理解，使他们正视青春期时期身体的自然发育，从而增强自我保护意识，减少问题性行为的发生。
杨晓平 （2022）	绘本主题阅读干预培智学校1年级学生入学适应问题的行动研究	行动研究 前后测实验设计 2个班13名新生	第一，以绘本主题阅读为载体，开展培智学校学生的入学适应教育具有较强可行性；第二，有效的绘本主题阅读有助于提升培智学校1年级学生的入学适应水平；第三，"1+N"的多元一体阅读模式较好地将绘本主题阅读运用于入学适应领域。

续表

作者/年代	研究主题	研究方法及对象	研究结果
李鑫（2022）	自闭症儿童威胁性信息认知特点及主题绘本教学干预研究	单一被试实验 跨被试多基线设计 康复中心3名自闭症儿童	主题绘本教学显著提升了自闭症儿童威胁性信息认知能力。
曹溶萍（2022）	绘本教学对智力障碍儿童性别角色态度的干预研究	单一被试实验 跨被试多基线设计 3名智力障碍儿童	绘本教学对改善智力障碍儿童整体的性别角色态度具有即时效果和维持效果。具体从性别角色态度的4个维度来看，绘本教学对改善智力障碍儿童的人格特质态度、职业工作态度、家务分工态度和游戏活动态度均具有即时效果和维持效果。
李秋艳（2023）	中度智力障碍儿童阅读提问技能训练的个案研究	单一被试实验 A-B-A设计 2名中度智力障碍儿童	采用回合式训练法进行的绘本阅读提问技能训练对于提高中度智力障碍儿童的阅读提问能力具有良好的即时效果和维持效果。中度智力障碍儿童在接受绘本阅读提问技能训练后，其阅读提问能力表现得到了较好的社会评价。
米梦阳（2023）	中度智力障碍儿童空间方位认知发展的调查及干预研究	单一被试实验 A-B-A设计 中度智力障碍儿童27名	基于绘本的"四步干预法"方案对中度智力障碍儿童的目标空间方位的理解与产生能力均有效提高，同时具有良好的维持效果。

综合分析已有研究，呈现出以下特点：

从研究对象、研究主题看，绘本干预对促进智力障碍、学习障碍、听觉障碍、孤独症、多动症等各类残疾儿童身心发展具有多元化的价值。不同类型残疾儿童的绘本干预各有侧重，智力障碍儿童以社会技能、性教育、生命教育、自我概念和情绪教育为主，学习障碍儿童以自我概念、注意力为主，听觉障碍儿童以情绪、社交能力为主，多动症儿童以注意力和社会能力为主，肢体障碍（包括病弱儿童）以自我概念、情绪教育和生命教育为主，发展迟缓幼儿以认知能力和沟通能力为主。总体上，研究对象主要是残疾儿童个体，以智力障碍儿童为多，安置形式以普通班级为主，特殊学校较少，年龄以小学阶段为主。多数研究主题对不同年龄的研究对象皆适用。

从研究方法看，首先以单一被试实验为主，包括 A-B-A 设计（倒返实验设计）、A-B-M 设计（基线期-处理期-测量期）、跨被试多基线设计、跨行为多基线设计等，其次是行动研究、实验研究、质性研究、个案研究,同时辅以量表测量、教学录音数据、教学录像数据、访谈记录、问卷调查、教学观察日志、学习单、活动回馈单、教学日志及省思等多种资料收集方式,通过定量研究和质性数据相互印证,以了解绘本干预的成效。不同研究方法证明,绘本干预能在不同程度促进残疾儿童能力的提升。

从绘本干预的策略来看,绘本主题多元化,绘本干预策略也是多元化的。绘本干预既不是单纯地讲故事,也不是语文课上的阅读教学。绘本干预通常分为绘本呈现、故事讨论、延伸活动3个环节,也有研究采用绘本故事导读、讨论与对话、情境体验、统整与实践的教学模式。综合采用多个具体的绘本干预策略,主要包括朗读、导读、预测、暂停、独立阅读等,可以融合多种活动形式,包括儿歌、表演、游戏、讨论、体验等。[1][2]具体来讲,绘本呈现包括展示绘本封面、封底、环衬、内页图画及文字等,使用多媒体课件、音频、视频吸引儿童的注意,通过讲读引导儿童观察图画和思考问题,引发儿童阅读的动机与兴趣,促进儿童对故事情节和内容的了解。图画是绘本的核心和生命。绘本干预重视读图,只有读图读文并重,才能读得更有趣、更有益、更深入。故事讨论是通过提问,引导儿童对故事内容进行深入思考与讨论,增进儿童对故事内容的理解,从而使儿童对绘本所表达的内涵有更深入的认识。延伸活动可以有表演、游戏、体验、写绘、创编续编、阅读单、亲子阅读等多种形式,能够增进儿童对绘本内容的了解,使儿童深入体会绘本传达的思想,最终将这些思想内化为自身的认知和情感,并激发正向积极的行为。[3]

从研究的成效来看,绘本干预能有效改善智力障碍儿童管理自我情绪的行为、同理他人情绪的行为、解决人际冲突的行为,能提升其社会交往能力及学习能力,使他们学会人际互动的方法和技巧,并深化他们的自我概念。绘本干预能够深化学习障碍儿童的自我概念,并提高他们的注意力。绘本干预可提高听觉障碍儿童觉察自身和他人情绪状态的能力,改进他们与人互动的技巧,帮助他们建立友谊关系。绘本干预可增强肢体障碍儿童的积极自我概念,提升发展迟缓儿童的自信心,增强他们说话的意愿,提高他们的语言表达能力,减轻其障碍情形,提升他们与同伴之间的互动能力。

五、残疾儿童同伴关系的绘本干预研究

目前,绘本干预在国外特殊教育领域得到了广泛运用。残疾儿童同伴关系的干预措施呈现多元化的态势,表2-4列举了其中一些研究。

---

① 张芳.以情绪主题绘本为载体开展小班幼儿情绪教育的行动研究[D].桂林:广西师范大学,2014.

② Bland C M.A case study of general education teacher use of picture books to support inclusive practice in the primary grades of an inclusive elementary school[D].Greensboro,NC:The University of North Carolina,2013:94-95.

③ 范秀辉.普通幼儿对身心障碍同伴接纳态度之干预研究[D].重庆:重庆师范大学,2012.

表 2-4 残疾儿童同伴关系的绘本干预研究

作者/年代	研究主题	研究方法及对象	研究结果
范秀辉（2012）	普通幼儿对身心障碍同伴接纳态度之干预研究	行动研究 单组前后测准实验设计 一名肢体障碍幼儿	绘本是帮助幼儿正确认知身障者的较好媒材,可使普通幼儿对身障同伴在认知、情感和行为方面的接纳态度有正向影响。
Wardany O F, Hidayatullah M F, Wagimin W（2018）	绘本在融合学校培养残疾意识和同伴接纳方面的需要	问卷调查 146 名普通学生 6 名教师	调查结果表明,普通学生想了解残疾,对绘本感兴趣,愿意阅读绘本。对此,教师也有兴趣,愿意在课堂上使用绘本。因此,融合学校需要有关残疾的绘本,以培养学生的残疾意识。
宁亚飞（2018）	5—6 岁普通幼儿对特殊需要幼儿的接纳态度及其干预研究	心理测验法、社会测量技术、访谈法和实验法 225 名 5—6 岁大班幼儿	通过参与绘本阅读活动和合作游戏活动,普通幼儿对特殊需要幼儿的关注、认识和理解明显增加,他们对特殊需要幼儿的情感和行为倾向也得到了较为显著的改善。
连福鑫等（2020）	Improving typically developing children's acceptance toward children with autism via teaching with picture books	实验研究 36 名普通幼儿	用孤独症绘本进行教学,在基本认知、情感态度、行为倾向三个方面提高普通幼儿对孤独症儿童的接纳度,具有较高的社会效度。孤独症儿童与普通幼儿之间的同伴关系质量并没有显著提高。
郑雪清（2020）	促进普通学生对身心障碍同伴接纳的行动研究——基于绘本教学的实践探索	行动研究 融合班级普通学生	绘本具有改善普通学生对身心障碍同伴接纳态度的可行性与有效性。
迪丽娜尔·阿合买提江（2022）	特殊需要幼儿同伴关系之绘本干预研究——以青岛某融合幼儿园为例	实验组-控制组前后测实验设计 两个大班幼儿	运用绘本干预改善普通幼儿接纳态度具有可行性;绘本干预能够促进普通幼儿对特殊需要幼儿认知、情感和行为的积极发展。
梅玲（2022）	基于绘本的教育戏剧对多动症儿童同伴交往的干预研究	单一被试实验 普校 5 年级多动症儿童	以绘本为载体的教育戏剧对多动症儿童的同伴交往具有显著的干预效果。

综合分析已有研究,呈现出以下特点:

从干预对象看,研究者运用绘本对多种不同类型残疾儿童的同伴关系进行干预,包括脑瘫、肢体障碍、智力障碍、听觉障碍、发展迟缓儿童等,涉及学前和小学阶段的残疾儿童。

从干预方法和内容看,以行动研究为主,部分采用实验研究,少数采用个案研究。实验研究选择单组或实验组、对照组前后测准实验设计,运用自编或改编的普通儿童对残疾儿童的同伴接纳态度量表进行测量,同时辅以教学录音数据、教学录像数据、访谈、问卷、教学观察日志、学习单、活动回馈单、教学日志及省思等多种收集资料的方式,使定量研究和质性研究相互印证。干预主要聚焦普通儿童对残疾儿童的同伴接纳态度,部分研究涉及残疾儿童的友谊关系和社交技能训练。

从干预使用的绘本看,安德鲁认为,随着越来越多的残疾儿童进入普通班级,融合文学作品将成为一个强有力的工具,能帮助普通儿童形成对残疾儿童的正确认识和宽容态度。[①] 运用融合文学作品能够有效提高普通儿童对残疾儿童的认识、理解和接纳程度,并且有助于营造对残疾儿童的积极态度。[②③④⑤]在运用绘本对残疾儿童同伴关系进行干预的研究中,研究者主要使用两类绘本:一类是融合绘本;另一类是同伴关系主题绘本。[⑥⑦]在运用"认识特殊儿童"的绘本课程改善普通儿童对残疾同伴接纳态度的研究中,融合绘本是研究者普遍采用的媒介。

从干预的时间看,研究者采用的干预时间和频率各不相同、课时时长和时间段也有差异。干预周期最短为2周每周3次,也有4周每周2次或8周每周2次,每周2~3个课时,既有连续两堂课的形式,也有分散的形式。干预的具体时间段在上午、中午、下午均有,每课时长40~60分钟不等。

从干预的成效看,绘本干预不仅能够改善普通儿童对残疾儿童的接纳态度,而且能够增进二者之间的友谊关系。实施"认识特殊儿童"的绘本课程后,普通儿童对特殊儿童表现出更加包容与关怀的行为和接纳的态度。融合绘本对于普通儿童对残疾儿

① ANDREWS S.Inclusion literature:a resource lisiting[J].The ALAN Review,1998,25(3):28-30.

② HEIM A B.Beyond the stereotypes:characters with mental disabilities in children's books[J].School Library Journal,1994,40(9).139-142.

③ RADENCICH M C.Literature for children and adolescents about people who happen to have a handicap[J].Techniques:A Journal for Remedial Education and Counseling,1986(2):364-369.

④ STROUD JANET G.The handicapped in adolescent fiction[J].Journal of Reading,1981,24(6):519-522.

⑤ FEIN R L,GINSBERG A H.Realistic literature about the handicapped[J].The Reading Teacher,1978,37(1):802-805.

⑥ 蔡凤:我"绘"试着认识你[M]//黄文树.幼稚园绘本教学理念与实务.台北:秀威咨询科技股份有限公司,2010.

⑦ 范秀辉.普通幼儿对身心障碍同伴接纳态度之干预研究[D].重庆:重庆师范大学,2012.

童的接纳态度有正向影响[①]，可以增进普通儿童与脑瘫儿童的友谊关系，帮助儿童深刻理解友谊的概念，并以接纳、关怀的实际行动体现在友谊关系中。融合绘本干预必须经长期时间的实施才能增进友谊关系，且要具有延续性。同时，融合绘本不仅能增进听觉障碍儿童与人互动的技巧，也能帮助他们建立友谊关系。

融合教育学校残疾儿童同伴关系的绘本干预研究已取得一些成果，为后续研究奠定了重要的基础，但仍有一些局限性：干预内容聚焦普通儿童对残疾儿童的同伴接纳态度，对残疾儿童友谊关系的干预较少涉及；注重课堂教学，对残疾儿童所处生态环境并未关注；选择何种残疾儿童进行绘本干预缺乏充足的依据，对残疾儿童同伴关系的整体状况缺少充分的了解；绘本干预过程缺乏心理学、教育学、文学等多学科的理论基础，难以对绘本干预方案、实施过程及结果进行深层建构、深入分析、深刻阐释；干预使用的绘本皆为中文繁体版，未采用中文简体版绘本资源。因此，本研究借鉴已有研究成果，综合运用社会测量法，采用非等组实验组和控制组、前后测和追踪测的准实验设计，对融合教育学校残疾儿童同伴关系进行问卷调查，以了解普通儿童对残疾儿童的接纳态度和二者之间的友谊关系现状。同时，本研究以心理学、教育学、文学等多学科的相关理论为指导，运用融合绘本和同伴关系主题绘本在普通班级进行干预，具体采用绘本呈现、故事讨论、延伸活动3个主要步骤，旨在将绘本所传递的思想内涵内化为儿童内在的认知和情感，从而激发他们更多积极的行为，促进普通儿童对残疾儿童的接纳态度和友谊关系。最终，本研究试图探究改善残疾儿童同伴关系的绘本干预模式，以达到促进残疾儿童真正融合于普通班级的目的。

第四节　本研究的理论框架

已有研究运用心理学、社会学、文学领域的理论，提出改变态度的平衡理论、符号互动理论、生态系统理论、建构主义理论、多元智能理论、阅读治疗理论、读者反应理论等理论视角。本研究以融合教育为背景，综合生态系统理论、阅读治疗理论和读者反应理论进行理论框架的建构。

一、生态系统理论

1979年，美国心理学家布朗芬布伦纳（Bronfenbrenner）提出生态系统理论（ecological systems theory）。他强调儿童发展不仅受到与其直接联系的环境的影响，也受到间接联

---

① 范秀辉.普通幼儿对身心障碍同伴接纳态度之干预研究[D].重庆:重庆师范大学,2012.

系的生态环境的制约。

（一）生态系统理论的主要观点

儿童生活在一系列相互镶嵌在一起的环境系统的中心。在这些系统中，系统与个体相互作用并影响个体的发展，如图2-1所示。

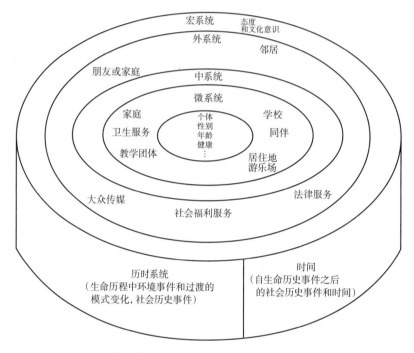

图2-1　生态系统理论模型（引自 Bronfenbrenner，1979，1933）

生态系统的最里层是微系统（microsystem），主要指儿童生活的场所及其周边环境，是儿童所处的直接环境，如家庭、学校、居住地等。这个环境是不断变化和发展的。儿童成长的最初环境主要是家庭，随着他们年龄的增长和能力的提升，活动范围从家庭逐渐扩展到外部世界，其他系统的内容也会逐渐被纳入微系统中。布朗芬布伦纳强调，要认识这个层次儿童的发展，必须看到所有关系是双向的。[①] 就同伴关系而言，同伴关系影响着儿童的反应，儿童的认知、行为、人格和能力等也影响着同伴的态度和行为。一个行为友善的儿童很可能受到同伴的欢迎，而一个具有攻击性行为的儿童则容易受到同伴的排斥。这些交互作用逐渐建立并经常发生就会对儿童的发展产生持久的影响。但是当儿童与儿童之间的关系受到第三方影响时，如果第三方的影响是正向的，则会促进儿童与儿童之间关系的发展。反之，儿童与儿童之间的关系就会遭到破坏。例如，教师对某个残疾儿童的态度和行为作为第三方就会影响普通儿童与残疾儿童的关系。第二个层次是中系统（mesosystem），是指微系统中两个环境之间的联系或

---

① 余双好.毕生发展心理学［M］.2版.武汉:武汉大学出版社,2013:47.

相互关系,如家庭与学校、家庭与社区、学校与社区。这种关系系统对儿童的发展具有不可替代的重要影响。布朗芬布伦纳认为,如果微系统之间有较强的积极联系,儿童的发展则可能实现最优化。相反,微系统间的消极联系会产生不良后果。儿童在家庭中与家人的相处模式会影响他在学校和班级中与同学的相处模式。如果儿童在家庭中处于被溺爱的地位,那么到学校后则会产生极大的不平衡,不易与同学建立和谐、亲密的友谊关系,还会影响教师对他进行指导教育的方式。① 第三个层次是外系统(exosystem),是指那些对儿童发展没有直接影响却会产生间接影响的系统,如朋友或家庭、社会福利服务或法律服务及各种大众传媒等。第四个层次是宏系统(macrosystem),是指儿童所处的国家、社会阶层、文化背景等,这些因素都会直接或间接地影响儿童的认知、人格、行为的发展。比如,西方文化强调个人主义和自由,人们更注重个人独立、自由和利益,而东方文化强调集体主义和责任,人们更注重集体利益和责任。生态系统最外层的历时系统(chronosystem),是指儿童所生活的时代及其所发生的社会历史事件。布朗芬布伦纳强调,儿童的变化或者发展应将时间和环境相结合来考察,以理解儿童发展的动态过程。生态环境的任何变化都影响着个体发展的方向。②

(二)生态系统理论对本研究的启示

儿童发展的生态系统理论引发了教育观念的巨大改变,同样也带来了特殊教育发展的重大变革,使残疾儿童的认知模式发生了根本性的改变,由 19 世纪末到 20 世纪初的医学模式逐渐转变为生态模式,强调众多环境因素与残疾儿童之间发生着复杂的互动。生态取向的残疾儿童观要求不仅要改变残疾儿童的学习和行为,也要改善他们生活的整个环境,包括家庭、学校、同伴群体、社区环境等,由此建构出残疾儿童生态系统。生态系统理论成为美国著名特殊教育家柯克和加拉赫(Gallagher)所著经典教材《特殊儿童的心理与教育》的理论基础。该教材从 1993 年第 7 版开始强调将生态系统理论贯穿每个章节,并将残疾儿童生态系统图呈现在书的前环衬。如图 2-2 所示,同伴群体是残疾儿童生态系统中的重要组成部分,同伴群体和家庭、学校、社区一样,对残疾儿童的生活、学业和社会性发展都有重大影响,是最大限度发挥残疾儿童潜能的重要资源。随着儿童的成长,同伴群体逐渐成为儿童最主要的影响因素。青春期是个体社会发展和职业定向的关键时期,同伴群体的排斥会对残疾儿童的适应产生极大的影响。③

---

① 苏彦捷.发展心理学[M].北京:高等教育出版社,2012:52-54.

② DAVID R.SHAFFER,KATHERINE KIPP.发展心理学:儿童与青少年[M].邹泓,等译.8 版.北京,中国轻工业出版社,2009:60.

③ KIRK S A,GALLAGHER J J,ANASTASIOW N J.Educating exceptional children[M].7th.Boston,Massachusetts:Houghton Mifflin,1993:5-7.

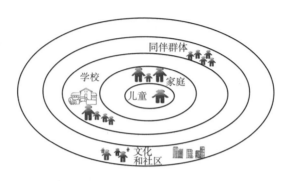

图 2-2　残疾儿童生态系统[①]

儿童发展生态系统理论对本研究的启示有三方面：首先，融合教育环境下，残疾儿童和普通儿童之间的同伴关系受诸多因素的影响，学校、家庭、社区、普通儿童的特质及残疾儿童的特质都会影响二者之间的关系。其次，残疾儿童与普通儿童之间的关系是双向互动的，不仅残疾儿童的学习和行为需要得到改变，普通儿童对残疾儿童的认识、情感和行为同样需要得到改善，才能形成同伴间的良好互动。最后，运用绘本干预同伴关系，学生需要通过干预实施者的讲读以及自主阅读，进而将绘本中传达的意蕴转化为自身的认知、情感和行为。绘本干预以阅读为基础，而良好的家庭和学校（尤其是班级）阅读环境及浓厚的阅读氛围能够为绘本干预提供物质基础和心理动因。

二、阅读治疗理论

阅读可定义为：对书面文字、图画、表格以及电子语言材料组成的文本进行解码，并整合、推论、评价信息，提出新想法；积极参与相关活动，与师生、家人、社会人士交流，体验阅读的乐趣；积极反思，运用阅读所得信息解决现实问题。[②] 阅读治疗是指以书籍为媒介，将读书作为保健、养生以及辅助治疗疾病的手段，使读者本人或导读者指导他人，通过对书籍中信息内容的针对性接受、理解和领悟，以调理精神病态、恢复身心健康的一种方法。[③] 近年来，阅读治疗的研究在欧美国家十分活跃，是一种有效的心理治疗方法。相关研究者的主要学科背景为医学、心理学、教育学、文学、图书馆学、社会工作等。20 世纪 90 年代，阅读治疗的概念被引入中国。

阅读治疗与日常的阅读行为联系紧密，阅读是阅读治疗的基础，但是阅读治疗绝

---

① 　KIRK S A, GALLAGHER J J, COLEMAN M R, et al. Educating exceptional children［M］. 13th. Boston, Massachusetts：Wadsworth Publishing，2012：16-17.

② 　祝新华.促进学习的阅读评估［M］.北京：人民教育出版社，2015：3.

③ 　徐雁.“阅读疗法”、“文学疗愈”与全民阅读推广［J］.图书情报研究，2010,3（4）：12-23.

不是简单地等同于阅读行为。① 阅读的目的通常是获取信息、知识或娱乐,而阅读治疗在于辅助治疗心理疾病。阅读行为是由读者本人自愿、自主发起的,阅读治疗的发起者即阅读治疗的指导者,负责筛选治疗对象,设计、参与和推动整个治疗过程。阅读选择的内容、数量、持续时长较为自由、随意,而阅读治疗具有一定强度,需要依据治疗目的选择特定内容的阅读材料,有一定的数量要求,整个阅读治疗的过程具有连续性。

(一)阅读治疗的类型

根据阅读过程中指导者发挥作用的差异,阅读治疗可分为以阅读为中心的阅读治疗和互动式的阅读治疗。以阅读为中心的阅读治疗,作为指导者的医生、心理咨询师、教师只需要为治疗对象推荐适宜的书单,就像医生问诊开药单的过程,治疗发生在治疗对象与图书的交互过程中。互动式的阅读治疗需要指导者、治疗对象、图书三者共同参与,指导者除了推荐书单,还需要对治疗对象进行指导性的对话与讨论,以确定治疗对象对图书所产生的直觉反应,通过对话与讨论促进治疗对象认知、态度、行为上的改变。② 两种阅读治疗最大的区别在于,前者把重点放在治疗对象的阅读行为上,寄希望于他们自己的领悟,而后者把重心放在围绕读物进行的指导性对话和讨论上,通过互动促进治疗对象的改变。③ 显然,作为成熟的阅读者,成人适合以阅读为中心的阅读治疗方式,对于儿童而言,互动式的阅读治疗则更适宜他们,因为他们的阅读能力正在发展中,生活经验、认知及自控能力有限。

阅读治疗还可以依据治疗对象的数量分为个体阅读治疗和群体阅读治疗,依据治疗主体的不同分为他助式阅读治疗和自助式阅读治疗,根据专业程度的差异分为技能的阅读治疗和科学的阅读治疗。

(二)阅读治疗的心理历程

关于阅读治疗的有效性一直存在争议。国内外学术界从发生学、生理学、心理学等学科解释阅读治疗的原理,其中心理学的解释得到了普遍认同。阅读适宜的图书往往容易使治疗对象产生代入感,激发他们的同理心,引起他们的共鸣感,净化他们的负面认知和情绪,调节他们内心的平衡,发挥暗示的积极作用,使治疗对象有所领悟,帮助治疗对象摆脱心理困扰和战胜疾病。阅读治疗的效果由大到小依次为领悟、净化和共鸣。④ 净化和共鸣只能引起治疗对象短期情感触动和态度转变,领悟往往能让治疗

① 万宇.阅读治疗在小学阶段的探索性实践:南京市钓鱼台小学的应用实例[J].图书馆杂志,2010,29(10):37-41.

② 王万清.读书治疗[M].广州:广东世界图书出版公司,2003:23-32.

③ 季秀珍.儿童阅读治疗[M].南京:江苏教育出版社,2011:8.

④ 王波,傅新.阅读疗法原理[J].图书馆,2003(3):1-12.

对象获得的全新认识牢固保留,对治疗对象的认知、情感和行为的影响比较持久。领悟的过程其实是治疗对象认知结构发生重组与改造的过程。

由此产生了阅读治疗心理历程的三阶段说、四阶段说和六阶段说。罗素和什罗德(Russell & Shrodes)提出,阅读治疗的心理历程可分为认同、净化和领悟阶段。海恩斯和海恩斯-贝瑞(Hynes & Hynes-Berry)的四阶段说认为,阅读治疗必须包括认知、检视、比较和自我应用的过程。范美珠、王万清综合多项研究,提出阅读治疗心理历程的六阶段说:投入阶段、认同阶段、投射阶段、净化阶段、领悟阶段和应用阶段。投入阶段:治疗对象被图书中的故事吸引,进而关心故事主人公的经历及故事内容所传达的信息。认同阶段:治疗对象从故事中感受到与故事主人公相同的经验,或发现与自身有类似困扰的角色,对此角色的经历产生共鸣,并衍生出情感联结,强调通过阅读认同故事中主人公角色并产生移情。投射阶段:治疗对象试图用自己的主观经验去解释故事中主人公的行为和遭遇,并积极地提供解决策略,产生潜意识的投射作用。净化阶段:治疗对象产生认同后,在安全的情境下以旁观者和参与者的身份进行阅读,联结个人的感觉、情绪、挫折等方面的经验,与故事主人公或指导者产生对话,在此过程中释放压抑已久的情绪、情感,从而实现情绪的净化、情感的转变。领悟阶段:治疗对象在阅读中了解到故事主人公解决问题的方式时,会对自身面临的挫折或困惑产生新的认知,反思自己的内心需求、行为动机和真实感受,寻求解决问题更有效的方法。应用阶段:治疗对象将在领悟阶段获得的解决问题的方法应用在个人实际生活中,产生认知、态度、行为上的改变。① 无论是三阶段说、四阶段说还是六阶段说,达成的共识是阅读治疗最核心的是认同、净化和领悟三种递进状态和阶段。

(三)阅读治疗的内容和适用对象

阅读治疗主要集中于认知、社会、行为、情绪4个层面的干预。② 认知干预需要治疗对象阅读对自己具有教育性、启发性的图书材料,获得关于人类心理和行为的知识,拓展兴趣和视野,激发对个人认知、态度、行为的反思和分析,学会看待和处理问题的方法。社会干预需要治疗对象阅读指导者推荐的相关图书材料,提高自己的社会意识水平,扩展社会认知范围,强化社会与文化规范,增强社会敏感性和社会责任感。行为干预需要治疗对象阅读指导者推荐的相关图书材料,充分发挥想象,体验各种行为模式和可能产生的结果,增加合作、分享、助人、关怀等亲社会行为,减少攻击性行为、强迫性行为、自杀行为、退缩行为等反社会行为或不成熟行为。情绪干预需要治疗对象

---

① 王万清.读书治疗[M].广州:广东世界图书出版公司,2003:23-32.

② 林崇德,杨治良,黄希庭.心理学大辞典[M].上海:上海教育出版社,2003:1164.

阅读指导者推荐的富有感染力、想象力的图书材料,促进对情绪的察觉和识别、对情绪的理解和表达,以及对情绪的调节和控制。

国内外大量研究证明,阅读治疗的适用对象比较广泛,从儿童到成人,不同年龄阶段的人都适宜。早期的阅读治疗主要在医院、心理诊室、图书馆开展。随着时代的发展变化,儿童阅读受到充分的重视,阅读治疗逐渐进入学校教育,甚至家庭教育中,以帮助儿童解决成长过程中面临的各种挑战。儿童的心理处在发展过程中,善于接受新思想和新观点,是阅读治疗的最佳对象。在阅读治疗过程中,儿童读物作为一种适宜的工具和媒介,能够帮助儿童重新看待自己所面临的问题和困扰,建立正确认知、完善自我概念、提高社交技能、获得自我成长的力量等。阅读治疗对改变儿童认知、情感及行为具有积极意义。[1] 阅读能够帮助儿童更新意识、理解自我和他人,并提供一种释放郁积情感的方式,引导儿童在间接经历故事情景的过程中找到一种解决问题的方法。[2] 以绘本为媒介的阅读治疗对严重心理创伤的儿童有情绪抚慰、困扰纾解、心理辅导的作用,并能达到帮助儿童快速平复心灵、重建健康心理和人格的效果。[3] 在重大灾难事件发生后,阅读具有情绪疗愈效用的绘本,能使遭遇情绪困扰的儿童忘却现实的不愉快,进而缓解其负面情绪,使他们通过阅读实现心理重建。[4]

阅读治疗同样能够改善残疾儿童的状况,坚持朗读可预防和纠正口吃、失读症、失写症等阅读障碍以及多动症等[5],对智力障碍儿童也能起到补偿作用。新西兰的卡索拉(Cushla)、美国的珍妮弗和史蒂芬(Jennifer & Stephen)出生即被诊断为中重度智力障碍甚至多重障碍,他们的父母坚持每天为他们朗读大量的故事或儿歌,持续多年的朗读有效地促进了他们的智力、读写能力和社会适应能力。[6] 阅读治疗对具有反社会行为的青少年同样适用。旧金山的某少年监狱中的青少年极具暴力倾向,义工坚持给他们朗读故事,结果使他们的情绪和行为都得到了较大转变,引起了美国其他监狱纷纷效仿。[7]

---

① 万宇.阅读治疗在小学阶段的探索性实践:南京市钓鱼台小学的应用实例[J].图书馆杂志,2010,29(10):37-41.
② 徐雁."阅读疗法"、"文学疗愈"与全民阅读推广[J].图书情报研究,2010,3(4):12-23.
③ 陈书梅.儿童情绪疗愈绘本解题书目[M].台北:台湾大学出版中心,2009.
④ 陈书梅.论绘本对震灾区儿童心理重建之作用[C]// 四川"512"地震后心理援助国际论坛.国际华人医学家心理学家联合会,2009.
⑤ 王波,傅新.阅读疗法原理[J].图书馆,2003(3):1-12.
⑥ 吉姆·崔利斯.朗读手册:大声为孩子读书吧[M].沙永玲,麦奇美,麦倩宜,译.海口:南海出版公司,2009:47-51.
⑦ 吉姆·崔利斯.朗读手册:大声为孩子读书吧[M].沙永玲,麦奇美,麦倩宜,译.海口:南海出版公司,2009:123-125.

（四）阅读治疗理论对本研究的启示

研究表明,阅读治疗对行为的改变有巨大潜力。[①] 阅读治疗中的阅读材料就像一面镜子,可以帮助治疗对象更清晰地照见自己,更深刻地洞察自己的动机,更准确地理解自我的认知,更真实地反思内心的感受,从而学会更有效地处理类似的问题。阅读材料中的故事人物、故事情景或故事情节使治疗对象从全知的视角去看待问题,打破单一角度思考问题的狭隘和局限,从而带来思维方式的转变,从困境中看到新的希望和捕捉到更多的可能,释放内心积蓄的情绪和压力,积极地改变他们的态度和行为,从而经历阅读治疗的3个核心心理历程:认同—净化—领悟。

阅读治疗对特殊教育也有重要的意义,对缓解残疾儿童的压力非常有效。这些压力的存在会影响残疾儿童的个人适应能力、家庭适应能力、学校适应能力和社会适应能力的发展。阅读治疗可以采用个别教学、小组教学或集体教学的组织形式开展。同时,阅读治疗能够适应大多数年龄阶段的残疾儿童的需要,且成为阅读治疗指导者不需要大量正式培训。儿童是阅读治疗最适宜的人群。在阅读治疗过程中,指导者需要选择适合的阅读材料,并结合阅读内容开展课堂讨论,以促进儿童认知、情感和行为的改善。采用以残疾儿童为主角的融合绘本和同伴关系主题绘本作为阅读治疗的载体,适合小学低年级学生的认知水平和阅读旨趣。但是儿童受认知经验、生活经验和阅读经验的限制,需要成人在阅读过程中进行适当引导,因此,最适宜采用互动式的阅读治疗方式。

三、读者反应理论

（一）读者反应理论的理解

20世纪60年代前,文学理论的发展以作者为中心或以作品为中心,60年代后则转向以读者为中心,形成重视读者及其阅读活动的理论,即读者反应理论。虽然不同学者强调的重点各有不同,但都强调在决定文本意义时读者所起的主要作用,都把读者当成阅读过程中的积极参与者。[②] 读者反应理论最具代表性的学者是德国的沃尔夫冈·伊瑟尔(Wolfgang Iser)和美国的斯坦利·费希(Stanley Fish)。

沃尔夫冈·伊瑟尔强调读者与文本在阅读活动中的相互作用和影响:作品的意义具有不确定性,存在意义空白,这就促使读者主动去寻找作品的意义,而作品真正的意义是在阅读过程中建构产生的,是作品和读者相互作用的结果。[③] 他认为,文学作品有

---

① CECIL R REYNOLDS,ELAINE FLETCHER-JANZEN.简明特殊教育百科全书[M].赵向东,等译.北京:华夏出版社,2013:80.

② 佩里·诺德曼,梅维丝·雷默.儿童文学的乐趣[M].陈中美,译.上海:少年儿童出版社,2008:356-358.

③ 汪振城.当代西方电视批评理论[M].北京:中国广播电视出版社,2007:144-153.

艺术和审美两个极点,艺术的极点是作者的文本,审美的极点是由读者阅读实现的过程。读者面对作品时,已有的生活经验、认知经验、阅读经验和脑海中留存的阅读记忆就会立刻被唤醒,进而投入阅读活动,并沉浸在作品引发的特定情感状态中。斯坦利·费希认为,文学是读者在阅读过程中的体验,意义不是可以从作品中单独抽取出来的实体,而是读者对文本的解读,并且它将随着读者认识的深化而不断变化,文学的意义、价值只存在于读者的阅读之中,是读者经验的产物。

(二)读者反应理论的特点

在传统的文学批评中,文学作品是第一位的,是先在于读者接受的客体,读者则处于一种被动地感知的位置。[①] 读者反应理论突破了作者"决定"论和文本"客观性"思想的束缚,突出了读者在阅读中不可或缺的主体地位,总体表现出三大特点。第一,读者反应理论强调文学作品的意义具有未确定性和开放性,读者在阅读中使之明确化、具体化。读者的每一次阅读只能解读文本的部分意义,要理解文本的全部意义需要反复多次阅读才能实现。第二,读者反应理论把读者作为阅读活动的主体,是对读者作用和意义的重新认识与定位。文本的意义产生于读者阅读的过程,读者是连接作品文本和产生意义的桥梁,对文本意义的实现起着决定性作用。阅读文学作品是读者的一个创造性过程,文本的社会意义、审美意义乃至更丰富的意义都需要读者主动建构才能实现。正是读者给了文学作品生命,读者的阅读让文本蜕变为真正的作品。读者反应理论把读者分为实际读者和理想读者两大类,大部分研究者侧重于研究实际读者的个别反应。理想读者则是具备语言能力、语义知识和文学能力的成熟读者。第三,读者反应理论形成了"发现(填补)文本空白"的阅读模式。沃尔夫冈·伊瑟尔认为在读者和文本之间的互动具有一种更重大的意义,借此文本将读者推向某个方向,而读者填补了文本内留下的空白。[②] 由于作品文本具有未确定性,存在着作者有意或无意藏在字里行间、话里话外未曾言明之处,这就给读者阅读时留下了意义建构的空间。读者需要对这些空间进行思索、想象,才有机会发挥自己在文本意义生成中的重要作用。

(三)读者反应理论对本研究的启示

沃尔夫冈·伊瑟尔在读者反应理论中独创了"隐含读者"的概念。他认为作者创作时为每一个文本都设定了隐含读者,这些读者最能理解和回应作品。作者对隐含读者会设定他们的阅读口味和兴趣,假定他们拥有一套关乎文学和生命的知识,并认为文字本身并不等于经验。[③] 路易斯·罗森布莱特(Louise Rosenblatt)反对只有某种特

① 汪振城.当代西方电视批评理论[M].北京:中国广播电视出版社,2007:148.
② 斯图亚特·西姆,博林·梵·隆.视读批评理论[M].宋沈黎,译.合肥:安徽文艺出版社,2009:84.
③ 佩里·诺德曼,梅维丝·雷默.儿童文学的乐趣[M].陈中美,译.上海:少年儿童出版社,2008:23-24.

定的读者可胜任的观念,为此她提出了输出阅读和审美阅读的概念。读者在输出阅读中注重的是从文本中提取信息或观念。审美阅读则是一种特殊的强烈而有序的经验——美感、知性、情感,可以形成对社会的深刻见解,这种见解只能读者"体会"出来。① 儿童文学作品的特别之处在于让成人和儿童共读,就同时拥有两种隐含读者,这就决定了它不可能只有一种意义。儿童文学作品的作者或许是唯一被要求面向一种特定的读者,同时又必须取悦另一种读者的人。② 阅读儿童文学作品需要成人读者拥有一些基本知识和阅读策略,这些是儿童无法具备的,因此儿童阅读童书需要成人引导。

读者反应理论对本研究的启示有两点:第一,在绘本干预过程中,儿童是阅读的主体,是阅读的积极参与者。儿童对绘本意义的实现具有决定性的作用,要充分重视儿童的阅读反应。教师是阅读活动的设计者、实施者、组织者、支持者和反思者,选择适宜的主题绘本,运用多元化互动式的共读方式和拓展活动形式,目的在于促进儿童对绘本文本意义的建构。第二,绘本的图画和文字仅仅具有意义建构的可能性,在阅读过程中需要儿童观察、想象和思考,最终在儿童头脑中完成的意义建构具有差异性。儿童需要具备一定知识和策略才能促使意义建构的过程发生。儿童理解绘本文本不仅需要生活经验,也需要具备认知经验和阅读经验。绘本的意义同样具有不确定性,也留有足够的空间引发读者主动去解读。意义的建构结果会随着儿童的生活经验、认知经验和阅读经验的逐渐丰富而不断变化。因此,绘本干预过程中,要注重给儿童推荐更多优秀的儿童文学作品,形成浓厚的班级和家庭阅读氛围,丰富他们的认知经验和阅读经验。

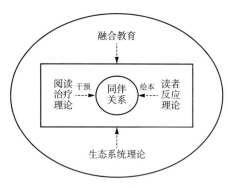

图2-3　本研究的理论框架

四、理论框架

本研究以融合教育为理论背景,选取生态系统理论、阅读治疗理论、读者反应理论来建构理论框架,如图2-3所示。

世界各国融合教育的发展进程不同,但推进高质量融合教育的目标是一致的。融合教育早已成为世界教育发展的趋势。融合教育是一种教育理念,是一种教育理想,强调所有

---

① 佩里·诺德曼,梅维丝·雷默.儿童文学的乐趣[M].陈中美,译.上海:少年儿童出版社,2008:357-358.
② 佩里·诺德曼,梅维丝·雷默.儿童文学的乐趣[M].陈中美,译.上海:少年儿童出版社,2008:30.

残疾儿童都有权和同龄儿童在普通学校就近入学,并为他们提供满足身心发展需要的有效的、高质量的教育。融合教育学校残疾儿童与普通儿童交往和互动,不仅有益于残疾儿童的学业和社会性发展,也可以使所有学生、教师、家长和社区成员受益。① 融合教育的重要基础是促使教师、学生、家长以及社区成员形成一个以平等、接纳、尊重、合作为价值观的共同体,良好的同伴关系是建构融合教育共同体的重要组成部分。融合教育是撬起普通教育改革的杠杆,最终受益的是融合环境中的不同群体。② 根据生态系统理论,残疾儿童的同伴关系是微观系统中的重要部分,会对残疾儿童的发展产生直接影响。同伴之间关系是双向的,残疾儿童每天和普通儿童接触的机会比教师更多,同伴关系影响着残疾儿童的学业和社会性发展,而残疾儿童的认知、行为、能力也影响着同伴对他的反应。融合教育是残疾儿童同伴关系干预研究的背景,生态系统理论为促进残疾儿童同伴关系提供了重要的理论依据。

阅读治疗是心理治疗的一种,其重要性日渐凸显。阅读治疗对儿童尤为适宜,但需要成人引导。阅读治疗分类较多,其中互动式的阅读治疗最适宜。儿童在阅读治疗过程中,经历认同—净化—领悟3个核心阶段,能够促进他们的认知、情感、行为意向的改变。读者反应理论表明,儿童是阅读的主体,对于文本意义的实现具有决定性作用,因此在阅读过程中要注重儿童的阅读反应。儿童理解文本需要生活经验、认知经验和阅读经验。阅读是绘本干预的基础,阅读治疗理论为干预提供了方法和原理,读者反应理论为干预奠定了儿童立场的基础。本研究以融合绘本和同伴关系主题绘本为阅读材料,运用互动式阅读治疗的方式,在阅读中促进儿童对绘本意义的理解,引导他们经历认同—净化—领悟的心理历程,改变普通儿童对残疾儿童的认识、情感和行为意向,促进残疾儿童同伴关系有效改善。

---

① VILLA R A, THOUSAND J S. Creating an inclusive school [M]. 2nd. Alexandria, Virginia: Association for Supervision and Curriculum Development, 2005:1-10.

② 邓猛,李芳.融合教育导论[M].北京:北京师范大学出版社,2022:307.

第三章

研究设计

第一节　研究方法选择

　　混合方法研究(mixed methods research)是教育研究继量化研究和质性研究方法之后的"第三次方法论运动"①,伴随着20世纪60年代后教育研究中复杂性科学的运用而出现。约翰·W.克雷斯威尔(John W.Creswell)认为,混合方法研究是社会科学、行为科学和健康科学领域的一种研究取向,持有这种取向的研究者同时收集定量(封闭的)数据和定性(开放的)数据,对两种数据进行整合,然后在整合两种数据强项的基础上进行诠释,更好地理解研究问题。② 混合方法研究可以克服使用单一方法研究带来的潜在危险,形成两大交叉优势,即研究结果三角验证和互为补充,从而提高研究结果的可靠性和深入性。本研究的核心问题是在融合教育学校,采用融合绘本和同伴关系主题绘本干预对普通儿童与残疾儿童之间的同伴关系有何影响。混合方法研究有多种设计方案,根据本研究问题,选择高阶的干预设计。干预设计(intervention designs)是指在实验研究过程中,收集在某些阶段的定性数据,这种定性数据收集的时间点可以是测验之前、测验过程中或测验之后,在这种设计方案下的数据整合体现为把定性研究的数据嵌套入实验研究的数据之中③,如图3-1所示。本研究的绘本干预包括实验组和对照组,实验组接受绘本干预,检验干预对实验组产生的效果,从而判断干预方案对结果有何影响。对照组则不需要进行绘本干预,仅仅维持日常的教学活动。为检验研究对象的体验及干预是否带来积极效果,本研究需要结合前后测的定量结果和实验前、中、后收集的定性数据进行分析。本研究的混合方法研究设计如图

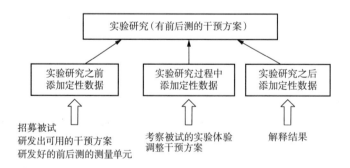

图3-1　干预设计方案④

①　唐涌.混合方法研究:美国教育研究方法论的新取向[J].外国教育研究,2015,42(2):12-21.
②　约翰·W.克雷斯威尔.混合方法研究导论[M].李敏谊,译.上海:格致出版社,2015:2.
③　约翰·W.克雷斯威尔.混合方法研究导论[M].李敏谊,译.上海:格致出版社,2015:8.
④　约翰·W.克雷斯威尔.混合方法研究导论[M].李敏谊,译.上海:格致出版社,2015:49.

3-2 所示。这种设计便于在研究过程中收集定量数据和定性数据,有利于从多个视角理解和阐释研究问题,为研究结论提供更充分的证据。

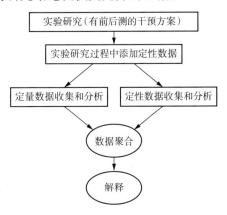

图 3-2　本研究混合方法研究设计

第二节　研究总体架构

本研究分为两个部分。研究一采用问卷法、访谈法和观察法,了解融合教育学校普通儿童和残疾儿童之间的同伴关系现状。以此调查结果为基础,确定一类亟须干预的残疾儿童,并选定实验组和对照组,对实验组和对照组均进行前测,并辅以访谈法和观察法,了解两类残疾儿童同伴关系状况,并确定二者之间的同质性。研究二对实验组进行绘本干预,辅以访谈法和实物收集法收集定性数据,通过后测收集实验组和对照组的定量数据,并整合访谈法、观察法收集的定性数据,分析和解释绘本干预改善普通儿童与残疾儿童同伴关系的具体效果。本研究的总体架构具体如图 3-3 所示。

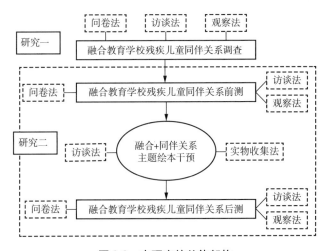

图 3-3　本研究的总体架构

第三节　研究方法

根据研究的具体问题,综合采用实验法、问卷法收集定量数据,运用观察法、访谈法、实物收集法等收集定性数据。

研究一:融合教育学校残疾儿童同伴关系调查

（一）研究内容

融合教育学校残疾儿童同伴接纳态度的状况,以及同伴接纳态度的影响因素。

融合教育学校残疾儿童的同伴接纳水平,以及他们在班级中同伴接纳的类型。

融合教育学校残疾儿童拥有朋友的数量,以及他们与普通儿童之间的友谊质量。

（二）研究方法

1.研究对象

本研究在北京市 6 个区县 12 所融合教育学校开展调查,抽取 3~6 年级 19 个融合班级,班级内的所有普通儿童和残疾儿童都接受问卷调查,同时访谈部分普通儿童、残疾儿童和教师。

2.数据收集

针对普通儿童、残疾儿童和教师三类研究对象,研究者设计了内容相似、角度不同的问卷和访谈提纲,进行定量数据和定性数据的收集,同时采用观察法收集定性数据,以便三方数据进行相互佐证,检验研究结果的一致性和可信度。

普通儿童、残疾儿童分别完成普通学校残疾儿童同伴关系问卷（普通儿童版）和普通学校残疾儿童同伴关系问卷（残疾儿童版）,该问卷分别由基本情况、同伴接纳态度问卷、同伴提名问卷、友谊提名问卷、友谊质量问卷 5 部分组成。如果在友谊提名问卷中,普通儿童和残疾儿童之间相互提名,则均需填写友谊质量问卷。教师完成普通学校残疾儿童同伴关系问卷（教师版）。

3.研究工具

具体见第四章"研究工具"部分。

4.数据分析

使用 SPSS 22.0 统计分析软件录入残疾儿童同伴接纳态度问卷数据,3 个维度和总体得分越高说明接纳态度越好。同伴提名问卷以提名 1 次计 1 分,计算出全班每个儿童的积极提名分数和消极提名分数,转换为 Zp、Zn、SP 和 SI 4 个标准分数,以此确定残疾儿童同伴接纳的类型。友谊提名问卷统计班级每个儿童得到的互选最好朋友提名数。友谊质量问卷计算互选为好朋友的友伴的积极友谊和消极友谊得分,积极友谊得分越高,消极友谊得分就越低,表明友谊质量越高。定性数据需要先转化为文本资料,然后对文本进行整理、归类,并做初步的分析和处理,最后与定量资料进行整合,共同诠释残疾儿童同伴关系的现状。

(三)研究程序

研究程序如图3-4所示,先确定研究对象、设计抽样方案,运用改编和选定的量表收集定量数据,使用访谈提纲和观察表收集定性数据,再将两类数据分析整合,进而诠释研究结果。

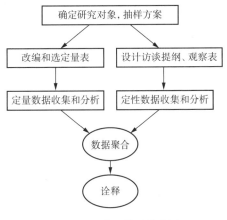

图 3-4 研究一的研究程序

研究二:融合教育学校残疾儿童同伴关系的绘本干预

(一)研究内容

在融合教育学校中,残疾儿童同伴关系的绘本干预模式包括如何选择符合干预需要的绘本、如何开展干预活动、如何促进普通儿童和残疾儿童共同参与及干预的保障条件是什么?

在融合教育学校中,绘本干预对普通儿童和残疾儿童同伴关系有何影响,包括干预改善普通儿童对残疾儿童的同伴接纳态度程度、干预能否提升普通儿童对残疾儿童的同伴接纳水平、干预能否促进普通儿童与残疾儿童之间的友谊关系?

(二)研究方法

1.研究对象

根据研究一的结果确定最需要干预的残疾儿童类型,选取两所融合教育学校2年级的4个班级,其中两个班级作为实验组,接受绘本干预,两个班级作为对照组,维持日常教学活动。之所以选择 2 年级开展实验研究是基于以下几点考虑：首先，小学阶段是儿童同伴关系发展的关键期。1、2 年级儿童之间还没有形成一定的团体，各自正在探索与谁交朋友。[①] 大多数 2 年级儿童同伴关系尚未稳定，通过干预帮助残疾儿童建立良好的同伴关系比较具有可行性。其次，小学低年级是整个义务教育阶段的基础和关键。良好的同伴关系有助于残疾儿童未来的学业和社会性发展。最后，2022 年颁布的《义务教育语文课程标准（2022 年版）》首次提出，1～2 年级的儿童应"喜欢阅读，感受阅读的乐趣。……阅读浅近的童话、寓言、故事……"[②]可见，绘本是一种具有独特价值且适合 2 年级儿童阅读的儿童读物。选用绘本进行干预，符合低年级儿童的阅读兴趣和阅读水平。

2.实验设计

本研究采用准实验设计，即被试以非随机方式分配到实验处理上的设计。[③] 实验组和对照组是残疾儿童所在融合班级的全体儿童，既能反映融合班级真实的教育场景，也便于研究的持续开展。

（1）准实验设计的模式

见第五章"研究设计模式"部分。

（2）研究假设

本研究的研究假设：运用融合绘本和同伴关系主题绘本进行干预，能够改善普通儿童与残疾儿童的同伴关系，包括普通儿童对残疾儿童的同伴接纳态度和他们之间的友谊关系。

3.自变量和因变量

本研究的自变量是融合绘本和同伴关系主题绘本干预，因变量是普通儿童与残疾儿童的同伴关系。本研究中因变量包括同伴接纳态度和友谊关系两方面，具体操作性定义见表3-1。

表 3-1　因变量操作性定义[④]

因变量	操作性定义
同伴接纳态度	
认知	个体对态度对象的知识或信息构成，反映个体对态度对象的相信与不相信。

---

① 林崇德.发展心理学［M］.杭州：浙江教育出版社，2002：349-350.
② 中华人民共和国教育部.义务教育语文课程标准（2022 版）［EB/OL］.（2022-03-25）［2023-05-25］.中华人民共和国教育部政府门户网站.
③ 朱滢.实验心理学［M］.3 版.北京：北京大学出版社，2014：31.
④ 万晶晶.初中生友谊发展及其与攻击行为的关系研究［D］.武汉：华中师范大学，2002.

续表

因变量	操作性定义
情感	个体对态度对象的评价,反映个体对态度对象的喜欢与不喜欢。
行为意向	个体对态度对象的行为倾向,反映个体对态度对象的行为意图及准备状态。
友谊关系	
有无	是否有相互提名的好朋友。
数量	相互提名的好朋友数量多少。
质量	与好朋友之间信任尊重、帮助陪伴、肯定价值、亲密交流的情况。

4.无关变量控制

无关变量是实验中除自变量外所有可能干扰被试的变量。采用准实验不等控制组设计的研究,对其内部效度构成最大威胁的因素是样本选择。[①] 残疾儿童同伴关系的影响因素众多,包括所在地区、学校和班级层面的影响因素、残疾儿童自身因素等。为保证内部效度,本研究选择同在海淀区的两所学校的 4 个融合班级作为实验组和对照组,两所学校均属于该区的非重点小学,4 个班级具有较大同质性,年级、年龄、班级规模、家庭社会经济地位、残疾儿童类型、残疾程度及认知水平都大致相同,干预前选择同一周内对实验组和对照组进行前测,确认两个实验组和两个对照组残疾儿童的同伴关系总体上无显著性差异。同时,为避免干预扩散对内部效度构成威胁,需与对照组教师和家长协商,保证对照组班级教师和儿童没有采用与实验组相关的干预材料与干预程序。

5.研究工具

具体见第五章"研究工具"部分。

6.研究数据的分析

研究者分析数据时,特别注重数据来源的三角验证和收集方法的三角验证。数据来源于普通儿童、残疾儿童、教师和研究者等的问卷、观察、访谈、教学实录、教学省思、学生作品等。研究者将这些定量数据和定性数据综合起来分析,以检验研究发现的一致性。定量数据使用研究一的数据分析方式,对实验组和对照组前后测的各项结果进行分析等,得出绘本干预能否有效改善残疾儿童同伴关系的结论,同时对绘本干预方案评价结果进行分析。对于定性数据,研究者先将音频、视频、实物资料转成文本资料,再对文本资料进行初步整理和分析,提取关键词和重点段落,并拟出分析框架结

---

① 詹姆斯·H.麦克米伦,萨利·舒马赫.教育研究:基于实证的探究[M].曾天山,组织翻译.7 版.北京,教育科学出版社,2013:179.

构,选取相关照片,最后与定量数据相互佐证,从多角度阐释研究结果的有效性和可信度。

（三）研究程序

研究者需要做好各项准备工作,首要任务是进行研究设计,确定研究对象、选定绘本、编制研究工具等。设计绘本干预方案,包括设计理念、选择原则、课程体系建构和绘本内容解读等。干预前,研究者需要对全体被试进行前测,结合访谈和观察结果,了解两所学校 4 个融合班级残疾儿童同伴关系的状况,并确定班级之间的同质性。在每所学校随机选择一个班级作为实验组,另一个班级作为对照组,形成分别由两个班级构成的实验组和对照组。在干预过程中,研究者运用选定的融合绘本和同伴关系主题绘本 20 本,干预时间为 14 周,每周两课时,每个课时 40 分钟,同时收集课堂教学实录、学生作品、观察、访谈等结果作为过程性的定性数据。干预后,研究者需要对全体被试进行后测,同时通过访谈和观察收集定性资料,综合分析研究数据,归纳初步的定量研究结果,再补充定性研究结果,以全面分析和阐释研究结果,撰写完整的研究报告。研究二的整体研究程序如图 3-5 所示。

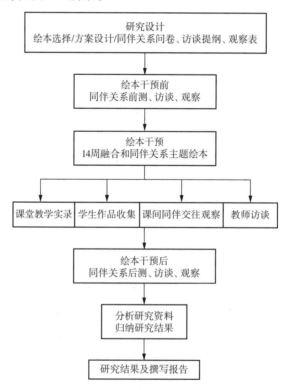

图 3-5　研究二的整体研究程序

第四章

融合教育学校残疾儿童同伴关系研究

第一节 研究方法

一、研究对象

本书的研究对象来自北京市 6 个区的 12 所小学,每所小学分别抽取 3—6 年级的 1~2 个班级,共计 19 个融合班级。调查全部采用团体现场答题,由班主任辅助研究者现场发放并回收问卷。3、4 年级儿童阅读理解和表达能力有限,全班逐一读题后指导答题,5、6 年级儿童则独立完成答题。针对普通儿童的问卷共计发放 680 份,回收 672 份,回收率达到 98.82%,剔除无效问卷后有效问卷共 644 份,有效问卷率为 95.83%。研究对象的基本情况见表 4-1。

表 4-1 研究对象的基本情况($N = 644$)

人口学变量	项目	n	比例(%)	人口学变量	项目	n	比例(%)
地区	海淀区	144	22.36	残疾儿童类型	智力障碍	408	63.35
	西城区	111	17.24		听觉障碍	72	11.18
	朝阳区	84	13.04		视觉障碍	60	9.32
	石景山区	107	16.61		肢体障碍	39	6.06
	顺义区	108	16.77		孤独症	65	10.09
	平谷区	90	13.98	残疾儿童性别	男	389	60.40
学校规模	大型	187	29.04		女	255	39.60
	中型	249	38.66	普通儿童性别	男	348	54.04
	小型	208	32.30		女	294	45.65
资源教室	有	280	43.48	独生子女	是	330	51.24
	无	363	56.37		否	314	48.76
融合教育宣导活动	1 种	445	69.10	儿童图书数量	10 本以下	74	11.49
	2 种	77	11.96		10~20 本	107	16.61
	3 种及以上	122	18.94		21~50 本	166	25.78
随班就读年限	0~9 年	321	49.84		50~100 本	137	21.27
	10~19 年	204	31.68		100 本以上	154	23.91
	20 年及以上	119	18.48	课外阅读时间	没有时间	28	4.35
全校残疾儿童人数	5 个以下	72	11.18		1~10 分钟	87	13.51
	5~10 个	428	66.46		11~20 分钟	123	19.10
	10 个以上	144	22.36		21~30 分钟	163	25.31
年级	3 年级	176	27.33		30 分钟以上	235	36.49
	4 年级	134	20.81	班干部	是	289	44.88
	5 年级	267	41.46		否	345	53.57
	6 年级	66	10.25		优	133	20.65
班级规模	20~29 个	73	11.34		良	292	45.34

续表

人口学变量	项目	n	比例（%）	人口学变量	项目	n	比例（%）
班级规模	30~39 个	416	64.60	接触程度	经常	116	23.72
	40 个及以上	155	24.07		有时	134	27.40
班级残疾儿童人数	1 个	495	76.86		偶尔	86	17.59
	2 个	149	23.14		极少	153	31.29
成绩	中	95	14.75				
	偏下	26	4.04				
	不知道	21	3.26				

此次研究对象中,超过 1/5 来自海淀区,近四成学生来自中等规模的学校,近六成学生的学校尚未建立资源教室,七成学生的学校 1 年来开展过 1 种融合教育宣导活动,一半学生的学校开展融合教育时长不到 10 年,近七成学生的学校有 5~10 名残疾儿童,5 年级学生占四成,六成学生的班级人数为 30~39 人,八成学生的班级有 1 名残疾儿童,六成学生班级的残疾儿童为男生或智力障碍类。研究对象中男生较多,独生子女略多,55%的家庭中儿童读物不到 50 本,约 2/3 的学生每天课外阅读时间不足半小时,45%的学生担任班干部,60%的学生学习成绩优良;51%的学生能够经常或有时接触残疾儿童。

参与问卷调查的融合班级共有 24 名残疾儿童,其中 19 名残疾儿童,分别是 12 名智力障碍儿童、2 名听觉障碍儿童、2 名视觉障碍儿童、1 名肢体障碍儿童、2 名孤独症儿童。另外,本研究对 19 名残疾儿童、8 名普通儿童和 10 名班主任进行访谈,回收访谈记录 37 份。

二、研究工具

本研究在充分参考国内外同伴关系问卷的基础上,自编普通学校残疾儿童同伴关系问卷。问卷内容由基本信息和四部分问卷构成。基本信息涉及学校的基本情况(地区、学校规模、资源教室、融合教育宣导活动、融合教育年限、残疾儿童总数)、班级基本情况(年级、班级规模、残疾儿童数量)、学生基本情况(性别、独生子女、家庭阅读环境和阅读习惯、有无担任班干部、成绩、与残疾儿童接触程度、残疾儿童类型和性别等)。四部分问卷包括残疾儿童同伴接纳态度问卷、同伴提名问卷、友谊提名问卷和友谊质量问卷。

(一)残疾儿童同伴接纳态度问卷

本问卷主要由农村小学生对随班就读同伴接纳态度调查问卷修订而来①,同时综合参考了多项研究的问卷。修订后的问卷由认知、情感和行为意向 3 个维度构成,分

---

① 江小英,王婧.农村小学生对随班就读同伴接纳态度的调查报告[J].中国特殊教育,2013(12):10-18.

别有 6、6、7 道题目,每道题目采用李克特五级评分法,1 分代表"非常不符合",2 分代表"比较不符合",3 分代表"一般",4 分代表"比较符合",5 分代表"非常符合"。

（二）同伴提名问卷

同伴提名分为积极提名和消极提名,需要每个儿童分别填写班级中最喜欢和最不喜欢的 3 个同学的名字与理由,不足 3 个或没有的根据实际情况填写即可。计算出每个儿童的积极提名和消极提名分数,并把分数都转换为标准分数 Zp、Zn,对每个儿童进行分类,可以确定其在班级的实际同伴接纳水平。

（三）友谊提名问卷

友谊提名问卷需要每个儿童按照关系亲密程度填写班级中 3 个最好朋友的名字和理由,不足 3 个或没有的根据实际情况填写即可。本研究采用宽松标准,只要 3 个之中互选为朋友,即可判断儿童之间是否形成友谊。

（四）友谊质量问卷

根据友谊提名问卷的结果,互选好朋友的普通儿童和残疾儿童需要进一步填写友谊质量问卷。本研究选用简化版友谊质量问卷共 6 个维度 18 个项目,分为肯定与关心、陪伴与娱乐、帮助与指导、冲突解决、亲密袒露与交流以及冲突与背叛。问卷采用五级评分,"完全不符合、不太符合、有点符合、比较符合、完全符合"5 个选项分别赋 0—4 分。友谊质量问卷常用于普通中小学生,对特殊教育学校 3—9 年级智力障碍学生也适用。问卷各维度的信度值在 0.712~0.914,均超过 0.7,达到良好的信度指标,同时,问卷具有较好的内容效度。① 因此,问卷适用于本研究中调查普通儿童和残疾儿童。普通学校残疾儿童同伴关系访谈提纲分为普通儿童版、残疾儿童版和教师版,主要涉及干预前残疾儿童的发展情况、普通儿童与残疾儿童之间的交往情况、残疾儿童的友谊关系等,以了解残疾儿童的同伴关系。普通学校残疾儿童同伴关系观察表主要用来记录残疾儿童和普通儿童之间的典型互动事件。访谈和观察的结果与问卷调查的结果相互印证。

三、研究程序

本研究首先修订农村小学生对随班就读同伴接纳态度调查问卷,再邀请高校的特殊教育专家与经验丰富的融合教育教师对问卷提出修改意见,确保问卷的内容效度,形成修订后的问卷。问卷发放通过两个阶段完成,第一阶段探索问卷的内容结构,验证修订后问卷的有效性。研究者在 4 所普通小学融合班级随机发放 345 份问卷进行预调查,剔除漏答率超过 5% 的问卷,最终获得有效问卷 331 份,将数据随机分为两份,

---

① 康美兰.智力落后学生的友谊现状及特点研究[D].大连:辽宁师范大学,2014.

分别用作探索性因素分析($N=165$)和验证性因素分析($N=166$)。第二阶段确定问卷的有效性,采用目标群体整群抽样的方法,在融合教育学校发放问卷 670 份,共收回有效问卷 644 份,有效率为 9.12%。

四、数据分析

研究者将问卷回收之后,先剔除无效问卷,再进行整理、编码,采用 SPSS 22.0 软件和 Excel 软件录入、核对、分析、处理定量和定性数据。残疾儿童同伴接纳态度问卷和友谊质量问卷均为 5 点量表,反向题目则反向赋分。采用 SPSS 22.0 软件对第一阶段的一份数据($N=165$)进行项目分析和探索性因素分析,初步建构残疾儿童同伴接纳态度模型;运用 Amos 软件对第一阶段的另一份数据($N=166$)进行验证性因素分析和信效度检验,从而对残疾儿童同伴接纳态度模型加以验证;使用 SPSS 22.0 软件对第二阶段数据($N=644$)进行描述和推断分析,从而了解残疾儿童同伴接纳态度的基本现状和特点。同伴提名问卷、友谊提名问卷的结果先采用 Excel 软件录入,再用 SPSS 22.0 软件进行标准化分数的转换。友谊质量问卷采用 SPSS 22.0 软件进行数据分析。

第二节　研究结果

一、残疾儿童同伴接纳态度模型的探索与验证

(一)项目区分度分析

对第一阶段第一份数据($N=165$)的每一题进行项目区分度分析(表 4-2)。首先将原始数据录入 SPSS 22.0 统计分析软件,经计分处理,将问卷分数总和由高至低进行排列,找出得分前 27% 的高分组和后 27% 的低分组,然后用独立样本 t 检验两组在每一项目的总分,求得 t 值作为决断值。决断值大且差异达到显著水平 0.05 时,表示该题能鉴别不同研究对象的反应程度,则保留该题,反之,则应去除。本问卷共有 19 题,进行项目分析后,19 个题目的决断值均达统计的 0.05 显著水平,故予以保留。

表 4-2　残疾儿童同伴接纳态度问卷之项目区分度分析表

题号	决断值	题号	决断值	题号	决断值
1	6.992***	8	9.393***	15	12.050***
2	8.099***	9	11.916***	16	12.338***
3	11.393***	10	5.663***	17	15.104***
4	7.202***	11	8.774***	18	15.351***
5	4.359***	12	12.581***	19	13.655***

续表

题号	决断值	题号	决断值	题号	决断值
6	2.470*	13	15.701***		
7	9.629***	14	12.937***		

注：*$p<0.05$，**$p<0.01$，***$p<0.001$，以下同。

（二）探索性因素分析

首先用 KMO 统计量和巴特利特球形检验分析数据是否适合进行因素分析，得到 KMO=0.890，巴特利特球形检验 $\chi^2=1430.650(df=120,P=0.000)$，说明本数据群的相关矩阵有共同因素存在，适合进行因素分析。

根据大多数研究者编制问卷的经验，项目删减的原则如下：逐步排除某些极端项目；排除因素负荷小于0.3的项目；排除虽对同一公因子影响显著，但明显与其他项目不属于同一种类的个别项目；删除某些在两个或两个以上因素负荷比较近似的项目；一个因子最少应包含3个项目，否则项目太少，无法测出该因子的特质，内容效度会受影响。依据这些标准对问卷的项目进行删除，每次删除一个项目，重新进行探索性因素分析。[①] 本研究共计删除5题。采用主成分分析法抽取特征值大于1的因素，经正交旋转，最后得到3个因素14个题目，3个因素方差累计可以解释总体变异的65.467%，因素分析结果见表4-3。经过探索性因素分析，认知、情感和行为意向3个维度没有变化，但是认知和行为意向维度题目数量有一定变化，由原来的6个和7个缩减为5个和3个。

表4-3 残疾儿童同伴接纳态度问卷探索性因素分析结果

题项	因素1	因素2	因素3
14.我愿意和○○○一起玩。	0.883		
16.我不太愿意邀请○○○到家里玩。	0.865		
15.我愿意和○○○做邻桌。	0.859		
17.我愿意和○○○做朋友。	0.787		
13.我愿意和○○○一起参加全校性活动。	0.696		
12.我愿意和○○○参加小组活动。	0.538		
7.○○○有能力和我们一起学习。		0.808	
8.○○○有时候也会帮助别人。		0.780	
9.○○○遇到学习上的困难，大家应该帮助他。		0.735	
2.○○○有他的优点和长处。		0.724	
4.○○○和我们一样，也能取得进步。		0.701	

---

① MANNE S, SCHNOLL R. Measuring cancer patients' psychological distress and well-being: a factor analytic assessment of the Mental Health Inventory[J].Psychological Assessment,2001,13(1):99-109.

续表

题项	因素1	因素2	因素3
5.○○○做得好的时候,我会称赞他。			0.807
6.如果有人欺负○○○,我会上去制止。			0.725
10.在校外碰到○○○,我会主动跟他打招呼。			0.608

(三)验证性因素分析

按照模型拟合度标准:χ^2/df 大于 5 表示模型数据不理想,χ^2/df 小于 5 表示模型可以接受,χ^2/df 小于 3 则表示模型较好,但样本容量越大,则 χ^2/df 越大[1];IFI、CFI、TLI 和 NFI 应大于或接近 0.90,越接近 1 越好[2];RMSEA 处于 0 和 1 之间,决断值为 0.08,越接近 0 越好。为了得到更精确的模型,用 Amos 软件来拟合残疾儿童同伴接纳态度模型(图 4-1)。由表 4-4 可知,χ^2/df 的值为 3.554,小于 5,表示残疾儿童同伴接纳态度模型较好;IFI 为 0.965,CFI 为 0.965,TLI 为 0.957,NFI 为 0.952,都超过了 0.90;RMSEA 为 0.063,小于 0.08,说明该模型具有较好的拟合度和稳定性。

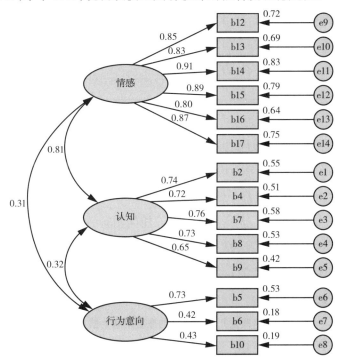

图 4-1 残疾儿童同伴接纳态度模型

① COX B J,ENNS M W,CLARA I P.The multidimensional structure of perfectionism in clinically distressed and college student samples[J].Psychological Assessment,2002,14(3):365-373.

② HENDERSON J W,DONATELLE R J,ACOCK A C.Confirmatory factor analysis of the cancer locus of control scale[J].Educational and Psychological Measurement,2002,62(6):995-1005.

表 4-4　残疾儿童同伴接纳态度 3 个因子模型拟合指标

拟合指标	χ^2	df	χ^2/df	IFI	CFI	TLI	NFI	RMSEA
指标值	263.010	74	3.554	0.965	0.965	0.957	0.952	0.063

(四)信效度分析

1.残疾儿童同伴接纳态度问卷内容效度检验

本研究计算各维度之间,以及各维度与问卷总分之间的相关,以此作为内容效度检验的依据。心理学家图克认为,如果一份问卷的维度与测验总分相关系数为 0.30～0.80、各维度相关为 0.10～0.60 的话,则表明该问卷的效度是令人满意的。[①] 结果见表4-5,问卷各维度间达到中等相关 0.561～0.598,问卷各维度与问卷总分之间都达到显著相关,且高于各维度间的相关,相关范围为 0.832～0.897。这说明问卷各维度之间既相互独立,又相互关联。因此,本问卷具有较好的结构效度。

表 4-5　残疾儿童同伴接纳态度问卷各维度与问卷总分之间的相关

维度	认知	情感	行为意向	总体接纳态度
认知	1			
情感	0.598***	1		
行为意向	0.589***	0.561***	1	
总体接纳	0.832***	0.897***	0.852***	1

2.残疾儿童同伴接纳态度问卷的信度检验

本研究采用的残疾儿童同伴接纳态度问卷共 14 个题目。为了解问卷的可靠程度、问卷的稳定性和问卷的内部一致性,采用 Cronbach's α(克隆巴赫 α)系数作为问卷信度检验的指标,α 系数越高,表示信度越好。任何测验的信度系数达 0.80～0.90 才算相当令人满意,达 0.70～0.79 才可以接受。[②] 经信度检验,残疾儿童同伴接纳态度问卷整体的 α 值为 0.906,3 个维度的 α 值分别为 0.901、0.905、0.894,见表4-6。这说明本问卷达到了相当好的信度指标。

表 4-6　残疾儿童同伴接纳态度问卷之信度分析

维度	认知	情感	行为意向	总体接纳态度
题数	5	6	3	14
Cronbach's α	0.901	0.905	0.894	0.906

---

① 戴忠恒.心理与教育测量[M].上海:华东师范大学出版社,1987:202-223.

② 方子华.小学学生家庭阅读活动、学校阅读环境与阅读动机之相关研究[D].屏东:屏东师范学院,2010.

二、残疾儿童同伴接纳态度分析

(一)残疾儿童同伴接纳态度总体情况

首先分析普通儿童对残疾儿童同伴接纳态度的数据。根据表 4-7,各个维度以 5 点计分,中位数为 3,单样本 t 检验的结果表明,普通儿童对残疾儿童同伴接纳态度各维度得分和总体接纳态度得分($M=3.56$)与中位数均达到显著性差异,以 4 为检验值进行单样本 t 检验,各维度和总体接纳态度也均达到显著性差异,说明从认知、情感、行为意向和总体上看,普通儿童对残疾儿童同伴接纳态度都高于中间水平,但是均未达到比较高的程度。3 个维度的平均值从高到低依次是行为>认知>情感,情感维度得分低于总体接纳态度的平均值。经单因素方差分析和多重比较发现,3 个维度之间存在显著性差异($F=22.628, p=0.000$),情感接纳显著低于认知、行为意向方面的接纳($ps<0.01$)。

表 4-7　残疾儿童同伴接纳态度各维度的平均分及标准差($N=644$)

维度	认知	情感	行为意向	总体接纳态度
M	3.64	3.29	3.74	3.56
SD	1.04	1.55	1.18	1.09

再来比较分析普通儿童、残疾儿童、班主任对残疾儿童同伴接纳态度的评价。由表 4-8 所知,各维度和总体接纳方差均为非齐性,执行单因素方差分析时,Welch(维尔克)法比 F 检验更稳健,常选用 Games-Howell(盖姆斯-霍尔)法进行多重比较。[①] 班主任对残疾儿童同伴接纳态度的评价高于普通儿童、残疾儿童的评价。经多重比较分析发现,从各维度和总体得分来看,普通儿童对残疾儿童的同伴接纳态度与残疾儿童所感受到的普通儿童对他们的同伴接纳态度不存在显著性差异,但班主任对残疾儿童同伴接纳态度的评价在认知、行为意向维度和总体上均显著高于普通儿童和残疾儿童,在情感维度上显著高于普通儿童。这说明,普通儿童对残疾儿童的同伴接纳程度与残疾儿童所感受到的同伴接纳程度比较一致,而班主任对残疾儿童同伴接纳态度的评价更为乐观。

表 4-8　普通儿童、残疾儿童和班主任对同伴接纳态度评价的平均分和标准差(M±SD)

维度	N	认知	情感	行为意向	总体接纳态度
①普通儿童	644	3.64±1.04	3.29±1.55	3.74±1.18	3.56±1.09
②残疾儿童	19	3.42±0.53	3.44±1.06	3.74±0.53	3.47±0.57

---

① 武松,潘发明,等.SPSS 统计分析大全[M].北京:清华大学出版社,2014:82.

续表

维度	N	认知	情感	行为意向	总体接纳态度
③班主任	19	4.05±0.64	3.81±0.65	4.56±0.29	4.13±0.39
Welch df 2		27.354	29.043	33.722	30.531
p		0.017	0.013	0.000	0.000
Games-Howell		③>①②	③>①	③>①②	③>①②

(二)残疾儿童同伴接纳态度差异比较

本研究从学校、班级、残疾儿童和普通儿童4个方面分析残疾儿童同伴接纳态度差异。

1.学校差异

本研究从学校所在区县、学校规模、资源教室、融合教育宣导活动、随班就读年限、残疾儿童数量等方面分析残疾儿童同伴接纳态度的差异。

(1)学校所在区县和规模差异

事实上,北京市各区县融合教育发展的历史不一样,整体发展水平也有差异。表4-9显示,在总体接纳态度上,北京市各区在残疾儿童同伴接纳态度上存在着明显的差异,地区之间发展不平衡,石景山区显著高于其他区,而朝阳区显著低于其他区。学校规模通常是指整个学校建筑可以容纳的学生总人数。学校规模的大小会对师生的价值观、态度、行为等诸多方面产生重要影响。学校规模大小通常依据班级数量或学生总人数进行划分,大型学校班级37个以上,小型学校班级则为24个以下。表4-9显示,不同规模的学校中,大型学校中残疾儿童同伴接纳态度得分最高,小型学校得分最低。

表4-9 同伴接纳态度的区县、学校规模差异比较(M±SD)

	维度	N	认知	情感	行为意向	总体接纳态度
区县	①海淀区	144	3.42±0.95	3.53±1.96	3.67±0.99	3.54±1.07
	②西城区	111	3.78±1.04	3.11±1.29	3.84±1.10	3.58±0.94
	③朝阳区	84	3.28±1.06	2.86±1.48	3.39±1.41	3.18±1.18
	④石景山区	107	4.09±0.92	3.49±1.39	4.17±1.07	3.92±0.99
	⑤平谷区	90	3.60±1.14	3.48±1.50	3.63±1.30	3.57±1.25
	⑥顺义区	108	3.66±1.00	3.12±1.33	3.69±1.22	3.49±1.05
	F		8.334	3.167	4.927	4.627
	p		0.000	0.008	0.000	0.000
	LSD		④>①②③⑤⑥	④>②③⑥	④>①②③⑤⑥	④>①②③⑤⑥
			②>①③	①>②③⑥	②>③	②>③
			⑤>③	⑤>②③⑥		⑤>③
			⑥>③			⑥>③
			①>③			①>③

续表

	维度	N	认知	情感	行为意向	总体接纳态度
学校规模	①大型	187	4.03±0.98	3.37±1.35	3.99±1.10	3.80±0.98
	②中型	249	3.39±1.01	3.18±1.79	3.60±1.15	3.39±1.11
	③小型	208	3.58±1.02	3.34±1.41	3.69±1.26	3.54±1.12
	F		21.782	0.978	6.253	7.633
	P		0.000	0.377	0.002	0.001
	LSD		①>②③		①>②③	①>②③
		③>②				

（2）学校基本情况的差异

资源教室是指设立在普通中小学,为在本校进行随班就读的有特殊教育需求的学生提供特殊教育咨询、辅导和转介服务的教学部门,是融合教育支持体系中重要的保障措施。表4-10显示,建有资源教室的学校残疾儿童同伴接纳态度得分高于尚未建立资源教室的学校。可见,建立资源教室更有利于培养残疾儿童同伴接纳态度。融合教育宣导活动是各校努力推动融合教育的重要一环,是学校开展的旨在增进普通儿童对残疾儿童理解和接纳程度的全校性或班级活动。各种形式的融合教育宣导活动能将爱、尊重、关怀和接纳的融合教育价值观渗透入普通儿童的思想,进而培养其健全的心灵,以正向的态度接纳残疾同伴。在总体接纳态度上,开展过1种融合教育宣导活动的学校得分显著高于开展过3种及以上的学校。可见,影响残疾儿童同伴接纳态度的不是融合教育宣导活动种类,质量才是关键。北京市是全国最早开展融合教育工作的城市之一。融合教育年限在6~10年的学校,残疾儿童同伴接纳态度得分显著高于其他年限的学校。本次调查的融合教育学校残疾儿童最多的有11个,最少的有3个。在总体接纳态度上,残疾儿童低于5个的学校显著高于残疾儿童5个以上的学校。

表4-10 同伴接纳态度的资源教室、融合教育宣导活动、随班就读年限、残疾儿童数量差异比较(M±SD)

	维度	n	认知	情感	行为意向	总体接纳态度
资源教室	有	280	3.83±1.03	3.53±1.40	3.80±1.25	3.72±1.11
	无	364	3.49±1.03	3.10±1.64	3.70±1.13	3.43±1.06
	t		4.06	3.47	1.12	3.34
	p		0.000	0.001	0.265	0.001
融合教育宣导活动	①1种	445	3.69±1.03	3.46±1.61	3.77±1.16	3.64±1.10
	②2种	77	3.56±1.07	2.87±1.18	3.90±0.99	3.44±0.90
	③3种及以上	122	3.51±1.05	2.93±1.43	3.56±1.36	3.33±1.14
	F		1.552	9.014	2.205	4.230
	p		0.213	0.000	0.111	0.015
	LSD			①>②③		①>③

续表

	维度	n	认知	情感	行为意向	总体接纳态度
随班就读年限	①1~5 年	139	3.59±0.98	3.06±1.32	3.77±1.19	3.47±1.01
	②6~10 年	272	3.66±1.06	3.64±1.74	3.77±1.12	3.69±1.14
	③11~15 年	115	3.72±1.02	2.93±1.23	3.91±1.05	3.52±0.92
	④20 年以上	118	3.57±1.08	3.09±1.49	3.48±1.39	3.38±1.17
	F		0.531	8.539	2.740	2.718
	p		0.661	0.000	0.043	0.044
	LSD			②>①③④	①②③>④	②>①④
残疾儿童数量	①5 个以下	72	4.53±0.66	4.07±1.24	4.13±1.16	4.24±0.90
	②5~10 个	428	3.56±1.05	3.07±1.38	3.70±1.24	3.45±1.08
	③10 个以上	144	3.42±0.95	3.53±1.96	3.67±0.99	3.54±1.07
	F		33.710	15.677	4.420	17.279
	p		0.000	0.000	0.012	0.000
	LSD		①>②③	①>②③	①>②③	①>②③
				③>②		

2.班级差异

本研究从年级、班级规模、残疾儿童数量等方面分析残疾儿童同伴接纳态度的差异,仅有年级呈现出显著性差异。3—6 年级属于小学中、高段,儿童在认知、语言理解和表达、情感、道德、社会交往等方面处于快速发展阶段。普通儿童与班级残疾儿童的接触时间超过两年,已有一些基本认识,乃至形成稳定的情感和行为意向。表 4-11 显示,无论是在总体接纳态度还是 3 个维度上,高段普通儿童对残疾儿童同伴接纳态度得分显著高于中段普通儿童,其中 3 年级最低,5 年级最高。

表 4-11　同伴接纳态度的年级差异比较(M±SD)

维度	n	认知	情感	行为意向	总体接纳态度
①3 年级	176	3.46±1.12	2.89±1.36	3.48±1.23	3.28±1.08
②4 年级	134	3.43±1.21	3.07±1.54	3.57±1.35	3.36±1.25
③5 年级	268	3.86±0.80	3.60±1.63	4.00±0.98	3.82±0.91
④6 年级	66	3.64±1.15	3.52±1.44	3.78±1.26	3.65±1.19
F		7.552	9.257	8.231	11.142
p		0.000	0.000	0.000	0.000
LSD		③>①②	③>①②	③>①②	③>①②
			④>①②	④>①	④>①②

3.残疾儿童差异

本研究从残疾儿童性别、类型、座位安排、有无同桌等方面分析残疾儿童的同伴接纳态度差异,残疾儿童类型和座位安排方面表现出显著性差异。

根据《北京市残疾儿童少年随班就读工作管理办法(试行)》规定,随班就读对象是指具有接受普通教育能力的视力残疾、听力残疾、言语残疾、肢体残疾、智力残疾、精神残疾、多重残疾儿童少年,包括脑瘫、孤独症及其他类别的残疾儿童少年。[①] 本次调查的对象中涉及智力障碍、听觉障碍、视觉障碍、肢体障碍和孤独症5类19名残疾儿童,其中智力障碍儿童占63.16%。表4-12显示,智力障碍儿童的同伴接纳态度得分显著低于其他类型的残疾儿童,仅为3.30,其他类型残疾儿童的同伴接纳态度得分均超过3.75。后排座位的残疾儿童同伴接纳态度得分明显低于前排和中排的残疾儿童。

表4-12　同伴接纳态度的残疾儿童类型、座位差异比较(M±SD)

	维度	n	认知	情感	行为意向	总体接纳态度
残疾类型	①智力障碍	408	3.30±1.03	3.07±1.65	3.55±1.21	3.31±1.11
	②听觉障碍	72	4.16±0.80	3.35±1.38	3.82±1.25	3.78±0.97
	③视觉障碍	60	4.42±0.69	4.24±1.00	4.37±0.89	4.34±0.75
	④肢体障碍	39	4.27±0.61	3.32±0.95	3.92±0.93	3.84±0.66
	⑤孤独症	65	4.10±0.82	3.65±1.44	4.17±1.03	3.97±0.96
	F		37.567	8.853	9.767	18.689
	p		0.000	0.000	0.000	0.000
	LSD		②③④⑤>①	③>①②④⑤	③>②①	②③④⑤>①
				⑤>①	⑤>①	③>②④⑤
座位	①前排	273	3.77±0.99	3.61±1.71	3.99±1.00	3.79±1.04
	②中间排	215	3.72±1.01	3.19±1.34	3.68±1.20	3.53±1.03
	③后排	156	3.16±1.07	2.75±1.42	3.32±1.40	3.08±1.16
	F		16.513	14.024	14.175	18.789
	p		0.000	0.000	0.000	0.000
	LSD		①②>③	①>②③	①>②③	①>②③
				②>③	②>③	②>③

4.普通儿童差异

本研究从普通儿童的性别、独生子女、父亲文化程度、父亲职业、家庭阅读环境和阅读习惯、是否担任班干部、成绩、与残疾儿童接触程度等方面分析残疾儿童的同伴接纳态度差异,其中,普通儿童的性别、是否担任班干部、课外阅读时间、与残疾儿童接触

①　北京市残疾人联合会.北京市残疾儿童少年随班就读工作管理办法(试行)[EB/OL].(2013-05-29)[2023-05-21].北京市残疾人联合会网站.

程度呈现出显著差异。

表 4-13　同伴接纳态度的性别、是否担任班干部差异比较（M±SD）

	维度	n	认知	情感	行为意向	总体接纳态度
性别	男	348	3.54±1.10	3.21±1.73	3.57±1.27	3.44±1.17
	女	294	3.76±0.95	3.37±1.32	3.94±1.05	3.69±0.97
	t		2.69	1.30	3.93	2.90
	p		0.007	0.194	0.000	0.004
班干部	是	289	3.76±1.00	3.38±1.72	3.98±1.08	3.71±1.06
	否	345	3.54±1.06	3.21±1.39	3.56±1.23	3.44±1.10
	t		2.641	1.350	4.547	3.124
	p		0.008	0.177	0.000	0.002

表 4-13 显示，女生对于残疾儿童同伴接纳态度得分显著高于男生。班干部是班集体的中心力量，班干部不仅是班主任的助手，更是班集体的服务者。[1] 班干部对残疾儿童同伴接纳态度得分显著高于非班干部学生。

表 4-14 显示，在总体接纳态度上，课外阅读时间超过 10 分钟的儿童对残疾儿童同伴接纳态度得分显著高于不进行课外阅读的儿童。同一个班级中不同儿童之间由于座位、兴趣爱好、性格等诸多因素，相互之间接触的程度不同。经常接触残疾儿童的学生对残疾儿童同伴接纳程度最高，极少与他们接触的学生最低，接触程度与他们对残疾儿童同伴接纳程度成正比。

表 4-14　同伴接纳态度的课外阅读时间、与残疾儿童接触程度差异比较（M±SD）

	维度	n	认知	情感	行为意向	总体接纳态度
课外阅读时间	①没有时间	28	3.32±1.25	2.74±1.59	3.01±1.49	3.02±1.31
	②1~10 分钟	87	3.48±1.07	3.06±1.37	3.42±1.24	3.32±1.09
	③11~20 分钟	123	3.78±0.95	3.31±1.37	3.75±1.18	3.61±1.02
	④21~30 分钟	163	3.73±0.98	3.51±1.22	3.95±1.00	3.73±0.96
	⑤30 分钟以上	235	3.62±1.07	3.29±1.85	3.81±1.19	3.58±1.15
	F		2.313	2.348	4.718	3.581
	p		0.043	0.040	0.000	0.003
	LSD		③>①②	④>①②	③④⑤>①②	③④⑤>① ④>②
与残疾儿童接触程度	①经常	116	4.29±0.74	4.35±0.92	4.52±0.72	4.39±0.69
	②有时	134	4.03±0.85	3.68±1.02	4.13±0.97	3.95±0.76
	③偶尔	86	3.57±0.92	2.88±1.17	3.67±1.00	3.37±0.82
	④极少	153	3.08±1.12	2.14±1.26	2.95±1.34	2.72±1.08

---

[1]　关月玲.班主任的沟通艺术[M].杨凌:西北农林科技大学出版社,2014:31.

续表

	维度	n	认知	情感	行为意向	总体接纳态度
与残疾儿童接触程度	F		35.343	50.870	42.475	60.667
	p		0.000	0.000	0.000	0.000
	LSD		①>②③④	①>②③④	①>②③④	①>②③④
			②>③④	②>③④	②>③④	②>③④
			③>④	③>④	③>④	③>④

(三)回归分析

根据以上差异分析发〔……〕响残疾儿童同伴接纳态度的因素很多,通过回归分析揭示各影响因素与〔……〕纳态度之间的因果关系。本研究以各影响因素为自变量,分别以〔……〕各维度及总分为因变量,采用逐步多元回归法进行回归分析。8〔……〕度值介于0.308至0.940间,VIF值未大于评鉴指标值10,表示进〔……〕的自变量间没有线性重合问题,因此使用的回归分析法为逐步回归分析法。

表4-15　各影响因素对残疾儿童同伴接纳态度逐步回归分析

投入变量顺序	R	R^2	ΔR^2	F	ΔF	B	β
常量						4.675	
与残疾儿童接触程度	0.341	0.116	0.116	84.330***	84.330***	0.43	0.59
全校残疾儿童数量	0.501	0.251	0.135	107.487***	115.592***	−1.02	−0.53
年级	0.546	0.298	0.047	90.424***	42.410***	0.34	0.31
资源教室	0.565	0.319	0.021	74.892***	20.169***	0.41	0.19
是否担任班干部	0.573	0.329	0.009	62.464***	9.003**	0.18	0.09
残疾儿童类型	0.582	0.338	0.010	54.322***	9.467**	0.10	0.12
融合教育年限	0.588	0.345	0.007	47.956***	6.794**	0.12	0.11
课外阅读时间	0.592	0.351	0.005	42.922***	5.377*	0.07	0.08

表4-15的数据显示,13个预测变量中对残疾儿童同伴接纳态度有显著预测力的变量共有8个,依次为"与残疾儿童接触程度""全校残疾儿童数量""年级""资源教室""是否担任班干部""残疾儿童类型""融合教育年限""课外阅读时间"。这8个预测变量与残疾儿童同伴接纳态度因变量的多元相关系数(R)为0.592,决定系数(R^2)为0.351,最后回归模型整体性检验的F值为42.922($p=0.000<0.05$),因而这8个预测变量可有效解释残疾儿童同伴接纳态度35.1%的变异量。从每个变量预测力的高低

---

① 吴明隆.问卷统计分析实务:SPSS操作与应用[M].重庆:重庆大学出版社,2010:394-398.

来看,对残疾儿童同伴接纳态度总分最具预测力的是"全校残疾儿童数量"自变量,其解释变异量为13.5%;其次为"与残疾儿童接触程度",其解释变异量为11.6%。从标准化的回归系数来看,回归模型中的8个预测变量的β值分别为0.59、0.53、0.31、0.19、0.09、0.12、0.11、0.08,除"全校残疾儿童数量"外均为正数,表示其对残疾儿童同伴接纳态度影响均为正向。

表4-16　各影响因素对残疾儿童同伴接纳态度认知维度的逐步回归分析

投入变量顺序	R	R^2	ΔR^2	F	ΔF	B	β
常量						5.311	
残疾儿童类型	0.356	0.127	0.127	93.130***	93.130***	0.16	0.21
与残疾儿童接触程度	0.416	0.173	0.046	66.928***	35.693***	0.29	0.41
全校残疾儿童数量	0.511	0.261	0.088	75.442***	76.668***	−0.70	−0.38
年级	0.527	0.278	0.017	61.578***	15.027***	0.26	0.25
学校规模	0.547	0.299	0.021	54.491***	19.146***	0.24	0.18
是否担任班干部	0.552	0.305	0.006	46.577***	5.212*	0.15	0.08
融合教育宣导活动	0.557	0.310	0.005	40.771***	4.431*	0.10	0.08

表4-16的数据显示,13个预测变量中对残疾儿童同伴接纳态度的认知维度有显著预测力的变量共有7个,依次为"残疾儿童类型""与残疾儿童接触程度""全校残疾儿童数量""年级""学校规模""是否担任班干部""融合教育宣导活动"。这7个预测变量与残疾儿童同伴接纳态度的认知维度因变量的多元相关系数(R)为0.557,决定系数(R^2)为0.310,最后回归模型整体性检验的F值为40.771($p=0.000<0.05$),因而这7个预测变量共可有效解释残疾儿童同伴接纳态度的认知维度31.0%的变异量。从每个变量预测力的高低来看,对残疾儿童同伴接纳态度的认知维度最具预测力的是"残疾儿童类型"自变量,其解释变异量为12.7%;其次为"全校残疾儿童数量",其解释变异量为8.8%;从标准化的回归系数来看,回归模型中的7个预测变量的β值分别为0.21、0.41、−0.38、0.25、0.18、0.08、0.08,除"全校残疾儿童数量"外均为正数,表示其对残疾儿童同伴接纳态度的情感维度影响均为正向。

表4-17　各影响因素对残疾儿童同伴接纳态度的情感维度的逐步回归分析

投入变量顺序	R	R^2	ΔR^2	F	ΔF	B	β
常量						6.346	
与残疾儿童接触程度	0.387	0.150	0.150	113.000***	113.000***	0.52	0.50
全校残疾儿童数量	0.482	0.232	0.082	96.810***	68.704***	−1.13	−0.42
年级	0.521	0.272	0.040	79.577***	34.877***	0.42	0.27
座位安排	0.526	0.276	0.005	61.032***	4.204*	0.17	0.08
区县	0.531	0.282	0.005	50.058***	4.735*	0.08	0.12

表 4-17 的数据显示,13 个预测变量中对残疾儿童同伴接纳态度的情感维度有显著预测力的变量共有 5 个,依次为"与残疾儿童接触程度""全校残疾儿童数量""年级""座位安排""区县"。这 5 个预测变量与残疾儿童同伴接纳态度的情感维度因变量的多元相关系数(R)为 0.531,决定系数(R^2)为 0.282,最后回归模型整体性检验的 F 值为 50.058($p = 0.000 < 0.05$),因而这 5 个预测变量共可有效解释残疾儿童同伴接纳态度的情感维度 28.2% 的变异量。从每个变量预测力的高低来看,对残疾儿童同伴接纳态度的情感维度最具预测力的是"与残疾儿童接触程度"自变量,其解释变异量为 15.0%,其次为"全校残疾儿童数量",其解释变异量为 8.2%,其余 3 个自变量的预测力分别为 4.0%、0.5%、0.5%。从标准化的回归系数来看,回归模型中的 5 个预测变量的 β 值分别为 0.50、-0.42、0.27、0.08、0.12,除"全校残疾儿童数量"外均为正数,表示其对残疾儿童同伴接纳态度的情感维度影响均为正向。

表 4-18 各影响因素对残疾儿童同伴接纳态度的行为意向维度的逐步回归分析

投入变量顺序	R	R^2	ΔR^2	F	ΔF	B	β
常量						4.408	
与残疾儿童接触程度	0.275	0.075	0.075	52.363***	52.363***	0.41	0.52
全校残疾儿童数量	0.390	0.152	0.077	57.603***	58.178***	-1.04	-0.50
年级	0.428	0.184	0.031	47.977***	24.502***	0.31	0.26
资源教室	0.469	0.220	0.036	45.082***	29.899***	0.56	0.24
是否担任班干部	0.491	0.241	0.021	40.479***	17.429***	0.23	0.11
融合教育宣导活动	0.502	0.252	0.011	35.762***	9.485**	0.18	0.12
性别	0.511	0.261	0.009	32.150***	8.088**	0.23	0.10
课外阅读时间	0.518	0.269	0.007	29.152***	6.294*	0.09	0.09
残疾儿童类型	0.523	0.274	0.005	26.520***	4.267*	0.07	0.08

表 4-18 的数据显示,13 个预测变量中对残疾儿童同伴接纳态度的行为意向维度有显著预测力的变量共有 9 个,依次为"与残疾儿童接触程度""全校残疾儿童数量""年级""资源教室""是否担任班干部""融合教育宣导活动""性别""课外阅读时间""残疾儿童类型"。这 9 个预测变量与残疾儿童同伴接纳态度的行为意向维度因变量的多元相关系数(R)为 0.523,决定系数(R^2)为 0.274,最后回归模型整体性检验的 F 值为 26.520($p = 0.000 < 0.05$),因而这 9 个预测变量共可有效解释同伴接纳态度的行为意向维度 27.4% 的变异量。从每个变量预测力的高低来看,对残疾儿童同伴接纳态度的行为意向维度最具预测力的是"全校残疾儿童数量"自变量,其解释变异量为 7.7%;其次为"与残疾儿童接触程度",其解释变异量为 7.5%;其余 7 个自变量的预测力分别为 3.1%、3.6%、2.1%、1.1%、0.9%、0.7%、0.5%。从标准化的回归系数来看,回归模型

中的 9 个预测变量的 β 值分别为 0.52、−0.50、0.26、0.24、0.11、0.12、0.10、0.09、0.08,除"全校残疾儿童数量"外均为正数,表示其对残疾儿童同伴接纳态度的行为意向维度影响均为正向。

需要指出的是,所有影响因素都进入了一个或多个回归方程,说明这些因素对残疾儿童同伴接纳态度或各个维度具有不同的预测力,而与残疾儿童接触程度、全校残疾儿童数量、年级进入所有回归方程,并且排序都是最靠前的,说明这三者对残疾儿童同伴接纳态度的预测力最强。

三、残疾儿童同伴接纳水平分析

(一)残疾儿童同伴接纳水平

研究者运用同伴提名法,考察每个普通儿童和残疾儿童在班级中受同伴接纳的程度。积极提名意味着接纳,消极提名意味着排斥。[1] 积极提名次数和被同伴接纳的程度成正比;消极提名次数和被同伴排斥的程度成正比。

表 4-19　不同类型、不同年级残疾儿童同伴接纳水平分析

		n	积极提名他人(n)	消极提名他人(n)	积极提名(n)	消极提名(n)	受欢迎组(n)	被拒绝组(n)	被忽视组(n)	矛盾组(n)	一般组(n)
类型	智力障碍	12	24	10	10	103	0	6	2	1	3
	听觉障碍	2	6	4	5	0	1	0	0	0	1
	视觉障碍	2	6	3	1	1	0	0	1	0	1
	肢体障碍	1	3	2	3	2	0	0	0	0	1
	孤独症	2	5	3	0	0	0	0	2	0	0
年级	3 年级	5	13	7	10	58	0	2	0	1	2
	4 年级	4	8	5	2	27	0	2	0	0	2
	5 年级	8	18	6	5	19	1	1	4	0	2
	6 年级	2	5	4	2	2	0	1	1	0	0
残疾儿童总计		19	44	22	19	106	1	6	5	1	6

表 4-19 比较了不同残疾类型和不同年级残疾儿童的同伴接纳水平的差异。结果显示,本研究的 19 名残疾儿童对普通儿童的积极提名次数是消极提名的 2 倍,而他们获得的消极提名却是积极提名的 5.58 倍。其中 12 名智力障碍儿童共计得到 103 次消极提名,平均每人约 9 次。按照比例由大到小排序,残疾儿童在班级中处于被拒绝组、一般组、被忽视组、受欢迎组、矛盾组的比例分别是 31.58%、31.58%、26.31%、5.26%、

---

[1] 林崇德.发展心理学[M].杭州:浙江教育出版社,2002:350-351.

5.26%。仅有 1 名听觉障碍儿童受到同学普遍欢迎。"受欢迎组"的同伴接纳水平最高,而"被拒绝组"和"被忽视组"的同伴接纳水平最低。^① 可见,57.89%的残疾儿童同伴接纳水平在班级中处于最低水平,2/3 的智力障碍儿童的同伴接纳水平在班级中处于最低水平。有一半的智力障碍儿童受到班级普通儿童的排斥,5 名智力障碍、视觉障碍和孤独症儿童在班级中被忽视。3—5 年级残疾儿童的消极提名明显多于积极提名。3、4 年级残疾儿童更多受到同伴的拒绝,5、6 年级残疾儿童在班级中则更多受到忽视。

表 4-20 比较了残疾儿童和普通儿童同伴接纳水平。数据显示,残疾儿童消极提名他人的平均次数比普通儿童少,获得积极提名的平均次数比普通儿童少,呈现出显著性差异;残疾儿童获得消极提名的平均次数远远超过普通儿童,呈现出极其显著性差异。可见,接近六成的残疾儿童同伴接纳水平在班级中处于最低,而普通儿童处于低同伴接纳水平不到三成。其中受到排斥的残疾儿童比例是普通儿童的 3 倍。这说明残疾儿童在班级中同伴接纳水平远远低于普通儿童。

表 4-20　残疾儿童和普通儿童同伴接纳水平差异分析(M±SD)

	N	积极提名他人	消极提名他人	积极提名	消极提名	受欢迎组	被拒绝组	被忽视组	矛盾组	一般组
残疾儿童	19	2.32±0.95	1.16±1.17	1.00±1.20	5.58±7.60	1	6	5	1	6
普通儿童	644	2.47±0.60	1.83±0.88	2.68± 2.72	1.60±3.26	53	72	120	105	320
t		−1.125	−3.239	−2.689	4.966					
p		0.261	0.001	0.007	0.000					

(二)残疾儿童同伴提名的原因

根据同伴提名的原因,可以分析被接纳和被排斥儿童的特点。定性数据的分析结果显示,班级中最受欢迎的儿童具备助人为乐、学业成绩优秀、积极进取、乐观开朗等主要特点。班级中最受排斥的儿童多数具有问题行为多、干扰他人、卫生习惯差等特点。这说明普通儿童最看重同伴的品行、性格及学业表现。儿童无论残疾与否,优秀的品质、完善的人格和良好的学业表现都是同伴接纳他们的基本前提。

19 名残疾儿童获得积极提名的理由包括乐于助人(16 次^②)、乐于交往(10 次),其他还有善于分享、遵守纪律、体育好、幽默等。调查中唯一属于受欢迎组的残疾儿童是一名听觉障碍的女生,同伴喜欢她的原因比较一致:"很善良、很活泼、有爱心,宽容大方;虽然听力不好但没有影响学习,还能够乐于助人"。智力障碍儿童受到拒绝的原

---

① 郭永玉,等.人格心理学导论[M].武汉:武汉大学出版社,2007:318.
② 括号中的数字为提名次数。

因排前三位的是爱打人、骂人(60 次)，学习不好(35 次)，上课干扰他人(18 次)。同时，具有乐于助人、善良、友好等内在品质(19 次提名)，乐于交往(12 次)，学习成绩优秀(9 次)，聪明可爱漂亮(8 次)等特点的同伴更受残疾儿童喜爱，他们不喜欢的同伴具有欺负他人(18 次)、自私自利(14 次)等不良行为和品质。

研究者对残疾儿童和部分普通儿童、班主任进行访谈，以全面了解残疾儿童的同伴关系现状。访谈发现，小部分残疾儿童因为学业成绩较好，具备较好的社交技能，或有一定优势、特长，受到同学的普遍接纳，从而建立了良好的同伴关系。小齐是一名智力障碍儿童，但是他"学习努力，有进步。体育好，是学校体育队的，手工也不错，就是数学有点欠缺。比较善于和同学相处，只要别人需要帮助，他都会伸出援助之手，和同学之间基本没有吵过架，也没有打过架。印象最深的事情是，有一道数学题他不会，很着急，同学知道后就主动去帮助他，一起讨论，直到弄明白了为止。语文学习他也帮助过同学，同学很感激他"(访谈记录)。小珊是一名听觉障碍儿童，她与班级普通儿童相处融洽、互帮互助，形成了良好的同伴关系。她与好朋友从相识、相知到建立友谊，亲密无间、无话不谈，虽然偶尔吵架，但也能很快和好如初：我在学校上学很开心，因为每天都能见到好朋友。我俩从 1 年级的开学典礼就认识了，下课后经常在一起玩。放学后，我们手拉着手，要一起走一段路才分开，觉得很难舍。有时候我们也会为一点小事而吵架，但只要一个人提出和解，很快就和好了。我们的心好像是连在一起的。 有人会把我俩认错。儿童节的时候，她爸爸妈妈都很忙，我就送她一份礼物。我们全家和她一起去公园玩。她也会送给我一些礼物。她非常助人为乐，也经常帮助我，借给我文具，也会帮助其他同学。我俩考试时，分数有时候都是一样的。我们还有相同的裙子。我的同桌、前桌、后桌同学，也都愿意主动帮助我，我也会帮助她们(访谈记录)。小珊填写问卷时，答题速度比普通儿童慢一些，周围的同学都主动关心她。可见，这已经成为她们之间相处的一种自然状态。

研究者在访谈中也发现，多数残疾儿童可能由于学业成绩偏低、社交能力较弱、没有明显特长，还有一些不良习惯或问题行为，则容易成为班级同伴显性或隐性排斥的对象。不少残疾儿童都有过遭受同班同学排斥的经历，有些经历可能看起来只是给他们身体带来短时的痛苦，但给他们精神却造成了巨大而深远的伤害。小陆是一名来自福利院的智力障碍孤儿，没有父母陪伴长大的他原本就缺乏自信，在班级多次遭遇同学的语言和行为上的伤害后，在班里变得愈加沉默寡言：有一次倒垃圾时，他打了我的太阳穴好多下，我都疼哭了。老师知道后批评他，他还不承认是他先打我，我才还手的。还好其他同学给我证明了，老师让他在课堂上道歉，但是他一点都不诚心。后来他经常骂我，还当着(福利院)阿姨的面骂我没有爸爸妈妈。我偷了同学的笔和橡皮，同学们会打我,老师会批评我,我不开心。有一位女生不仅不帮助我,还气我,跟我吵架,大声对我说:"你不是这个班的人。"我不想跟他们说话(访谈记录)。同学们对小陆的遭遇有目共睹,都深感同情,但也无能为力:他学习差一点点,但他学习努力,有很多同学欺负他、打他。我想帮他,但是又怕被他们打(访谈记录)。智力障碍儿童小易虽然已经5年级,但是面对陌生的研究者,仍显得比较局促不安,回答问题只能说出几个简单的字。和班里的普通儿童相比,他的衣服破旧且不够整洁,脸似乎从未洗干净过。填写问卷时,他慢悠悠地主动选择独自坐在教室最后一排,前面几排都是男生。男生们不时窃窃私语,偷偷对着他嬉笑。他显得很孤寂,露出无可奈何的神情。智力障碍儿童小伊虽然比弟弟大一岁,但因为上学晚,和弟弟同在一个班级上学。弟弟讲述了他眼中的姐姐:我姐姐很不一样,上课经常听不懂,学习成绩不好,不爱说话,做事情也很慢,她只和我一起玩。班上多数同学不爱搭理她,有的学习不好的同学还经常欺负她,搞恶作剧(访谈记录)。

四、残疾儿童友谊关系分析

研究者运用友谊提名问卷考察整个班级中友谊关系的发展情况和每个残疾儿童建立友谊关系的情况。如果残疾儿童和普通儿童互选好朋友,再填写友谊质量问卷,以进一步了解他们之间的友谊质量。

(一)残疾儿童友谊数量

由表4-21可知,19名残疾儿童获得好朋友提名共37次,获得友谊提名仅10次。仅有4名残疾儿童与普通儿童互选好朋友,建立友谊关系,1名听觉障碍儿童的好朋友是肢体障碍儿童,3名残疾儿童的好朋友是普通儿童。残疾儿童提名的好朋友具有经常助人(16次)、和我玩、聊天(10次)、学习成绩优异(4次)、长相可爱漂亮(4次)等主要特点。普通儿童提名的残疾儿童好朋友则具有乐于助人(3次)、乐于分享、有爱心、活泼、宽容大方等优秀品质。

表4-21　残疾儿童友谊数量

	n	残疾儿童友谊提名(n)	残疾儿童获友谊提名(n)	残疾儿童建立友谊(n)
智力障碍	12	21	3	1
听觉障碍	2	6	5	2
视觉障碍	2	3	0	0
肢体障碍	1	1	2	1
孤独症	2	6	0	0
总计	19	37	10	4

（二）残疾儿童友谊质量

友谊质量分为积极友谊质量和消极友谊质量,前者包括肯定与关心、帮助与指导、陪伴和娱乐、亲密袒露和交流、冲突的解决 5 个维度,后者即冲突和背叛。积极友谊质量得分越高,则消极友谊质量得分越低。《友谊质量问卷》采用 0—4 分的 5 级计分,2 分即属于中间水平。

表 4-22　残疾儿童友谊质量分析(M)

	肯定与关心	帮助与指导	陪伴和娱乐	亲密袒露和交流	冲突的解决	冲突和背叛	积极友谊质量	消极友谊质量
残疾儿童($n=4$)	2.58	3.66	3.33	3.17	3.25	1.58	3.20	1.58
好朋友($n=4$)	3.25	2.83	3.41	3.33	2.83	0.67	3.13	0.67
友伴对($n=4$)	2.92	3.25	3.37	3.25	3.04	1.13	3.17	1.13

经统计分析发现,如表 4-22 所示,4 名残疾儿童与好朋友形成的友伴对积极友谊质量得分较高,消极友谊质量得分较低。这说明二者之间的总体友谊质量较高,冲突较少。他们双方给予了好朋友充分的欣赏和互助,能够相互陪伴并亲密交流,发生冲突能够主动解决,从而维持良好的友谊关系。

第三节　讨论分析

一、残疾儿童同伴接纳态度的总体情况

本研究发现,普通儿童对残疾儿童的同伴接纳态度比较正向但不一致,认知维度和行为意向维度的得分显著高于情感维度,这与已有研究结论不完全一致。江小英的研究发现,农村小学生对随班就读同伴接纳程度较高,认知维度高于情感维度和行为意向维度[1];彭素真的调查显示,小学生对残疾同伴总体接纳态度及认知、情感与行为倾向 3 个维度的态度不仅积极而且一致。[2] 本研究发现,普通儿童对残疾儿童情感维度的接纳态度得分最低。这可能是小学生情感体验仍处在由弱变强的发展过程中,但整个小学阶段儿童的情感带有很大的情境性,容易随具体事物、具体情景的变化而变化,表现出情感不稳定、不够丰富、不够深刻[3],情感表现比较外露,易激动,仍有很大的冲

---

①　江小英,王婧.农村小学生对随班就读同伴接纳态度的调查报告[J].中国特殊教育,2013(12):10-18.
②　彭素真.小学学童对身心障碍同伴接纳态度之调查[D].台北:台湾师范大学,2005.
③　闫龙.教育教学知识与能力:小学[M].合肥:中国科学技术大学出版社,2014.

动性,不善于掩饰和控制自己的情绪。① 而道德感、理智感等高级情感随着儿童社会化的过程逐渐发展,具有不平衡性、差异性。从外在行为表现来看,残疾儿童可能有问题行为、不善于与同伴交往、学业表现不佳、行为习惯不良等一种或多种表现,与普通儿童心目中的"好学生"形象相去甚远,带给普通儿童的主观情感反应就是"不喜欢"。小学生的道德感和理智感发展尚处于初级阶段,可能不足以理解导致残疾儿童外在表现背后的复杂客观原因。凯尔曼(Kelman)把态度的形成过程概括为三个阶段:顺从、同化和内化,态度的形成起初大都始于顺从,逐步形成习惯,最后成为个人稳固的思想、观念。② 普通儿童对残疾儿童的认知、情感和行为意向维度的态度并不协调一致,反映了普通儿童对残疾儿童同伴接纳态度处于顺从阶段。他们的行为可能是为了获得教师积极的评价或避免惩罚而表面顺从,并非都是自愿地、主动地认同他人的观念,更没有真正从内心深处相信并接受他人的观点,并转化为自己的态度。因此,普通儿童需要教师采取有效的干预措施,促使他们的情感向更高水平发展,形成稳定、持久而深刻的主观体验,最终达到同化和内化的阶段。

本研究显示,普通儿童对残疾同伴的接纳程度与残疾儿童实际所感受到的同伴接纳程度比较一致,但班主任对于残疾儿童同伴接纳态度的评价明显更高。相关研究也出现过不同群体对融合教育现状评价大相径庭的现象。有研究结果显示,融合教育主管领导对残疾儿童同伴接纳态度的评价高于一线教师。③ 出现这种差异可能的原因有:班主任是从班级整体的同伴接纳程度角度来评价的,并不清楚每一个儿童的情况,而普通儿童、残疾儿童是从个人自身的角度进行思考的;同时,班主任是残疾儿童同伴接纳状况的旁观者,而普通儿童和残疾儿童都是当局者,时时刻刻都有着真实的体验,对自己真实的认知、情感和行为最清楚;班主任主观上期待班级普通儿童对残疾儿童持积极接纳的态度,使残疾儿童能够得到理解和悦纳,这种期待有时和真实的体验交织在一起;为给班主任留下良好印象,普通儿童更愿意在班主任面前表现出接纳而不是排斥的态度,排斥的行为往往发生在班主任不在场的场所和时间,如厕所、操场、楼道、课间、午休等,因此班级的同伴接纳态度给班主任留下的印象则是积极正向的;学生认知水平和填写问卷的经验有限,很难发现问卷题目中隐含的真实意图,而教师是比较成熟的阅读者,对社会规范的熟识程度高,很容易觉察出问卷题目的意图,更倾向于填写体现良好的班主任形象和班级形象的回答,即社会期望性回答。④ 班主任和普

---

① 张婷,刘新民.发展心理学[M].合肥:中国科学技术大学出版社,2016:230.

② 赵恩超,燕波涛.组织行为学[M].北京:机械工业出版社,2010:64-67.

③ 何文明.三类残疾儿童少年随班就读现状调查[C]// 海峡两岸特殊教育研讨会论文集.北京,2002:91-97.

④ 汪向东.心理卫生评定量表手册[M].增订版.北京:中国心理卫生杂志社,1999:382.

通儿童、残疾儿童对班级同伴接纳态度的评价不同，这是一种正常的现象，班主任看到的事实可能是真实的，但并非真相的全部。如果班主任只相信自己的判断，忽略学生的评价，则是盲目乐观甚至危险的。这需要引起班主任的足够重视，通过多种途径真实全面地了解同伴接纳态度的现状，并采取有效的干预措施，预防和矫治普通儿童对残疾儿童的拒绝和排斥。

对残疾儿童同伴接纳水平的分析发现，他们在班级中的同伴接纳水平远远低于普通儿童，近六成在班级处于最低同伴接纳水平，是普通儿童的2倍；受到排斥的比例是普通儿童的3倍，一半智力障碍儿童受到排斥。这与刘子琳的研究结论比较一致，班级中大部分普通儿童与残疾儿童很少互动或几乎没有互动，残疾儿童在同伴中处于被忽视的境地。在残疾儿童发起的请求帮助的互动事件中，普通儿童明显持负向回应或拒绝提供帮助的情况较多。[①] 残疾儿童在班级中属于被拒绝组和被忽视组的人数居多，这可能与调查中智力障碍儿童占大多数有密切关系。与受欢迎的儿童相比，智力障碍儿童的特点与被拒绝、被忽视组儿童的特点更为接近，他们可能攻击性行为较多、友好行为较少，或者在交往中表现得退缩、畏惧[②]，学业成绩不佳且学习态度显得不够积极，外表没有吸引力，容易被大多数同伴忽视和冷落，甚至受到同伴的排斥。

二、残疾儿童同伴接纳态度的影响因素

态度是人在与后天社会环境相互作用的过程中逐步形成的，受主客观两方面因素的影响：主观因素如个体的个性、经验、需要和愿望与态度形成有直接关系；客观因素如家庭、学校、群体和社会文化都制约着态度的形成。[③] 影响残疾儿童同伴接纳态度的因素较为复杂，性别、年龄、年级、种族、接触经验、家长社会经济地位、残疾儿童居住地区、学业成就、残疾程度、行为特质等，都是影响普通儿童接纳残疾儿童的因素。[④][⑤][⑥]本研究从学校和班级、残疾儿童、普通儿童几个方面分析残疾儿童同伴接纳态度的影响因素。

(一)学校和班级的影响因素

当儿童进入学校后，学校成为影响儿童发展的主要微观生态环境。融合教育学校

---

① 刘子琳.学前融合班级中普通幼儿对特殊需要幼儿同伴接纳态度的研究[D].杭州:杭州师范大学,2015.

② 庞丽娟.幼儿同伴社交类型特征的研究[J].心理发展与教育,1991,7(3):19-28.

③ 赵恩超,燕波涛.组织行为学[M].北京:机械工业出版社,2010:64-67.

④ HORNE M D.Attitudes toward handicapped students:professional,peer,and parent reactions[M].Hillsdale,NJ: Lawrence Erlbaum Associates,1985.

⑤ 吴支奎.普小学生对随班就读弱智生接纳态度的研究[J].中国特殊教育,2003(2):16-22.

⑥ 江小英,王婧.农村小学生对随班就读同伴接纳态度的调查报告[J].中国特殊教育,2013(12):10-18.

是普通儿童和残疾儿童共同生活、学习的场域。在同伴关系发展中,学校是重要的影响因素。本研究发现,北京市各区残疾儿童同伴接纳程度存在明显的差异,地区发展不平衡。其中,石景山区同伴接纳程度最高,这与学校教师融合教育素养较高有着密切的联系。资源教师在普通学校融合教育推进过程中,扮演非常重要的角色,是普通学校融合教育工作的核心组织者和实施者;班主任对待融合教育的态度、对待残疾儿童的态度,会间接地影响普通科任老师、普通儿童和家长对待残疾儿童的态度。① 石景山两所学校开展融合教育年限不到10年,教师将残疾儿童的座位安置在前排和中间排,他们对残疾儿童的尊重和接纳态度体现在言谈举止中,每一句关切的话、每一个关怀的动作都是自然的真情流露。在访谈智力障碍儿童前,负责全校融合教育工作的资源教师非常注意保护这名残疾儿童的隐私和自尊,温柔地走到她身旁,以"老师需要你帮个忙"为理由把她带到办公室,边走边和她聊天,适时地夸奖她,让她感到愉快且自在。在访谈孤独症儿童的班主任时,她热情、耐心、详细地为研究者讲述了她与班级同学之间的互动状况。在班主任和班级同学的关爱与鼓励下,孤独症儿童在同伴交往中获得了一点一滴的进步。她的言谈中充满了对孤独症儿童真诚的肯定。资源教师和班主任的言传身教为普通儿童接纳残疾儿童树立了最佳的榜样。

本研究发现,大型学校的残疾儿童同伴接纳程度更高。目前,学校规模是否影响普通儿童对残疾儿童的同伴接纳态度,尚无一致性的结论。吴信锵的调查发现,中型学校的普通儿童对残疾同伴的接纳态度最高,大型学校的普通儿童对残疾同伴接纳态度最低。② 林真炼的研究发现,大型学校普通儿童对残疾同伴的接纳态度最低,可能是由于大型学校的班级数及人数较多,儿童之间的相处关系比较薄弱,因此对资源班同伴的接纳态度较不积极。③ 吴秋燕的研究得出,学校规模愈大,普通儿童愈易接纳听觉障碍同伴。④ 大型学校具有突出的发展优势,往往拥有更为丰富的设施资源,拥有更多不同学科背景和不同层次的教师,能开设多元化的课程,能充分满足儿童多元化的学习需求,教育质量相对较好。但也有研究发现,小型学校对少数族裔和社会地位较低的儿童特别有益,儿童更具有归属感或更低的疏离感,更容易获得尊重,呈现更好的个体人际关系。⑤ 近年来,北京逐步推进城乡一体化模式的集团化办学,促进了教育均衡发展。调查中的3所大型学校都有两个以上的校区,整合大型学校和小型学校的各方面优势,有利于残疾儿童建立更好的同伴关系。

---

①　邓猛,李芳.融合教育导论[M].北京:北京师范大学出版社,2022:199-200.

②　吴信锵.彰化县小学学童对身心障碍同侪接纳态度之研究[D].台东:台东大学,2008.

③　林真炼.小学学童对于资源班同侪接纳态度之研究[D].屏东:屏东师范学院,2004.

④　吴秋燕.小学学生对听觉障碍儿童态度及其相关因素之研究[D].高雄:高雄师范大学,1998.

⑤　邵兴江.学校建筑:教育意蕴与文化价值[M].北京:教育科学出版社,2012:215-216.

本研究发现,学校建有资源教室,普通儿童对残疾儿童同伴接纳程度更高。资源教室是在普通学校专门设置的特殊教育辅导室,配备有残疾儿童所需的各种辅助设备、教材、教具、训练器材等,由受过特殊教育专业训练的资源教师负责。① 资源教室是推进融合教育的关键环节,其基本功能是为残疾儿童评估诊断、学习辅导、康复训练、制订个别化教育计划,为教师提供信息、提供培训、技术支持,为家长提供服务和培训。② 北京市从 2005 年开始加强全市资源教室的建设,调查的学校中 5 所建有资源教室,为融合教育提供了有力的支持保障,提高了普通儿童对残疾儿童的同伴接纳程度。

融合教育宣导旨在建设学校和班级学生的心理环境,不仅要接纳和容忍个别差异,还要营造一个赞扬和欣赏个别差异的环境。③ 融合教育宣导活动不仅是学校自身融合程度的体现,还有助于落实打造"零拒绝、无障碍"的教育环境,提高残疾儿童在校的适应性,增进普通儿童对残疾儿童的了解、关怀和接纳。本研究发现,开展过一种融合教育宣导活动的学校残疾儿童同伴接纳程度更高。这与其他的研究结果不一致。整体而言,学校实施融合教育宣导活动的项目越多,小学生对残疾儿童的同伴接纳态度也越积极④,中学生对资源班同伴的接纳态度也越积极。在我国台湾地区,管理部门及社会团体通过举办各种形式的活动、教科书中选编的残疾人物事迹,不断倡导尊重、关怀和接纳残疾人的观念,普通学校实施融合教育宣导发展到常态化,有比较成熟的宣导实施计划,包括倡导目标、时间与内容安排等;融合教育宣导活动包括参观特殊机构、残疾人士体验活动、特殊教育影片欣赏、特殊教育艺文倡导活动及邀请残疾人士专题演讲等各种形式。可见,融合教育宣导活动是否影响残疾儿童同伴接纳态度不是活动种类的多少,而是宣导活动的主题、内容与形式是否适合儿童,能否运用普通儿童可理解的方式去引导他们,增进他们对残疾儿童的认识、理解和接纳。

本研究发现,开展融合教育 6~10 年的学校的残疾儿童同伴接纳程度更高。融合教育是一种理念、一种态度、一种价值观,是一种持续的教育过程,同时融合教育涉及面广,影响因素众多,并非短时间就能够产生效果,需要一定时间的积累。融合教育年限在 6~10 年的学校都是从北京市加强全市资源教室建设后开始实施融合教育,起点比较高,没有原有观念和模式的束缚,积累了多年推进融合教育的经验,因此学校的残疾儿童同伴接纳程度相对更高。本研究显示,残疾儿童数量在 5 个以下的学校残疾儿童同伴接纳程度更高。可能有以下两个方面的原因:一方面,调查的学校中,仅有 3~4

① 邓猛,李芳.融合教育导论[M].北京:北京师范大学出版社,2022:199-200.
② 申仁洪.从隔离到融合:随班就读效能化的理论与实践[M].重庆:重庆大学出版社,2014:330.
③ TREPANIER-STREET M L, ROMATOWSKI J A. Young children's attitudes toward the disabled: a classroom intervention using children's literature[J].Early Childhood Education Journal,1996,24(1),45-49.
④ 吴信锋.彰化县小学学童对身心障碍同侪接纳态度之研究[D].台东:台东大学,2008.

个残疾儿童的两所学校建有资源教室,学校的残疾儿童属于听觉障碍和视觉障碍儿童,而其他学校则以智力障碍儿童为主;另一方面,残疾儿童人数少,相对而言,在资源教室能够得到更多的学习辅导和康复训练,改善学业水平和社会交往能力,也有利于形成更积极的同伴接纳态度。

本研究发现,小学高年级普通儿童比中年级普通儿童对残疾儿童同伴接纳态度更高。这与其他研究既有一致性,也有区别。江小英的调查显示,3、5 年级儿童的同伴接纳程度显著高于 4、6 年级儿童[①];林真炼的研究发现,4 年级儿童的同伴接纳程度比 6 年级儿童更高[②]。研究的结论不一致,原因可能是调查的地区整体融合教育发展水平有差异、不同学校融合教育实施的程度有差别、残疾儿童类型和特点不同等。

(二)残疾儿童的影响因素

本研究发现,不同类型残疾儿童同伴接纳程度差异极其显著,视觉障碍儿童的同伴接纳程度最高,智力障碍儿童的同伴接纳程度显著低于其他类型的残疾儿童。这与其他研究的结论既有一致性,也有区别。江小英的调查发现,普通小学生最愿意接纳视觉障碍和智力障碍儿童[③];吴支奎的调查显示,普通小学生对智力障碍儿童普遍持排斥态度[④];彭素真的调查发现,小学生对学习障碍同伴的接纳程度高于智力障碍及孤独症同伴[⑤];对北京市融合教育学校的调查发现,学校最愿意接受的残疾儿童类型是肢体障碍、智力障碍、听觉障碍儿童,最不愿意接受的类型是多重障碍、脑瘫、孤独症儿童。[⑥]斯珀斯坦等对 5837 名美国青少年进行一项全国性调查显示,他们不愿意与智力障碍同伴进行社会性互动,尤其是在校外。[⑦] 辛自强的研究发现,乐于并善于交往,具备乐于助人、善良、幽默和乐观等优秀的内在品质和亲社会行为、学习积极或学业成绩优秀的儿童在班级中是最受欢迎的群体,而具有攻击和破坏行为、学习态度和学业成绩不佳的儿童在班级中则最不受欢迎。[⑧] 不同类型的残疾儿童在同伴中被接纳的程度差异显著,智力障碍儿童同伴接纳程度最低的原因可能是:首先,与智力障碍儿童发展特点密切相关。智力障碍儿童存在智力和社会适应的双重显著性障碍,使他们的语言、思

---

① 江小英,王婧.农村小学生对随班就读同伴接纳态度的调查报告[J].中国特殊教育,2013(12):10-18.

② 林真炼.小学学童对于资源班同侪接纳态度之研究[D].屏东:屏东师范学院,2004.

③ 江小英,王婧.农村小学生对随班就读同伴接纳态度的调查报告[J].中国特殊教育,2013(12):10-18.

④ 吴支奎.普小学生对随班就读弱智生接纳态度的研究[J].中国特殊教育,2003(2):16-22.

⑤ 彭素真.小学学童对身心障碍同伴接纳态度之调查[D].台北:台湾师范大学,2005.

⑥ 北京师范大学特殊教育系课题小组.北京市残联 2014 年委托项目"北京市融合教育实施现状与发展对策研究"[R].内部资料,2015.

⑦ SIPERSTEIN G N,PARKER R C,BARDON J N,et al.A national study of youth attitudes toward the inclusion of students with intellectual disabilities[J].Exceptional Children,2007,73(4):435-455.

⑧ 辛自强,池丽萍.社会变迁中的青少年[M].北京:北京师范大学出版社,2008:269.

维、情绪情感、社会交往等方面的发展都受到限制,由此影响到同伴间的互动。智力障碍儿童社会交往能力不足,常常以身体语言作为发起同伴关系的主要方式,因而被对方误解,而且智力障碍儿童之间的交往过程相对简单,难以形成有效的互动。① 视觉障碍、听觉障碍和肢体障碍儿童的认知能力与普通儿童差异相对较小,语言表达能力相对较强,与同伴之间的交流不存在明显障碍,因此同伴接纳程度较高。调查中的 2 名孤独症儿童的同伴接纳程度相对较高,可能因为他们属于高功能孤独症,在认知和社交方面的限制比智力障碍儿童小。其次,同伴接纳状况与儿童的学业表现密切相关。学业成绩是普通儿童评价同伴的重要标准,学业成绩好的儿童更容易被接纳。视觉障碍、听觉障碍和肢体障碍儿童在班级普遍可以保持在中等及偏上的学业水平。智力障碍儿童的认知和语言能力明显低于普通儿童,必然影响其学业成绩和课堂表现,使其语文、数学学科成绩明显低于同班的普通儿童。通常,普通教师不具备为残疾儿童进行课程与教学调整的能力。智力障碍儿童很难跟上统一的教学内容和要求,知识掌握得不扎实,理解、表达能力有所欠缺,课上听不懂教学内容,难以参与教学活动,很可能游离于学习活动之外。他们在课堂上要么调皮捣蛋或心不在焉,要么默默无闻或窘态百出,这些成为他们在群体中被拒绝的主要原因。② 再加上课后缺少资源教师提供的学业补救,他们与普通儿童之间的学业差距逐渐演变成难以逾越的鸿沟。再次,与普通儿童对各类型残疾儿童的认知程度有关。各类型残疾儿童的症状或特点大相径庭,肢体障碍、视觉障碍和听觉障碍等残疾类型属显性障碍,对于显性障碍,普通儿童通过观察其外表即可发现,从而产生更多的理解、尊重与接纳。融合班级的智力障碍儿童多属于轻度,没有明显的外显特征,属于隐性障碍。出于保护智力障碍儿童隐私、避免歧视的需要,教师大多不会明确告知普通儿童班级中智力障碍儿童的身份。普通儿童因为不了解就容易产生误解,将智力障碍儿童的学业成绩不佳、课堂参与少、与同学发生冲突等表现归因于他们主观上学习态度、学习动机、行为习惯的问题,从而产生排斥感。在访谈中发现,多数残疾儿童学业成绩偏低,社交能力较弱,没有任何的特长,可能还有一些不良习惯或者行为问题,成为班级普通儿童排斥的对象。有的残疾儿童倾向于将愿意帮助自己或与自己一起玩的儿童提名为好朋友,但是多数没有获得对方的好友提名,说明残疾儿童在同伴关系的建构中处于相对被动状态。少数残疾儿童因为学业成绩较好,具备一定社会交往能力,或有某方面的优势特长,得到了同伴的普遍接纳,建立了良好的同伴关系。

---

① 邓猛,李芳.融合教育导论[M].北京:北京师范大学出版社,2022:294.
② 夏雪梅.以学习为中心的课堂观察[M].北京:教育科学出版社,2012:189.

阻碍普通儿童接纳残疾儿童的不是残疾本身，而是残疾可能带来的性格、行为问题等。① 本研究发现，残疾儿童遭到普通儿童排斥的首要原因是具有"攻击性行为"。但残疾儿童并非天生具有攻击性，出现攻击性行为可能基于以下原因：第一，残疾儿童缺乏恰当的社会认知和社交技能，把错误的交往方式当成正常的交往方式。成年人可以理解并纠正这样的行为，但班级的普通儿童很可能将这样的行为理解为一种"打人"的行为。第二，残疾儿童受到普通儿童的戏谑、欺凌，出于自我保护的本能或模仿欺凌者的行为而进行自卫。明显排斥残疾儿童的普通儿童多数同伴关系不良，属于受拒绝组，他们经常不遵守课堂纪律、脾气暴躁易怒、厌学等，表现出挤、推、打人等攻击性行为，还会孤立、排挤他人，或出口伤人，如给他人起外号、出言恐吓等。② 第三，部分残疾儿童本身兼有情绪或行为方面的问题，容易采取攻击性的方式，容易受到影响而成为挑衅的受害者，兼具欺凌者和受害者的角色。③

本研究显示，座位在前排和中排的残疾儿童同伴接纳程度更高。对普通儿童的研究表明，坐在前面和教室中排的儿童比坐在后面和两旁的儿童成绩好，因为教师的目光交流和语言交流更集中④，所以坐在前面和教室中排的儿童具有更高的学习动力，参与课堂的积极性更高，学习成绩更好，更能获得教师与同学的认同，对班级的态度也更为积极。⑤ 残疾儿童的座位安排直接反映教师对他们的关注程度和态度。残疾儿童坐在前排和中排，方便教师或前后桌助学伙伴及时提醒，在课堂上不易受到干扰而分心。坐在后排的残疾儿童常常被教师忽视，尤其是靠窗和门口的位置极易使他们分心。他们缺少教师的关注，缺乏课堂参与的机会，缺少师生互动和同伴互动，甚至成为班级的"隐形人"。对于这样的"隐形人"，普通儿童对他们的接纳态度自然不会太高。

（三）普通儿童的影响因素

本研究发现，女生对残疾儿童的同伴接纳态度更高，与大部分研究结论比较一致。这与普通儿童在认知、情感和社会行为的表现上存在明显性别差异有密切关系。法瓦札（Favazza）和奥多姆（Odom）的研究认为，女生比男生更富有同情心，更能接纳特殊需要的幼儿⑥。研究表明，女生在语言理解和语言表达上占优势，在移情、同情心、亲社会行为方面表现优于男生，而男生的攻击性行为更为普遍，女生对于父母和教师的要求

---

① 江小英，王婧.农村小学生对随班就读同伴接纳态度的调查报告[J].中国特殊教育，2013(12):10-18.
② 李丹，许家成，徐胜.融合教育中校园欺凌的干预策略[J].现代特殊教育，2016(15):60-61.
③ 基思·沙利文.反欺凌手册[M].徐维，译.北京，中国致公出版社，2014:64-66.
④ 刘志敏.教育社会学[M].长春:吉林大学出版社，2014:182.
⑤ 邓猛，李芳.融合教育导论[M].北京:北京师范大学出版社，2022:191.
⑥ FAVAZZA P C,ODOM S L.Use of the acceptance scale to measure attitudes of kindergarten-age children[J].Journal of Early Intervention,1996,20(3):232-248.

表现出更多的遵从,更易受到暗示①,同时女生的自控能力显著高于男生②,感情细腻、感性、天性善良、有爱心、善解人意、友善相处、更有人情味、更有亲和力③,更容易设身处地为他人着想,更加温柔、有耐心、热情等。

　　阅读、看电视、上网是普通儿童课外休闲娱乐的主要方式,斯珀斯坦等曾对美国青少年进行了一项全国性随机抽样调查,发现每天看电视时间和上网时间不同的青少年对智力障碍儿童的态度没有差别。④ 本研究发现,随着课外阅读时间的增加,普通儿童对残疾儿童同伴接纳程度逐渐提高,其中每天课外阅读21~30分钟的儿童同伴接纳程度最高,没有时间课外阅读的儿童则最低。在国家重视全民阅读、语文课程标准重视课外阅读的背景下,60%的调查对象已经养成良好的阅读习惯,有着浓厚的阅读兴趣,能够每天坚持课外阅读20分钟以上。国外关于阅读与儿童道德成长关系的研究表明,阅读能够促进儿童的道德成长,阅读潜移默化地滋养着儿童的心灵,可能比课堂上的道德灌输效果更好。⑤ 课外阅读不仅能培养儿童高尚的道德品质,还能提高儿童的认知能力,丰富儿童的情感,培育儿童的人文精神,塑造儿童良好的性格和完善的人格,有助于儿童养成良好的行为和习惯,形成对真善美的理想追求。因此,具备良好阅读习惯的儿童能对残疾儿童表现出更多的人文关怀,更加关爱、友善、尊重、理解和接纳残疾儿童。阅读改变对残疾儿童同伴接纳态度的有效性不断得到了证明。例如,特雷帕尼尔(Trepanier)和罗马托维斯基(Romatowski)的研究发现,幼儿园和1年级儿童在朗读残疾主题读物之后对残疾儿童的态度产生了积极的变化。⑥ 梅克(Maich)等人运用残疾主题绘本提高普通儿童对同班孤独症儿童的接纳态度。⑦

　　本研究显示,班干部学生对残疾儿童同伴接纳程度更高,这与其他研究的结论相似。班干部是凝聚班集体的核心力量,是班级管理的具体组织者、执行者。⑧ 班主任之所以选择品德高尚、成绩优异、能力突出、有责任感的学生担任班干部,是因为他们更友善待人、乐于助人,交往沟通能力强、自我效能感高,接触残疾儿童的机会更多,对残

---

① 冯维.小学心理学教程[M].重庆:西南师范大学出版社,2014:282-285.

② 张萍,梁宗保,陈会昌,等.2~11岁儿童自我控制发展的稳定性与变化及其性别差异[J].心理发展与教育,2012,28(5):463-470.

③ 胡黄卿.女性学基础[M].北京:化学工业出版社,2010:173-176.

④ SIPERSTEIN G N,LEFFERT J S,WENZ-GROSS M.The quality of friendships between children with and without learning problems[J].American Journal on Mental Retardation,1997,102(2):111.

⑤ 徐萍.国外对阅读与儿童道德成长关系的研究及其启示:以《哈利·波特》系列为例[J].思想·理论·教育,2006(23):35-39.

⑥ TREPANIER-STREET M L,ROMATOWSKI J A.Young children's attitudes toward the disabled:a classroom intervention using children's literature[J].Early Childhood Education Journal,1996,24(1):45-49.

⑦ MAICH K,BELCHER E C.Using picture books to create peer awareness about autism spectrum disorders in the inclusive classroom[J].Intervention in School and Clinic,2012,47(4):206-213.

⑧ 关月玲.班主任的沟通艺术[M].杨凌:西北农林科技大学出版社,2014:31.

疾儿童的身心特点更了解,对残疾儿童的接纳程度更高。本研究显示,接触程度与对残疾儿童同伴接纳程度成正比,这与国内外大多数研究的结论一致。吴支奎的研究指出,接触程度对普通儿童接纳智力障碍儿童的态度有显著影响,与智力障碍儿童接触越多,接纳态度越积极。① 彭素真的调查显示,接触经验越多的学生对残疾同伴的接纳态度比接触经验少者更积极。② 苏里亚-马丁内兹(Suriá-Martínez)对中学生和大学生的研究得出,与残疾同伴互动多的学生对残疾同伴的接纳水平更高。③ 接触经验多的学生对残疾儿童有足够的、充分了解的机会,更容易形成客观、全面的认识;而接触经验少的学生则可能存在消极的观点和偏见,导致拒绝和排斥的产生。

三、残疾儿童友谊关系

友谊和归属感是儿童的基本需要,儿童的烦恼大部分来自害怕被排斥。④ 大部分残疾儿童具有与同伴进行交往、获得对方友谊的强烈愿望和心理需求。⑤ 本研究中仅有21%的残疾儿童建立了友谊关系,远远小于普通儿童的比例。这说明,80%的残疾儿童缺乏朋友。这与比斯(Buysse)、高曼(Goldman)和斯金纳(Skinner)的研究结论一致,该研究发现,学前残疾儿童与他们同龄的普通儿童相比,更可能缺乏朋友。⑥ 乐于助人、乐于分享、善良的残疾儿童能够成为普通儿童的好朋友,而且友谊质量较高,冲突较少。美国社会学家霍曼斯(Homans)提出社会交换理论(Social Exchange Theory)来解释人与人之间的交往行为。该理论强调,交换可以产生两种社会功能,即建立友谊和建立关系;双方要想保持一段人际关系的维持与稳定,就必须同时遵循一个重要的社会规则,即互惠与公平,这样的关系才是最愉快的、最稳定的。⑦ 通常,人与人相处,都希望对方能够带给自己某方面的利益或好处,如果对方无法交换出某些实质或心理方面的利益或好处,友谊的维持则会受到严格的挑战。这个理论同样适用于分析小学生的友谊。小学生开始理解友谊是一种相互的关系,明白双方应相互尊重、友好,对友谊的交互性有一定的了解,但仍具有明显的功利性特点,他们中间开始出现互惠的萌芽,并能以此原则处理一些具体的问题,认为朋友应该相互帮助。⑧ 在校园里,同

① 吴支奎.普小学生对随班就读弱智生接纳态度的研究[J].中国特殊教育,2003(2):16-22.
② 彭素真.小学学童对身心障碍同伴接纳态度之调查[J].台北:台湾师范大学,2005.
③ SURIÁ-MARTÍNEZ R.Comparative analysis of students' attitudes toward their classmates with disabilities[J]. Electronic Journal of Research in Educational Psychology,2011,9(1):197-216.
④ 邓猛,李芳.融合教育导论[M].北京:北京师范大学出版社,2022:54.
⑤ 许小燕.小学随班就读学生的同伴关系研究:以江苏省如皋市为例[D].大连:辽宁师范大学,2018:31.
⑥ BUYSSE V,GOLDMAN B D,SKINNER M L.Setting effects on friendship formation among young children with and without disabilities[J].Exceptional Children,2002,68(4):503-517.
⑦ 周圆.团体辅导:理论、设计与实例[M].上海:上海教育出版社,2013:55-57.
⑧ 庞云凤,王燕红.小学班级管理策略[M].济南:山东人民出版社,2014.

伴关系是情感与互惠的混合法则。① 朋友之间的互惠性越强,友谊关系就能维持得更长、更稳定,这样会形成一个互相支持、彼此信任、经常沟通交流和冲突性少的交往氛围。② 受自身障碍的影响,残疾儿童在认知、语言、思维、社会性发展等方面都与普通儿童具有明显的差距,其知识和能力的局限决定了他们能带给他人的好处较少,因此,残疾儿童建立对等的友谊比普通儿童更难。

本研究中的残疾儿童都表现出对友谊的渴望,但残疾儿童获得友谊比普通儿童更难。这并不意味着残疾儿童在普通班级就无法建立真正平等的友谊。有研究者采用综合干预策略帮助残疾儿童与普通儿童在课堂上进行社会交往,发现普通儿童和教师都认为干预措施有助于发展两组学生间的友谊。③ 在小学阶段,儿童对友谊性质的知觉会经历一些深刻的变化,分为三个不同的阶段。根据威廉·戴蒙(William Damon)的观点,第一个阶段儿童理解到友谊是身边的玩伴(4—7 岁);第二个阶段儿童认识到友谊是相互之间的信任和帮助(8—10 岁);第三阶段儿童意识到友谊是亲密和忠诚(11—15 岁到更大)。④ 残疾儿童都有强烈的交友需求。笔者通过访谈发现,建立友谊关系的残疾儿童对友谊的认识和理解更为深刻,他们更多地认为能够相互帮助或聊得来的同学是好朋友,同时更多地表现出乐于助人、乐于交往等积极的内在品质。未建立友谊关系的残疾儿童则将帮助自己、自己喜欢的、成绩好或长相漂亮的同学视作好朋友,对友谊的理解处于第一阶段。这样的同伴关系并非建立在亲密情感和互惠互利的基础上,因此也难以得到对方的认同。

四、结论

普通儿童对残疾儿童持比较正向的态度。班主任对残疾儿童同伴接纳程度的评价更乐观。

普通儿童对残疾儿童的同伴接纳程度存在地区发展不平衡。大型学校、建有资源教室的学校、开展过 1 种融合教育宣导活动的学校、融合教育年限在 6～10 年的学校、残疾儿童总数 5 个以下的学校的残疾儿童同伴接纳程度更高。5 年级残疾儿童的同伴接纳程度最高;智力障碍儿童的同伴接纳程度最低;前排残疾儿童的同伴接纳程度最高。女生对残疾儿童的同伴接纳程度更高。课外阅读时间为 21～30 分钟的儿童对残疾儿童接纳程度更高,残疾儿童的同伴接纳程度最低的是没有时间阅读的儿童。班干

---

① 罗丰苓.SAFE 班级辅导模式[M].台北:张老师文化事业股份有限公司,2016:21.

② 杨丽珠.儿童青少年人格发展与教育[M].北京:中国人民大学出版社,2014:290.

③ 邓猛.国外特殊教育学基本文献讲读[M].北京:北京大学出版社,2015:230.

④ 劳拉·E.贝克.儿童发展[M].吴颖,等译.南京:江苏教育出版社,2002:648-649.

部对残疾儿童的同伴接纳程度更高。接触程度与对残疾儿童同伴接纳程度成正比。

残疾儿童在班级中同伴接纳水平远远低于普通儿童。六成残疾儿童处于低同伴接纳水平,约一半智力障碍儿童受到排斥。残疾儿童中受排斥的比例是普通儿童的3倍。残疾儿童受到排斥的原因主要是攻击性行为及学业成绩不佳;而乐于助人、乐于交往的残疾儿童仍会受到欢迎。1/5的残疾儿童能够建立友谊关系,残疾儿童的好朋友具有乐于助人、善于交往等特点;而乐于助人、乐于分享、善良的残疾儿童能够建立良好的友谊关系。残疾儿童的友谊数量少,但友谊质量较高,且冲突较少。

第五章

融合教育学校残疾儿童同伴关系的绘本干预研究

第一节　研究方法

一、研究设计模式

研究设计模式见表 5-1,采用非等组前后测实验设计。为保证实验结论的客观性和准确性,提高研究的外部效度,研究者借鉴了多组实验设计的模式。该模式通常设置两个实验组、两个对照组,通过对各组检测结果的交叉比较得出实验结论。[①]

表 5-1　研究设计模式

组别	前测	实验处理	后测	差异值
实验组 1	O_1	X	O_2	$O_2 - O_1$
对照组 1	O_3		O_4	$O_2 - O_4, O_4 - O_3$
实验组 2	O_5	X	O_6	$O_6 - O_5$
对照组 2	O_7		O_8	$O_6 - O_8, O_8 - O_7$

参与本研究的实验组和对照组都是自然班级。这些自然班级被随机分配到一种实验处理中。两个实验组和两个对照组都进行了前后测,仅实验组接受相同的干预。实验中的因变量是普通儿童与残疾儿童的同伴关系,包括同伴接纳程度和友谊关系;自变量是融合绘本和同伴关系主题绘本干预。实验结果根据实验组和对照组后测结果及实验组前后测结果比较得出。

研究假设为:通过运用融合绘本和同伴关系主题绘本进行干预,能提高普通儿童对残疾儿童同伴的认知、情感和行为意向的接纳程度,并增进残疾儿童与普通儿童的友谊关系。

二、研究对象

研究者通过问卷、访谈和观察等方法,对学校、班级、残疾儿童基本情况进行了解。

(一)学校基本情况

干预研究选择北京市海淀区两所普通的全日制公立小学作为实验学校,分别命名为自强小学和厚德小学。[②] 2016 年秋季,学校资源教室建成并投入使用。两所学校 2

---

① 汤秀丽.社会调查理论与方法[M].北京:中国水利水电出版社,2014:124.

② 为保护实验学校、教师和学生隐私,对这些信息进行了匿名化处理。

年级的两个班级分别招收 1 名轻度智力障碍儿童。自强小学以招收学区内进京务工人员的子女为主,包括智力障碍儿童 11 名、多动症儿童 16 名。厚德小学招收智力障碍儿童 6 名、听觉障碍儿童 2 名。

(二)实验组和对照组学生的整体情况

研究前测时,两校实验组和对照组的学生基本情况见表5-2。

表 5-2　实验组和对照组基本情况(N = 139)

人口学变量	项目	自强小学				厚德小学			
		实验班(n = 35)		对照班(n = 35)		实验班(n = 34)		对照班(n = 35)	
		n	比例(%)	n	比例(%)	n	比例(%)	n	比例(%)
户口所在地	京籍	5	14.29	6	17.14	15	44.12	15	42.86
	非京籍	30	85.71	29	82.86	19	55.88	20	57.14
性别	男	22	62.86	20	57.14	19	55.88	21	60.00
	女	13	37.14	15	42.86	15	44.12	14	40.00
独生子女	是	14	40.00	7	20.00	15	44.12	12	34.29
	否	21	60.00	28	80.00	19	55.88	23	65.71
父亲学历	研究生	5	14.29	2	5.71	6	17.65	0	0.00
	大本/大专	11	31.43	9	25.71	16	47.06	16	45.71
	高中/初中	16	45.71	15	42.86	10	29.41	16	45.71
	小学	2	5.71	8	22.86	2	5.88	3	8.57
父亲职业	国家公务员	4	11.43	2	5.71	4	11.76	1	2.86
	科教文卫	5	14.29	6	17.14	7	20.59	3	8.57
	国企/外企人员	6	17.14	2	5.71	6	17.65	4	11.43
	民营企业(个体户)	7	20.00	12	34.29	10	29.41	9	25.71
	自由职业者	3	8.57	7	20.00	2	5.88	7	20.00
	服务业	9	25.71	5	14.29	5	14.71	10	28.57
语文成绩	95~100	20	57.14	24	68.57	24	70.59	20	57.14
	85~94	14	40.00	6	17.14	9	26.47	11	31.43
	75~84	0	0.00	2	5.71	0	0.00	1	2.86
	75 分以下	1	2.86	0	0.00	1	2.94	0	0.00
	不知道	0	0.00	3	8.57	0	0.00	3	8.57
阅读空间	书房	1	2.86	7	20.00	1	2.94	5	14.29
	书柜	10	28.57	6	17.14	8	23.53	10	28.57
	书架	11	31.43	7	20.00	12	35.29	12	34.29
	书桌	9	25.71	1	2.86	6	17.65	2	5.71
	以上皆无	4	11.43	14	40.00	7	20.59	6	17.14
儿童图书数量	10 本以下	12	34.29	11	31.43	9	26.47	5	14.29
	10~20 本	4	11.43	2	5.71	6	17.65	6	17.14
	21~50 本	6	17.14	2	5.71	4	11.76	4	11.43
	51~100 本	9	25.71	2	5.71	6	17.65	7	20.00
	100 本以上	4	11.43	18	51.43	9	26.47	13	37.14

续表

人口学变量	项目	自强小学				厚德小学			
		实验班($n=35$)		对照班($n=35$)		实验班($n=34$)		对照班($n=35$)	
		n	比例(%)	n	比例(%)	n	比例(%)	n	比例(%)
课外阅读时间	没有时间	6	17.14	5	14.29	5	14.71	4	11.43
	1~10分钟	18	51.43	15	42.86	7	20.59	11	31.43
	11~20分钟	0	0.00	0	0.00	7	20.59	11	31.43
	21~30分钟	6	17.14	3	8.57	9	26.47	1	2.86
	30分钟以上	5	14.29	12	34.29	6	17.65	8	22.86
担任班干部	是	7	20.00	7	20.00	7	20.59	7	20.00
	否	28	80.00	28	80.00	27	79.41	28	80.00

自强小学实验组非京籍学生占85%,50%以上的儿童的父亲从事服务工作。学生家庭阅读物质条件与普通城市家庭有巨大差距,家庭图书资源匮乏,课外阅读时间普遍不足。自强小学对照组非京籍学生占83%,65%的学生的父亲从事服务工作。学生家庭阅读环境和课外阅读时间都呈现两极分化现象。实验组和对照组学生在语文成绩、儿童图书数量、课外阅读时间方面没有呈现出显著性差异。厚德小学实验组非京籍学生占56%,50%的学生的父亲大约从事服务工作。厚德小学对照组非京籍学生占57%,70%以上的学生的父亲从事服务工作。与自强小学实验组和本校的对照组相比,在语文成绩、儿童图书数量、课外阅读时间方面均没有显著性差异。整体而言,虽然厚德小学的班级在儿童图书数量、课外阅读时间方面略优于自强小学的班级,但未达到显著性差异。

(三)残疾儿童情况

实验组和对照组的4名残疾儿童都为非京籍学生,1年级时被诊断为轻度智力障碍,2年级时学业成绩明显落后于同班其他同学,尤其是数学成绩,没有安排助学伙伴。

自强小学实验组残疾儿童:童童①,女,父亲大专文化程度,母亲初中文化程度,经营个体服装生意,家庭经济条件一般。她是班级中最瘦小的学生,皮肤白净,生病请假的次数比其他同学多。童童性格乖巧可爱,情绪比较稳定,有比较强烈的同伴交往意识,常常赠送小礼物给喜欢的同学,但社会认知和技巧相对缺乏。她语言表达能力不足,个别词语发音不清楚,使用词语比较简单,且多使用简单句。她的座位在第一排,课堂上约有一半时间能够专注听课,回答问题的机会较少,也很少回答正确。该班学生很少有课间活动时间,童童与同学之间自由交往的机会相对较少。自强小学对照组

---

① 为保护实验学校、教师和学生隐私,将自强小学实验组和对照组的残疾儿童分别匿名为童童、阳阳,厚德小学实验组和对照组的残疾儿童分别匿名为健健、乐乐,希望他们度过童真、阳光、健康、快乐的学校生活。

残疾儿童:阳阳,男,个子中等,略瘦。他性格比较温和,情绪稳定,语言表达能力不足,以短句为主,多数词语发音不准确,熟悉的人基本能听懂其意思。他的座位在第四排,课堂上多数时间能努力地专注于学习,很少有回答问题的机会,老师偶尔会让他朗读词语。课间,他通常是一位旁观者,会站在旁边羡慕地看着其他男生嬉戏打闹。他愿意主动帮助他人,能够得到班级中人缘较好的同学的提醒和帮助。

厚德小学实验组残疾儿童:健健,男,父母文化程度不高,父亲是修理公交车的师傅,母亲在超市工作,家庭经济条件尚可。他个子瘦高,是班级里最高的学生,皮肤黝黑,跑步速度比较快。他个性温和,情绪稳定,基本没有不良行为,愿意和同学交往,经常积极主动为老师帮忙,语言表达能力较弱,语速较慢,个别词语发音不清楚,使用词语比较简单,且多使用简单句。2年级后,班主任将其座位固定安排在靠窗的第一排,这个位置离多媒体电视屏幕最近。他上课时由于能够得到老师更多的关注和提醒,因此专注力得以提高,学习积极性也增强了。课间,有时他会与男生一起打打闹闹,更多时候则是旁观者。厚德小学对照组残疾儿童:乐乐,男,9岁,个头中等,身体较胖,行动缓慢,性格散漫、执拗,有时会因跟老师起争执而产生不良情绪,需要老师进行耐心安抚。他语言表达比较流畅,但有时会答非所问。他的座位在最后一排靠门的位置。他上课没有回答问题的机会,多数时候听不懂老师的教学内容,在座位上左右摇晃,或找机会和旁边的同学说话。有时候,他会把纸撕得地面上、课桌内、课桌上到处都是。乐乐与人交往的主动性比较强,但是愿意与其交往的同学并不多。课间,他常常一个人在走廊溜达,上课铃响后才不情愿地磨蹭着回到教室。

三、研究工具

具体见第 4 章研究工具部分。同时,分别设计访谈提纲和观察表,在干预前、中、后对教师、普通儿童和残疾儿童进行半结构性访谈和观察,以了解普通儿童和残疾儿童的同伴交往互动情况。

第二节　绘本干预的程序

一、研究对象选择

2013 年《北京市中小学融合教育行动计划》的颁发标志着北京市融合教育进入全面实践阶段。北京市近 1200 所普通中小学招收残疾儿童就读,融合教育安置方式已成为北京市特殊教育的主要组成部分。2016 年对北京市普通中小学的调查显示,残疾儿童中智力障碍儿童比例占到69.50%。[①] 可见,智力障碍儿童是融合教育学校中比例最大的残疾儿童类型。第四章的调查结果表明,在普通学校就读的残疾儿童中,智力障碍儿童的同伴接纳程度最低,受到同伴的排斥和忽视,建立友谊关系困难。各类残疾儿童中仅智力障碍儿童受到普通儿童排斥。这说明智力障碍儿童的同伴关系最亟待改善。小学1—2年级处于同伴关系水平分化期,开始建立起一定的联系。[②] 选择2年级的融合班级进行同伴关系干预,有利于帮助残疾儿童形成良好的同伴关系。小学是整个义务教育阶段的基础和关键,而2年级是小学阶段的基础。普通儿童与残疾儿童良好同伴关系的建立对他们的学业和社会性发展影响深远。智力障碍儿童通常也是2年级才被真正鉴定出来的。基于以上原因,本研究选择2年级智力障碍儿童及同班普通儿童为研究对象。残疾儿童同伴关系影响因素众多。为保证研究内部效度,本研究选择具有较大同质性的4个班级作为实验组和对照组,一所学校一个实验组和一个对照组,同一个年级的班级,班级规模基本一致,学生年龄相当,家庭社会经济条件大致相当,智力障碍儿童的认知水平大致相同。

残疾儿童的同伴关系上基本同质($t=-1.842, p=0.070; t=-1.025, p=0.309$),见表5-3。同伴接纳态度有一定差异,但是未达到显著性水平。残疾儿童的消极提名较多,在班级属于被拒绝组,均未建立友谊关系。研究者在两所学校均选择残疾儿童同伴接纳程度较低的班级作为实验组。

表5-3　残疾儿童同伴关系前测结果(M±SD)

	维度	残疾儿童	同伴接纳态度	积极提名(n)	消极提名(n)	同伴接纳类型分组	被提名朋友(n)	互选朋友(n)
自强小学	实验组1($n=35$)	童童	2.93±0.98	1	15	被拒绝组	1	0
	对照组1($n=35$)	阳阳	3.17±0.69	0	6	被拒绝组	0	0
厚德小学	实验组2($n=34$)	健健	3.09±0.83	0	10	被拒绝组	0	0
	对照组2($n=35$)	乐乐	3.39±0.67	0	21	被拒绝组	0	0

二、干预的实施者

英国儿童文学作家艾登·钱伯斯(Aidan Chambers)提出"阅读循环圈"的理论,他

---

①　江小英,牛爽爽,邓猛.北京市普通中小学融合教育基本情况调查报告[J].现代特殊教育,2016(14):22-27.
②　林崇德.发展心理学[M].杭州:浙江教育出版社,2002:349-350.

认为儿童的阅读过程是一个"选书—阅读—回应"循环的过程①(图 5-1),中间是有协助能力的成人。成人提供丰富多样的图书供儿童选择,为儿童准备有利于阅读的环境;保证阅读时间,为儿童组织丰富合适的阅读活动;鼓励儿童表达阅读所获,让其有更多的回应和输出的机会。

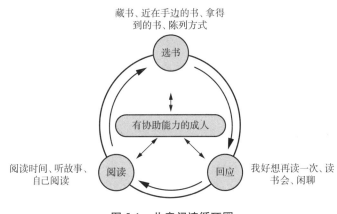

图 5-1　儿童阅读循环圈

语言学家罗曼·雅各布森(Roman Jakobson)认为语言交流中有 3 个基本的构成要素:传达者、信息和接收者②。布兰德在研究融合小学低年级以大声朗读方式开展绘本教学促进融合教育的过程中,建构了学校文化、班级环境和学习背景下朗读者(为儿童大声朗读的教师)、倾听者(普通儿童和残疾儿童)和绘本(融合绘本)之间的相互关系图③(图 5-2)。该图表明,阅读活动都是在特定的班级环境、学校文化下,甚至在每个儿童的家庭环境、一个国家和社会文化环境之下开展的。每一次绘本阅读教学活动都是倾听者、朗读者与绘本之间的互动过程。阅读教学是学生、教师、文本之间对话的过程④,阅读是儿童的主动建构过程,教师要在阅读教学中搭建儿童与文本对话的桥梁。

图文并茂的绘本适合小学低年级的儿童阅读⑤,他们具有浅显的文字识别能力,生活经验和阅读经验比幼儿更为丰富,还能凭借更细致的观察力和活跃的想象力完成阅读过程的建构。与成人一起欣赏图画书,会让儿童的图画书阅读更为充分、更有效果,过程更具有乐趣。⑥ 可见,师生共读的方式能够将绘本中的思想精华更好地传递给儿

---

① 艾登·钱伯斯.打造儿童阅读环境[M].许慧贞,译.北京:五洲传播出版社,2011:4.

② 佩里·诺德曼,梅维丝·雷默.儿童文学的乐趣[M].陈中美,译.上海:少年儿童出版社,2008:355-356.

③ BLAND C M,BURSUCK W,NIEMEYER J. A case study of general education teacher use of picture books to support inclusive practice in the primary grades of an inclusive elementary school[D].Greensboro:The University of North Carolina at Greensboro,2013:3.

④ 中华人民共和国教育部.全日制义务教育语文课程标准[EB/OL].(2011-12-08)[2023-05-26].中华人民共和国教育部政府门户网站.

⑤ 陈虹,许洁.幼儿园教师与儿童文学活动[M].长春:东北师范大学出版社,2011:180.

⑥ 陈晖.梦幻的国度:儿童图画书讲读指导[M].南宁:接力出版社,2010:序.

童。因此,运用绘本进行干预的关键在于有协助能力的成人。本研究中,所有的绘本干预过程均由研究者实施,同时由两名研究生协助问卷调查、访谈、观察及过程性资料的收集。

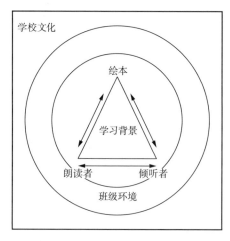

图 5-2　阅读的环境关系图

三、绘本干预的实施

绘本干预的实施主要分为绘本干预前的准备阶段、绘本干预实施阶段。绘本干预前的准备阶段涉及干预情境的选择、干预时间的确定和干预前的准备活动;绘本干预实施阶段涉及绘本选择、绘本干预流程、教学活动形式、奖励方式等。

(一)绘本干预前的准备阶段

1.干预情境的选择

绘本干预活动均在两个实验组的原班教室实施。自强小学实验组的教室内部结构如图 5-3 所示,学生座位分为 5 列 7 排,学生位置都是独立的,没有同桌。残疾儿童童童坐在第一排,每周和其他同学按照图中箭头所示轮换一次座位。教室黑板旁有班级的图书角。厚德小学实验组的教室内部结构如图 5-4 所示,教室后面有一排学生的柜子,学生自带图书放在小书架上。残疾儿童健健固定坐在教室靠窗的第一排,离多媒体屏幕最近。

2.干预时间的确定

干预在春季学期进行,第 3 周进班观察,第 4 周进行前测和预热,从第 5 周起至第 18 周共 14 周,第 20 周进行后测,具体进度安排如图 5-5。每周的干预时间为两个课时,每次约 40 分钟。

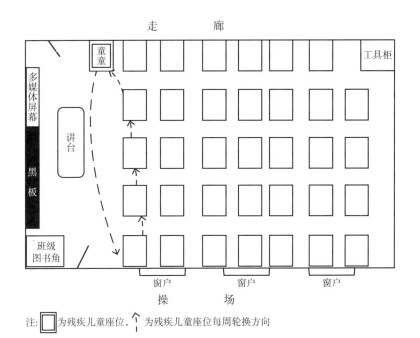

注：☐为残疾儿童座位，↑┈为残疾儿童座位每周轮换方向

图 5-3　自强小学实验组的教室内部结构示意图

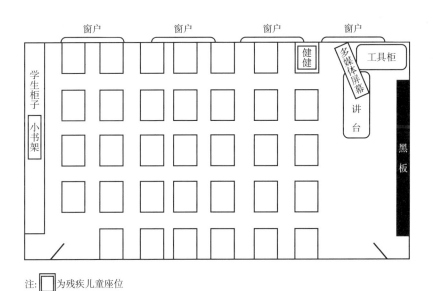

注：☐为残疾儿童座位

图 5-4　厚德小学实验组的教室内部结构示意图

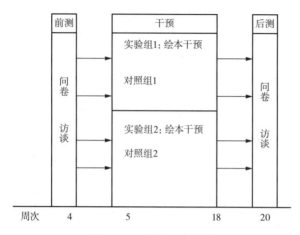

图 5-5　干预的进度安排

3.干预前的准备活动

儿童阅读发展阶段可简单概括为"爱上阅读""学习阅读"和"从阅读中学习"阶段。① 小学低年级正处于培养阅读兴趣的关键时期。实验组的儿童普遍缺乏共读绘本的经验,因此,研究者在正式干预前,选择两个趣味性强的绘本故事进行共读预热。绘本富有戏剧性的故事、优美精致的图画,教师绘声绘色的讲读,能迅速吸引儿童的注意力。残疾儿童和普通儿童对绘本课表现出极大的热情,比其他课程的参与度更高、发言更积极踊跃、表达更加自信。

(二)绘本干预实施阶段

1.绘本选择

选择适宜的绘本是保证残疾儿童同伴关系干预效果的首要条件。选择绘本需要遵循一些原则,并进行主题绘本的内容分析。

(1)遵循的主要原则

融合文学作品描述的是促进对残疾人的理解和接纳而不是培养消极偏见的情境。② 融合文学作品应具备 7 个标准:现实的、精确平衡的、多维度的特征、非故事核心、典型的互动、致力于描述积极关系和情境、诚实积极尊敬的语言。③ 选择与残疾人有关的儿童文学作品时应考虑以下几个方面:残疾儿童是否是书中的主角,对残疾人的描述准确、没有刻板印象,残疾人出现在最少受限制的环境,语言是非歧视性的,展示了残疾人与非残疾人之间的互动,恰当地描述了残疾人的角色形象,强调所有个体

---

① HINES P J,WIBLE B,MCCARTNEY M.Learning to read,reading to learn[J].Science,2010,328(5977):447.

② ANDREWS S E. Using inclusion literature to promote positive attitudes toward disabilities[J]. Journal of Adolescent & Adult Literacy,1998,41(6):420-426.

③ BLAND C M,GANN L A.From standing out to being just one of the Gang:guidelines for selecting inclusive picture books[J].Childhood Education,2013,89(4):254-259.

的独特性而不是仅仅强调残疾人的差异,故事中对残疾人的描述是有目的的而不是象征性的,插画逼真、准确、敏锐地刻画残疾人。① 参考以上标准,研究者主要基于以下几个原则,精选了 20 本融合绘本和同伴关系主题绘本作为干预的媒材。第一,尽量选择国内外经典绘本,这些绘本具有突出的儿童性、艺术性、教育性、传达性和趣味性②,符合儿童的阅读旨趣、需要和认知特点,适应儿童的理解力,与儿童生活经验紧密联系,更能够引发儿童的阅读兴趣和吸引儿童的注意力,从而让儿童很快爱上阅读。第二,根据融合教育的价值观选择绘本。融合教育倡导多元、差异、平等、关怀、理解、尊重、欣赏、支持、合作等价值观,而集中体现这些价值观的主要是融合绘本。融合绘本是一种优质的教学资源,可以帮助普通儿童改变对残疾人的认识和态度。融合绘本必须考量是否使用正确的词语准确客观地描述残疾现象和残疾人的形象,否则可能会误导读者。③ 例如,绘本《野葡萄》多次使用带有歧视性的词语“瞎眼”描述视觉障碍,不宜被列入融合绘本。第三,绘本内容与同伴关系主题相关。绘本主题丰富且多元,即使是一个绘本具有多个主题,融合绘本中绝大部分也是讲述残疾儿童与普通儿童的同伴关系或手足关系。这些故事注重描绘残疾儿童如何从最初被同伴或手足排斥,借由特殊事件的影响,引起他们观念的转变,进而接纳残疾儿童甚至建立亲密友谊的过程。这些绘本倾向于呈现圆满与和谐的结局,能够为同伴关系提供积极正面的教育意义。同时,描述同伴关系主题绘本的数量众多,应从自我认同、情绪管理、友谊建立、友谊保持的维度选择同伴关系的绘本。第四,优先选择我国已出版的绘本。融合绘本参考相关研究结果,以智力障碍儿童为主,兼顾听觉障碍、视觉障碍、肢体障碍、孤独症、多动症、情绪行为障碍等各种残疾儿童类型,最终选定的 20 本融合绘本和同伴关系主题绘本见表 5-4 和表 5-5。

表 5-4　融合绘本一览表

接纳层次	融合教育价值观	绘本名称	残疾类型
认知	多元 差异 平等	1.你是特别的,你是最好的	各类残疾
		2.故障鸟	肢体障碍
		3.你很特别	差异
		4.没有耳朵的兔子	感官障碍
		5.人	差异

---

① HARRILL J L, LOUNG J J, MCKEAG R A, et al. Portrayal of handicapped/disabled individuals in children's literature: before and after public law 94-142[J]. ERIC Document Reproduction Service No. EC, 1993, 357:557.

② 林敏宜.图画书的欣赏与应用[M].台北:心理出版社,2001:52-57.

③ DYCHES T T, PRATER M A, JENSON J. Portrayal of disabilities in caldecott books[J]. TEACHING Exceptional Children Plus, 2006, 2(5):17.

续表

接纳层次	融合教育价值观	绘本名称	残疾类型
情感	关怀 理解 尊重	6.我很特别	各类残疾
		7.我的姐姐不一样	智力障碍
		8.我的妹妹听不见	听觉障碍
		9.爱闯祸的小天使	多动症
		10.我的哥哥会变身	孤独症
行为意向	欣赏 支持 合作	11.没有不方便	肢体障碍
		12.爱德华:世界上最恐怖的男孩	情绪行为障碍
		13.好好爱阿迪	智力障碍
		14.超级哥哥	智力障碍
		15.你是我最好的朋友	视觉障碍

表 5-5　同伴关系主题绘本一览表

主题	绘本名称
自我认同	16.《我不知道我是谁》
情绪管理	17.《菲菲生气了》
友谊建立 友谊保持	18.《我有友情要出租》
	19.《小老鼠和大老虎》
	20.《搬过来,搬过去》

(2)绘本的内容分析

融合绘本主要描述残疾儿童的真实生活故事,往往具有直抵心灵、触及灵魂的力量;同伴关系主题绘本主要描述儿童在与同伴相处过程中,如何建立自我认同、情绪管理,以及建立和保持友谊等故事内容。大多数融合绘本中往往也包含同伴关系的主题。研究者收集到的融合绘本中以智力障碍儿童为主角的绘本数量最多。本研究所使用的融合绘本中,《好好爱阿迪》《超级哥哥》《我的姐姐不一样》中的主角是智力障碍儿童。笔者以《好好爱阿迪》为例,对融合绘本的内容进行分析。

首先,残疾儿童的形象。《好好爱阿迪》以客观写实的风格,描绘主角阿迪作为唐氏综合征儿童的典型面部特征,如宽脸颊、小眼睛、眼距宽、眼睑倾斜等,以图文结合的叙事方式描述了阿迪的身心发展特点。阿迪享受甜美雪糕的时候,动作显得笨拙,巧克力从他脸颊滴到手上、衣服、裤子和腿上,他却丝毫没有发觉。吃完后,他"晃下了阶梯,走上街"。这几处表现出智力障碍儿童动作发展不协调、自理能力较差的特点。插画家福洛得·库柏(Floyd Cooper)为准确塑造阿迪这个角色,特别去拜访启智班的两位男孩,以他们为模特儿,创作出阿迪——让"所有的老师和孩子们,几乎都感动得掉下眼泪"的真实形象。绘本对阿迪正面形象的描写较多,当阿迪带着琪琪找到青蛙蛋,琪琪准备找瓶子将青蛙蛋带回家时,阿迪短短的一句话,以他纯真善良、充满爱心、尊重生命的宝贵品质深深地打动了琪琪,也赢得了琪琪的理解、欣赏和尊重。在金色的阳光下,当琪琪看到自己的水中倒影时,阿迪展现了他那特有的笑容。他郑重地将右手置于心口,深情地说道:"这里才重要。"这一幕深刻地展现了阿迪的善良本性、友善态度,以及他善解人意、情感细腻的内心。画家巧妙地运用粉彩,生动地描绘了夏日的酷热,以及树林中湖泊与花木的淡淡香气。他精湛地捕捉了穿透林间的光影变幻,以及湖面那神秘而迷人的色彩。阿迪那纯真的行为和表情,与大自然的原始美产生了深刻的共鸣。画家所描绘的,不仅是自然的光线,更是那来自内心深处的光芒。

其次,残疾儿童的同伴关系。在残疾儿童主题绘本中,同伴关系无论在文字还是图画中出现的比例都是最多的,大约占到1/3,其次是妈妈。这表明同伴关系是最受创作者青睐的主题,也体现了同伴关系是残疾儿童成长的重要议题。文字作者维吉尼亚·芙蓝明(Virginia Fleming) 儿时与唐氏综合征儿童建立了亲密友谊。这段珍贵的友情启发她创作了一个故事。她的初衷是希望透过真诚憨厚的阿迪,引导阅读绘本的普通儿童欣赏并尊重每一个与众不同的生命。书中分别塑造了普通儿童的一个正面形象和一个反面形象。以自我为中心的男孩阿强对阿迪充满了敌意和排斥,用"白痴"来称呼他,取笑他不会拼音,大声驱赶他回家,大声批评"看看你做的好事,别烦我们",可以看出他从心理、语言和行为上都表现出对阿迪的排挤、厌烦,拒绝与阿迪相处。女孩琪琪有一位睿智且富有爱心的妈妈,告诉她"要对阿迪好一点"。但是琪琪最初并不理解妈妈的话语,当她和阿迪相处时常常陷入两难的境地。故事开始时,琪琪看到阿迪时内心是排斥的,情绪是不耐烦的,所以保持着很远的距离。随着故事的推进,她的内心悄然发生着变化,和阿迪的物理距离和心理距离都靠得越来越近。当阿迪被阿强讥笑时,琪琪流露出不忍心、不自在,对自己的排斥心理感到自责,进而对阿迪产生怜悯之心。阿迪知道琪琪想找青蛙蛋,就拉着她跑到树林的池塘边,和她分享自己的睡莲和青蛙卵,还为琪琪妈妈采摘了睡莲。单独相处时的温馨,使琪琪逐渐认识到外表呆呆的阿迪竟有着善于发现美的眼睛、尊重生命的善心、敏感丰富的内心,而且他诚实、憨厚、纯真、善良、温柔。她终于发现比人的外表更重要的是人的内心。她终于领会了妈妈所说的"阿迪是特别创造的"这句话的深意。最后一页画面,弥漫着午后阳光的树林中,琪琪主动将手搭在阿迪的肩上,两人肩并肩走回家。琪琪对阿迪态度转变的过程是基于对阿迪由外表到内在品质的认识,经历了一个厌烦、疏远—不自在、自责—亲近—称赞、鼓励—理解、欣赏—亲密、接纳的过程。当她逐渐走近阿迪时,她不仅得到了青蛙蛋的意外惊喜,赢得了阿迪的友谊,更是收获了成长。

最后,绘本带来的启示。《好好爱阿迪》故事的结尾温馨感人,给人积极正面的力量,给予读者深刻的启发。第一,琪琪能够像妈妈期望的那样"好好对待阿迪",其实,也是好好对待自己。认识到每一个人都很独特,学会从不同角度看待事物,学会了与不同的人相处,都是儿童社会化成长不可或缺的一部分。当普通儿童愿意走近残疾儿童,懂得包容、理解、接纳与欣赏他们时,他已经从"自我中心"迈向"去自我中心"的道德发展阶段,拥有高尚的品德与健全的人格。第二,面对与众不同的同伴,普通儿童可能产生害怕、厌烦等消极的情绪反应,琪琪的例子启发了读者,这些情绪反应是自然的,并不是琪琪的错,消除这样的自责甚至罪恶感之后,才能真正让普通儿童坦然与残疾儿童相处,而不至于在道德规范下,一味地内化这股愤恨与自责。第三,故事中阿强对阿迪充满嘲弄、鄙夷、冷漠、厌恶和歧视,而琪琪却能发生截然不同的改变,是因为妈妈早已在她心中播撒下一颗友善的种子,在爱的滋养下,待到时机成熟,这颗种子就生根萌芽,开出善念之花、结出善行之果。琪琪妈妈的态度尤其值得赞赏,对于"孤单没有人理"的阿迪没有唯恐避之不及,而是抱着一种平等、欣赏的态度"他和一般人不一样",鼓励琪琪与其交往。妈妈对琪琪没有进行说教,没有强制要求她与阿迪相处,只是嘱咐琪琪要"好好对待阿迪",让琪琪在交往中,慢慢去感悟,自己去成长。成人的恰当引导,能够促使普通儿童建立起对残疾儿童的正确全面认识,激发其积极的情感,从而带来行为的改变。残疾儿童就像一面镜子,映射出每个人内心的善与恶、美与丑。第四,儿童似乎对与自己"不一样"的人,有一种本能的排斥或恐惧,强制或者说教的方式对于促进普通儿童接纳残疾儿童的效果可能有限,他们可能碍于成人的强势而阳奉阴违,仍将残疾儿童视为"异己"。人们很难对不了解的人产生同理心,通常需要有一些接触,了解对方的想法或感觉,才能和对方产生共鸣,感同身受后才能产生同理心。绘本故事用简单又优雅的方式让儿童认识世界的差异性、多元性和对差异的接纳。正是由于对阿迪的不了解、不理解、不接纳,对差异的不认同,故事中才出现了阿强、琪琪对阿迪的排斥、疏离,甚至欺负。琪琪是幸运的,妈妈的引导让她有机会打开一扇窗,看到不一样的风景。在与阿迪的不断接触中,琪琪逐渐了解了他的想法和感觉,与他产生了共鸣,当阿迪被阿强排斥时,琪琪才能够感同身受,为阿迪发声"你伤了他的心"。最终,阿迪用真诚、友善和憨厚打动了琪琪的心。普通儿童接纳残疾儿童可能需要经历一个过程,就像琪琪最初知道阿迪要一直跟着她就显得不耐烦,被阿强指指点点或讥笑时则显得不自在,同时对自己的排斥心理感到自责,后来单独相处时留下的种种温馨使她最后打开心扉接受了阿迪。第五,尽管残疾儿童和别人不一样,但是他们和普通儿童一起可以做很多事情,可以建立亲密的友谊关系,丰富彼此的人生。期待每一个"阿迪"的身边都有许多的"琪琪",更多的"阿强"能够友善对待"阿迪",他们需要更多同龄人平等的接纳和真挚的友谊。

2.绘本干预流程

研究者将绘本干预流程大致分为游戏导入、绘本呈现、故事讨论、延伸活动和亲子阅读5个环节，其中前4个环节在课堂上完成，第5个环节在家庭中完成，同时要求儿童完成阅读单。游戏导入环节主要通过与绘本主题相关的游戏来激发儿童参与的兴趣；绘本呈现环节主要以研究者的讲读和朗读引导儿童欣赏与观察图画、了解故事内容、思考问题和表达自己的想法；故事讨论环节主要是让儿童听完整的故事、多种形式大声朗读文字、回顾整个故事、评价故事中的人物；延伸活动则进一步深化儿童对故事内容的理解，结合生活实际中的情境去运用，通过角色扮演的方式，体验不同的感受，最后总结自己的收获，其目的在于让普通儿童对残疾儿童有更为真切的认识，从而以同理心理解、尊重和接纳他们。绘本干预流程如图5-6所示。

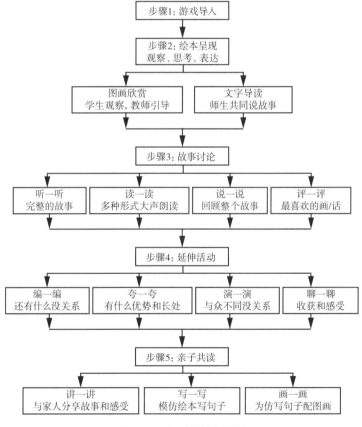

图5-6　绘本干预流程图

3.教学活动形式

多元化互动式的绘本共读活动可以培养儿童丰富的观察力、想象力，持续的专注力，可以提高儿童语言理解和表达能力、逻辑思维能力。绘本共读能够让儿童充分参与,在享受阅读乐趣的同时,更充分、更有效地感受绘本所蕴含的情感、理解绘本所传达的理念、领悟绘本所渗透的哲理。

（1）教师的教学活动形式

绘本主题丰富而多元,绘本共读的方式也具有多样性,要随着每本书的品质与特点,儿童读者年龄,阅读活动性质、规模、场所的不同而灵活变换。[①] 绘本的篇幅通常比较短,比较适合在班级共读。绘本通常反映了主人公的思想和感情,儿童可以根据自己的经验去解释,能够把他们自己内心的感情和感受投射到书中的人物身上,从而使自己能以一种没有威胁的方式缓解内心的冲突。[②] 在绘本干预过程中,研究者以讲读法为主,辅以朗读法,配合多媒体课件的播放,让儿童可以在较短时间内了解故事内容,并根据具体的故事情节进行讨论,同时辅以轻柔、舒缓的轻音乐,营造温馨、舒适、愉悦、宽松的阅读氛围。

绘本讲读指成人与儿童共同阅读绘本,参与、支持儿童绘本阅读的活动,包括讲述、朗读、讨论、探究、鉴赏等多种元素与方式。[③] 成人和儿童共读是绘本阅读的最佳方式。由于绘本的内容新颖、丰富、广阔、深刻,因此绘本阅读是比文学作品阅读更复杂、更具挑战性的过程,具有讲读的必要和空间,而且儿童对成人进行绘本讲读有更倾向于心理和情感层面的期待和诉求。[④] 儿童与成人共读绘本,能够唤起体验、增进趣味、享受亲密的情感和愉悦的交流,从而加深儿童阅读绘本时的快乐体验。讲读法尤其适合故事性、图画细节丰富的绘本,讲读时需要立足文字和图画,以加深理解,并充分发挥其作用。在绘本讲读过程中,研究者主要注重了以下讲读策略与技巧:从封面读到封底,尤其是封面;读出所有的文字;图文同步欣赏,兼顾整体与局部;引导儿童发现图画中的细节;配合故事节奏翻页;适度有效提问;以停顿、静默等非解说方式提示和指引;设计简单的活动使儿童参与其中;适当变化音量、语调、语气,增强吸引力;适度夸张的表情和动作;阅读中自然推进主题的讨论;聆听儿童的议论,鼓励表达,运用儿童的疑问引发思考与讨论;保持目光的接触并留意反应,尊重儿童的兴趣和能力的个体差异,让儿童充分享受阅读的过程和快乐。讲读法是创造性很强的个性化活动,没有固化的格式或范例进行规定与指引,带有很强的自主性。[⑤] 相较于朗读法而言,讲读法更为生动有趣,当充满活力和热情的教师与儿童共读时,教师声音和语调的变化、眼神接触、面部表情、肢体语言,甚至内心情绪反应能够瞬间吸引儿童的目光;教师可以按

① 陈晖.经典绘本的欣赏与讲读[M].北京:新星出版社,2012:27.
② 万宇.阅读治疗在小学阶段的探索性实践:南京市钓鱼台小学的应用实例[J].图书馆杂志,2010,29(10):37-41.
③ 陈晖.图画书的讲读艺术[M].南昌:二十一世纪出版社,2010:11.
④ 陈晖.图画书的讲读艺术[M].南昌:二十一世纪出版社,2010:11.
⑤ 陈晖.图画书的讲读艺术[M].南昌:二十一世纪出版社,2010:12.

照自己对文本(文字和图画)的理解进行故事的描述和讲解,情境可以描述得很详细,综合不同人的看法,引领儿童多视角思考问题,可渗透教师的教育目标;利用故事帮助儿童联结已有经验,通过有问有答的互动方式,建立儿童之间的对话机制,旨在发展儿童的思维能力和表达能力,同时强化儿童的专注力训练,教授他们思考和讨论的方法。这一过程不仅让儿童安全地投射自己的感情和想法,还进一步拓展了绘本内容的深度与广度,促使儿童从绘本世界自然过渡到现实世界,从而加深他们对故事寓意的领悟与掌握。绘本讲读是互动性、开放性的,儿童往往是主动的参与者而不是被动的倾听者,会启动联想和想象,调动已有的阅读经验和生活经验,以各种方式理解和建构故事。讲读故事环节是绘本干预的中心环节。绘本干预不是语文阅读课,不用去教儿童字词句段,而应让儿童在参与阅读的过程中敞开自己的心扉,在反馈中充分表达自己,使他们了解自己的思想、情感和行为,经历认同、净化和领悟等心理过程。

朗读法是绘本共读中基本且常用的方法,看似简单,但并不是照着书面文字逐字逐句读出来即可,而是对书面语言的再创造。朗读就是运用普通话把书面语言清晰、响亮、富有感情地读出来,变文字视觉形象为听觉形象。[①] 朗读是口头语言的艺术,需要朗读者根据自己的解读创造性地表达,使无声的书面语言变成绘声绘色的有声的口头语言。在绘本干预过程中,朗读的作用在于有助于发挥语言的感染力,让儿童欣赏文字之美的同时关注观赏画面,将儿童吸引到绘本故事情节中,引起儿童达到情感的共鸣,从而帮助儿童了解绘本故事的内容、理解绘本的内涵。朗读法适用于故事完整、主题鲜明、人物明确、文字丰富、词句优美且具有猜测效果的绘本。朗读绘本故事之前,研究者会先预读多遍,以熟悉内容并力求朗读时能够一气呵成,如有优质的音频资料,则会反复聆听,细心揣摩其中的朗读技巧,精准把握人物的语气、语调,以及朗读时的轻重缓急与语言节奏。朗读时应以图画为辅助,同时观察儿童的反应。朗读法的优势在于能让儿童把握绘本的整体氛围,确保绘本的忠实呈现而不失其原味,同时给予儿童想象空间,让他们以不同的视角解读、体会并深入思考绘本的内涵,从而将感知的主体性归还给儿童。但是,由于形式不够活泼,如果儿童专注力稍弱,在听到很多难理解的词语时,就可能失去兴趣。此外,儿童听完故事之后,如果没有机会进行较深入的思考,同时儿童彼此之间无法对话,难以激发对话的火花,从而难以体验另一种阅读带来的乐趣。

(2)儿童参与的活动形式

儿童是阅读的主体,研究者努力在儿童和绘本之间搭建对话的桥梁。多样化的参与方式,能够促使每个儿童都充分参与,在充分享受阅读乐趣的同时,促进儿童对绘本

---

① 吴春玲.普通话训练教程[M].成都:西南交通大学出版社,2012:102.

内涵的理解,并与实际生活经验相联系,形成正确的认知、情感与行为。研究者以讨论法为主,辅以表演法、游戏法等多种活动形式,促进儿童全面和充分参与。

讨论法。提问与讨论是讲述每个绘本故事必不可少的环节,通常安排在研究者朗读或讲述完整个故事之后。绘本阅读是儿童的个性化行为。研究者通过提问、讨论、回答环节,加强对儿童的指导、引领和点拨,让儿童在愉悦的情境中加深理解和体验,受到情感熏陶,获得思想启迪。不能以研究者的分析来代替儿童的阅读,也不能用集体讨论来代替个人的阅读。在干预过程中,研究者非常重视儿童的反应,注重让儿童自己观察、自己思考、自己表达。"在这幅图中你观察到了什么?""他(它)的表情、动作、语言是怎样的?""此时他(它)的心情是怎么样的? 心里会怎么想?""接下来,他(它)会做什么呢?""你最喜欢哪一个人物呢? 最喜欢哪一幅画呢?"讨论的问题都是开放性的,不要求儿童有唯一正确的答案,只要言之成理,不存在错误的价值观即可,尽量让每个儿童都愿意表达,有话可说。最初,研究者会根据绘本的封面图画和书名提问,从而引发儿童的阅读兴趣,后逐渐过渡到由儿童自己提出问题。在《超级哥哥》的导入环节,研究者提出:"当你看到书名和封面的时候,有什么疑问呢? 有什么猜想呢?"儿童提出的问题五花八门:"为什么叫超级哥哥呢?""我听说过超级市场、超人,是不是这个哥哥也像超人一样厉害?""我想一定是这个哥哥什么都很棒,对妹妹也很好,所以才叫超级哥哥!"研究者顺势引导:"那我们一起来看看故事里的哥哥到底为什么超级吧!"研究者坚持给予每个儿童均等的发言机会,按照儿童的能力和问题的难易来安排回答的儿童。由于残疾儿童理解能力和语言表达能力有限,因此研究者主要邀请他们回答事实性的问题、回忆性的问题、封闭式的问题。如果不能回答出来,研究者再调整策略,采用选择性的问题、简化问题或给予口头、肢体的提示,注意保持他们的兴趣和信心。小聪是一个理解能力和表达能力都较强的普通儿童,平时发言积极踊跃,每次都能够回答到要点。但她有些以自我为中心,认为只要她举手就应该给予她回答的机会。有一次,她多次举手未被老师叫到,便开始哭闹起来。研究者有意识地进行冷处理,待她情绪稳定后再请她回答,并告诉全班:"小聪热爱阅读,善于思考,所以老师就把最难的问题留给她。"此后的课上,小聪不再迫不及待地发言,学会主动把发言的机会留给其他同学。如果每个儿童在活动中都能自由、轻松地发表对故事的看法,与书中的主角产生共鸣而获得领悟,通常就能做出有利于改变态度或行为的决定。

讨论的问题既要基于故事的情节,也要与儿童的生活情境相联系,才能有助于儿童认知、情感和行为意向的迁移。在讨论《没有不方便》时,研究者提出了如下问题:"你觉得阿明、小猴子是什么样的孩子?""如果阿明是你的同班同学,你会如何与他相处?""如果他遇到麻烦,你会如何帮助他?"讨论问题的设计由易到难,层层递进,能够更好地促进儿童的思维发展。在讨论《好好爱阿迪》时,研究者设计了3个核心问题:"阿迪有哪些优点?""琪琪对阿迪的态度有什么变化?""故事里,最需要改变的人是谁?"研究者引导儿童发现阿迪的优点是理解琪琪态度转变的关键,琪琪的转变与阿强的言行形成了鲜明对比,从而引导儿童得出结论:最需要改变的不是笨拙的阿迪,而是不能平等对待阿迪、排斥阿迪的阿强。故事的讲读过程为儿童讨论问题埋下伏笔,让儿童的思考和回答有线索可循,从而水到渠成地思考和寻找问题的答案,带给儿童充分的成就感和愉悦感。讨论《故障鸟》时,研究者提出问题"你认为哪些动物是故障鸟的朋友?"引发了全班的积极回应:

　　小恩:老师,胆小鸟是故障鸟的朋友,它们虽然都只有一只翅膀,但是它们很聊得来,它们互相帮助,还一起努力练习飞行,终于飞上了天空。

　　小美:故障鸟在城市遇到的老鼠、蟑螂和蜘蛛也是它的朋友,它们没有嘲笑它,还为它找到朋友而高兴。它回森林时,它们还送它呢(发现了仅出现在图画中的小动物)。

　　小轩:它出生时就陪伴着它的蜗牛、瓢虫、毛毛虫和蚊子都是它的朋友。

　　研究者:故障鸟的哥哥是不是它的朋友呢?

　　小涵经常积极举手回答问题,家里有一个3岁多的弟弟,她回答道:哥哥们不仅嘲笑故障鸟,而且只把又细又瘦的小虫子留给它,他们很自私,不能算是朋友。

　　全班齐声回答:对!

　　研究者:那老师总结一句:真正的朋友就是在你需要时陪伴你、帮助你、聊得来、鼓励你,和你一起努力的人!

(《故障鸟》课堂实录)

　　表演法。绘本故事包含戏剧性、趣味性的情节,有场景、人物和对话,还有适当的留白给予读者想象的空间,对理解故事内涵起着关键性的作用,适合儿童进行分角色表演。尽管走上讲台展示的儿童人数有限,但从指导表演的准备、表演过程到表演后的评价都需要全体儿童参与,而不是仅限于几位儿童的表演。通过角色表演,无论是参与表演的儿童或者观看表演的儿童,都对故事的情节认识和理解更为深刻,都能从表演中逐渐走进人物的内心,从而引起情感的共鸣。

　　共读绘本《好好爱阿迪》时,几位男生对阿迪笨拙的言行发出嘘声,明显表现出不屑一顾的表情。故事讲述到后半部分,看到阿迪带着琪琪找到树林中美丽的睡莲,发现琪琪一直苦苦寻找的青蛙蛋,并阻止琪琪将青蛙蛋带回家,班级的氛围慢慢发生了微妙的变化,开始有男生发出赞叹的声音。讲读、讨论后,研究者选择故事中冲突最为激烈的情节作为表演的环节:阿迪想和同伴琪琪、阿强一起去树林玩,他热情地和他们打招呼，阿强催促琪琪离开，让她不要搭理阿迪。琪琪则担心阿迪，希望他留在家里。此时阿强用命令的语气赶阿迪回家，阿迪只好转身回去。琪琪是一个内心善良的女孩，想起妈妈曾经的嘱咐，于是对阿强的行为表示反对："阿强，你伤了他的心，妈妈要我对阿迪好一点。"这段故事的文字对人物表情、动作和语言有比较具体的描述，表演中需要恰当表达出人物的情绪和语气。首先，研究者引导儿童一起回顾这段情节，并让全班通过大声朗读熟悉人物的对话，指导儿童通过动作和语言来表现人物内心的情感。接着，开展分组练习，1位旁白和3个人物。最后，邀请3组儿童上台表演，由观看的同学评选出最佳表演组。出乎意料的是，分配角色时，男生们更愿意饰演"阿迪"。表演结束后，研究者请儿童分享自己表演时的内心想法和感受。

小扬（饰演阿迪，受同伴排斥者）：阿迪很热情，也很有礼貌，知道主动打招呼。阿强不应该说出伤害他的话，大家可以一起玩嘛。

小文（饰演阿强，排斥者）：我说"去，去，去！阿迪，回家去！"时，有点说不出口，觉得很对不起阿迪。听到阿迪说"阿强，我不是狗！"，我心里就更难过了。

小雅（饰演琪琪）：其实我心里很矛盾，既想和阿强一起去玩，又觉得那样做会让阿迪伤心，很过分。我既不想伤阿迪的心，又觉得带上阿迪去玩会很麻烦。

（《好好爱阿迪》课堂实录）

讲读《没有不方便》的过程中，研究者设计了角色表演的环节，曾经嘲笑主角阿明行动不便的小猴子因为脚部受伤，放学时也不得不挂着拐杖一个人回家。小猴子不知道怎么走路，幸亏得到了阿明的一路陪伴和帮助。绘本中仅仅描绘了两人在夕阳下挂着拐杖相视而笑的画面，没有任何文字描述途中小猴子的内心活动及两人的对话。这就为儿童的表演留下充分发挥想象的空间。"阿明和小猴子在回家的路上他们会说些什么呢？"在认真观察图画并进行小组讨论之后，儿童们踊跃参与了表演活动。

小林是班级中一位比较害羞的男孩，虽然一直都很认真地听绘本故事，但是发言的次数不算多。他主动举手，要求扮演故事里的"小猴子"，同时选择旁边的小宇作为搭档扮演"小明"。两人并排着从讲台右边缓慢地走向左边，努力模仿着故事中主角走路的样子。

"小猴子"很不好意思地对"阿明"说："阿明，真的很对不起，以前我不应该嘲笑你。"

"阿明"毫不介意地回答："没关系，其实我并没有放在心上。"

"小猴子"继续表示自己的歉意："现在我自己受伤了，终于知道你挂着拐杖走路多么不方便了。以后，以后，我再也……""小猴子"似乎有点说不下去了。

"阿明"打断了"小猴子"的话："我已经习惯了。走得慢也没关系，可以欣赏到日落,闻到花香……"

"小猴子"下定决心地对"阿明"说:"那我以后每天都陪你一起看日落吧。"

"阿明"和"小猴子"一起开心地约定:"就这么说定啦!"

（《没有不方便》课堂实录）

游戏法。游戏是儿童的天性,是学前儿童和小学低年级儿童最喜欢的参与方式。研究者根据绘本故事的内容,通常在故事导入或在完整讲述故事后运用游戏法,以调动儿童参与的积极性,引发儿童对故事的兴趣。在《你是我最好的朋友》导入环节,研究者设计了"猜猜颜色"的游戏,让儿童两人一组,一人戴上眼罩,另一人手持各种颜色的彩纸条,由戴眼罩的人触摸并抽出一张彩纸条,另一人可用听觉、味觉、触觉、嗅觉的词语描述,但不能直接说出颜色的名称,由戴眼罩的人猜。通过这个游戏,儿童体验到仅仅通过触摸或他人的描述,视觉障碍人士是很难感知颜色的,从而对视觉障碍人士的不便有了初步的感性认识。研究者接着将儿童的注意力引导到绘本故事情节中。"那么如何给视觉障碍人士描述各种颜色呢? 我们一起来听听今天的故事吧。"讲读《我的妹妹听不见》后,研究者设计了"我说你猜"和"传话"游戏。"我说你猜"游戏是请一名儿童,以稍慢的速度,用口型念出老师事先准备好的短句,其他人猜一猜。"传话"游戏则是 5 人一组,间隔站立,背对老师,第一个人抽题目卡后,用口型、手势、动作、眼神将句子内容传达给第二个人,直至最后一人,最后一名儿童说出前一名儿童表达的句子,对照与老师题目卡上的句子是否一致。在游戏活动中,儿童兴趣盎然,在观察、体验和参与中,加深了对听觉障碍儿童的认识和理解。

（3）延伸活动形式

成人的讲读立足于解读、诠释,将阅读导向深层次的理解、体会、揣摩与认识。[①] 但儿童的自主阅读也是同样重要的阅读方式。儿童需要两种方式的相互配合、补充和支持。成人的讲读不能代替儿童的自主阅读。加拿大儿童文学家佩里·诺德曼认为,一本绘本至少应包括 3 种故事:第一种是文字讲述的故事;第二种是图画暗示的故事;第三种是文字与图画相结合而产生的故事。[②] 因此,彭懿强调,想真正读懂一本绘本,没有别的捷径可走,只有一个办法,就是反反复复地细读文本（包括文字和图画）,要读10 遍以上。[③] 陈晖认为可以将儿童以自己方式叙说、描述、增添、改造的、符合他们心理逻辑和想象的故事,看作绘本的"第四种"故事,即与图画书"文字讲的故事、图画暗

---

①　陈晖.图画书的讲读艺术[M].南昌:二十一世纪出版社,2010:10.

②　佩里·诺德曼,梅维斯·雷默.儿童文学的乐趣[M].陈中美,译,上海:少年儿童出版社,2008:484.

③　彭懿.图画书应该这样读[M].南宁:接力出版社,2012:100-120.

示的故事,以及两者结合后产生的故事"并存的"第四种故事"。① 那些童心未泯的绘本大师,往往会在绘本中隐藏很多细节,留待有心的儿童去寻找、去发现、去感受。通过重复阅读,儿童能够不断获得新的发现和惊喜,这就是经典绘本让儿童百看不厌的秘密之一。绘本使用图文配合来讲述故事,图画直观形象,文字简洁明快。经典绘本往往看似简单,却能用简单有趣的画面和简洁生动的文字表达深刻丰富的内涵,把很多人生哲理传达给儿童。同时,优质绘本的内涵很丰富,值得反复地回味,随着儿童认知经验和阅读经验的积累,即便同一本书,他们在反复阅读的过程中也会产生新的认识和理解。

根据钱伯斯提出的"阅读循环圈"理论,儿童的阅读是一个"选书—阅读—回应"循环的过程。我们应为儿童选择内容丰富且适宜的图书,让儿童与图书有充分接触的机会。儿童在校时间比较长,班级的阅读环境就显得非常重要,如果没有适合儿童阅读的图书,课间休息只能做其他的事情,就无法充分利用在校时间进行阅读。因此,研究者充分优化班级阅读环境,为儿童提供与研究主题相关的纸质绘本,儿童可自由阅读绘本。每天儿童都可将绘本带回家阅读,同时儿童也可以将家中的绘本带到班级图书角供其他同学阅读。这就将学生课内的阅读继续延伸到课外,通过与家人分享绘本故事、填写绘本阅读记录单(图5-7)、评选最喜欢的绘本、亲子共读等多种方式,给儿童创造重复阅读的机会,引导儿童享受重复阅读的乐趣,从而促进儿童对绘本内容有更深入的理解、对绘本主题有更深刻的领悟。

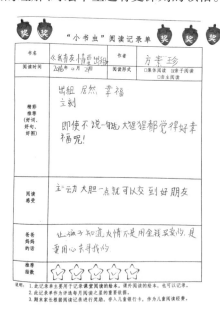 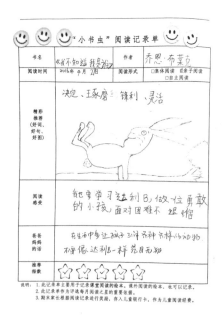

图5-7　阅读记录单

---

① 陈晖.图画书的讲读艺术[M].南昌:二十一世纪出版社,2010:10.

4.绘本阅读的奖励方式

学校和家庭是儿童生态系统中最为重要的环境。调查显示,实验组多数儿童缺乏阅读兴趣,没有养成阅读的习惯,家庭阅读环境缺失,玩游戏、看电视是课余的主要休闲方式。小学低年级处于培养阅读兴趣的关键时期,没有爱上阅读、学会阅读的儿童,很难从阅读中学习。英美等发达国家的图书馆会采用适当物质奖励的办法来激励儿童的阅读兴趣。① 学校、家庭实施奖励阅读的措施,提供阅读的诱因,能提升儿童的阅读动机,促进儿童养成阅读习惯,提高儿童的阅读能力。具体奖励措施包括:建立儿童阅读记录卡、实施"阅读护照"制度、举办各种有关阅读的活动如公开表扬或读书报告、评选书香班级、根据阅读积分颁发证书等。② 为了激励儿童踊跃发言、遵守课堂规则、积极开展课外阅读,研究者根据班级儿童特点,与班主任和家长商议后,采取精神奖励和物质奖励相结合的方式,一方面教师和家长经常对儿童阅读的行为给予口头夸奖,另一方面,制定详细的奖励制度,积分到一定数量即可获得一本自己最希望得到的绘本作为奖励,图 5-8 为阅读奖励登记表。奖励制度具体明确,对儿童具有很大的吸引力,尤其是当第一批儿童获得奖励之后,全班儿童在课堂上更加踊跃,课后阅读与填写阅读单更积极,到学期末,每个儿童都因自己的进步而获得了绘本或学习用品的奖励,如图 5-9 所示。

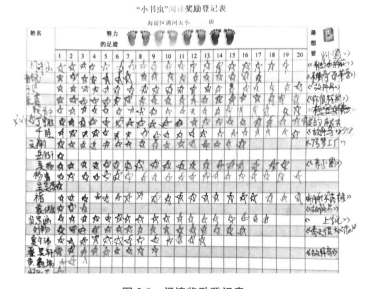

图 5-8 阅读奖励登记表

① 推广全民阅读:国外如何跑这场"文化马拉松"[N].中国文化报,2013-08-08(10).
② 方子华.小学学生家庭阅读活动、学校阅读环境与阅读动机之相关研究[D].屏东:屏东师范学院,2010:37-38.

图 5-9　普通儿童和残疾儿童共同获得奖品和奖状

第三节　数据的收集和分析

一、数据的收集

本研究在前测阶段、干预阶段及后测阶段综合采用问卷法、访谈法和观察法收集数据，对象涉及班主任、普通儿童和残疾儿童。

（一）前测阶段数据的收集

本研究主要采用普通学校残疾儿童同伴关系问卷（教师版、普通儿童版和残疾儿童版），对实验组和对照组进行前测。施测者利用午休时间，在同一周对实验组和对照组完成测试。普通儿童 5 人一组填写问卷，由施测者现场发放问卷，逐一读题指导答题，大部分儿童能够在 20~30 分钟内完成。针对残疾儿童的情况，采用一对一逐一读题并记录儿童口头回答的方式，大约 30 分钟完成。教师能在 5~8 分钟内完成问卷填写。除了收集定量数据，施测者还对教师、普通儿童和残疾儿童进行半结构性访谈，同时进行课堂和课外活动的非结构式观察，以了解普通儿童和残疾儿童的同伴交往互动情况。基于三方数据加以整合分析，并相互印证。

（二）干预阶段数据的收集

在干预期间，主要通过录音录像、干预设计、研究者反思日记、阅读记录单等方式收集资料。研究者对每次绘本干预过程进行全程录像，记录绘本干预活动过程。研究者担任干预实施者，无法同时兼顾观察记录，录音录像能让研究者回忆教学现场的情境，如实记录儿童在课堂上的真实阅读反应，捕捉到课堂上儿童的语言、神情和动作等资料，以及普通儿童和残疾儿童之间的互动。研究者将录音录像资料分别转为逐字稿的课堂实录，为资料分析提供文本，同时将干预设计与课堂实录进行比较，可以发现课堂预设和生成之间的差距，对每次干预活动进行反思，撰写反思日记，从而不断提高绘本干预的效果。根据干预内容设计阅读记录单,儿童在课外完成阅读记录单,用文字和图画的方式记录自己的阅读感受,并在亲子阅读后,由父母记录下阅读心得。研究者通过对这些阅读记录单进行分析,可以了解普通儿童对残疾儿童的认知、情感和行为的变化,以及儿童对自我认同、情绪管理和友谊建立和保持的认识和实践。研究者对实验组的教师、普通儿童和残疾儿童进行访谈,主要围绕从绘本干预得到的收获及残疾儿童同伴关系的变化进行,在课间运用同伴关系观察表进行观察记录,以了解普通儿童和残疾儿童的同伴交往互动情况。

（三）后测阶段数据的收集

干预后,研究者使用普通学校残疾儿童同伴关系问卷对实验组和对照组进行后测,调整残疾儿童同伴接纳态度问卷的题目顺序,同时在同伴提名问卷、友谊提名问卷基础上增加进步提名,以了解普通儿童对残疾儿童进步情况的认识。同样,研究者对实验组和对照组教师、多位普通儿童和残疾儿童本人进行半结构性访谈,同时进行课堂和课外活动的非结构式观察,收集干预后残疾儿童同伴关系变化情况。为了解实验组儿童对绘本干预方案的评价,研究者根据干预方案的具体实施情况,自编绘本干预方案评价问卷,在干预活动结束后让儿童填写。该问卷包括绘本偏好、阅读活动方式、奖励方式 3 个维度,分别有 20 题、16 题和 8 题,共计 44 题。其中,绘本偏好维度主要了解儿童对每本绘本的喜爱程度;阅读活动方式维度主要了解儿童对不同活动方式的评价;奖励方式维度主要了解儿童对各种奖励方式的评价。该问卷采用李克特 5 级评分方式,得分越高说明评价越高。

二、数据的分析

研究者使用 SPSS 22.0 软件录入同伴接纳态度问卷、友谊质量问卷的前后测原始数据,进行描述和推断分析,以及差异性检验,得出绘本干预对残疾儿童同伴接纳态度影响的结论,同时使用 Excel 统计分析软件录入同伴提名的原始数据,结合 SPSS 22.0软件分析班级每个普通儿童对残疾儿童的实际同伴接纳水平即班级社会地位。研究者运用 SPSS 22.0 软件对绘本干预方案评价问卷的原始数据进行描述和推断分析,为未来优化干预方案提供依据。将访谈、观察的内容转录成文字之后,研究者和两位研究协助者反复阅读资料,使用内容分析法进行归类处理,并与问卷数据进行相互佐证。

第四节　绘本干预效果分析

绘本干预效果分析是对普通儿童对残疾儿童同伴接纳态度、残疾儿童同伴接纳水平、残疾儿童友谊关系前后测结果进行分析。

一、同伴接纳态度前后测结果分析

（一）同伴接纳态度前测总体情况

1.同伴接纳态度前测结果分析

干预前测结果见表5-6,总体上,实验组得分($M=3.01$)和对照组得分($M=3.27$)与中位数均未达到显著性差异。两校实验组在认知、情感、行为意向和总体接纳态度上均有一定差异,厚德小学略高于自强小学,但没有显著性差异。两校对照组在认知、情感、行为意向和总体接纳态度上有一定差异,厚德小学略高于自强小学,同样没有呈现显著性差异。干预前,两个实验组之间和两个对照组之间在残疾儿童同伴接纳态度上都是同质的;实验组认知和情感接纳态度显著低于对照组,但对照组总体同伴接纳态度略优于实验组,没有显著性差异,说明实验组和对照组总体上是同质的。

表5-6　实验组与对照组同伴接纳态度各维度前测的平均分及标准差(M±SD)

	维度	认知	情感	行为意向	总体接纳态度
实验组	自强小学($n=34$)	3.10±0.85	2.53±1.32	3.45±1.16	2.93±0.98
	厚德小学($n=33$)	3.15±0.74	2.71±1.32	3.77±1.06	3.09±0.83
	t	−0.264	−0.550	−1.164	−0.732
	p	0.793	0.584	0.249	0.467
对照组	自强小学($n=34$)	3.23±0.78	3.03±0.93	3.33±0.94	3.17±0.69
	厚德小学($n=34$)	3.62±0.75	3.16±0.92	3.45±0.89	3.39±0.67
	t	−2.084	−0.564	−0.541	−1.320
	p	0.041	0.576	0.590	0.191
合计	实验组($n=67$)	3.13±0.79	2.62±1.32	3.61±1.12	3.01±0.90
	对照组($n=68$)	3.42±0.78	3.09±0.92	3.39±0.91	3.27±0.68
	t	−2.170	−2.424	−1.215	−1.901
	p	0.032 *	0.017 *	0.227	0.059

2.同伴接纳态度前测具体表现

(1)部分学生语言和行为的排斥

干预前,从访谈和观察中发现,实验组相当一部分男生不愿意与残疾儿童交往,在课堂和课间都会对残疾儿童表现出明显的语言和行为上的排斥。英语老师在课上多次要求学生与同伴合作练习,每一次童童都是一个人独自活动,但是她仍然非常努力地练习发音。坐在童童后面的男生小志即使没有同伴与他练习,也不愿意与童童一起合作完成任务。研究者多次提醒,他也没有采取任何行动。另一位男生小壮甚至悄悄告诉研究者:"她是傻的。"英语老师似乎对此早已习以为常,变得熟视无睹。她解释说,学生们都是自愿结成的学习伙伴,优秀的学生和差一些的学生会组成一对(课堂观察记录)。

在课堂上,男生的表现尚且如此,没有老师监管的时间和空间,他们屡次欺负残疾儿童。多数男生对健健不是很友好,有时候他们会欺负健健。有几个男生合伙欺负健健,小翔打过健健,老师批评了他(访谈记录)。最为严重的情况是,个别男生曾对残疾儿童做出过极为恶劣的霸凌行为,对残疾儿童和家长造成了深深的伤害。研究者第一次访谈童童,问到她班上有没有不喜欢的同学,个子瘦瘦小小的她竟咬牙切齿地说:我最恨班上两个男生小文、小勇。开学的时候,他们……他们……把我推到厕所里面关起来,不让我出来。后来……后来上课了,他们跑了,我才出来的。还有,他们有时候会打我,前几天小文还打到我的眼睛了,很疼,妈妈带我去医院看了(访谈记录)。此事,班主任并不知晓,童童回家告诉了父母,但厕所里没有监控,所以父母并没有要求班主任调查和处罚几位男生。疼爱童童的爸爸在班级微信群中发布了一段措辞严厉的信息。对于此事,他对研究者的解释是:我发信息并不是想追究谁的责任,只是想给家长们提个醒,让他们管教好自己的孩子,不再发生此类事件。具体的事情,我也就不多说了(访谈记录)。

实验组部分学生缺乏尊重、关怀他人的思想和行为,对他人的感受缺乏同理心。当老师给全班展示一组妈妈的照片时,班级中比较调皮的男生小文看到小丽妈妈的素颜照,不假思索地大声嘲笑道:"好丑啊!"有几位男生也跟着哈哈大笑起来。小丽是一位自尊心强、成绩优异的女孩,突如其来的嘲笑让她措手不及,眼泪禁不住夺眶而出。课堂原本温馨的气氛变得凝重起来(课堂观察记录)。

(2)女生相对友善

总体而言,班级的多数女生对残疾儿童比较友善,即使对残疾儿童有一些消极的看法,也不会表现出特别排斥与残疾儿童交往,但是没有发展出亲密的同伴关系。今天坐在小米旁边听课,小米小声地向研究者描述了童童的各种不良表现:成绩不好,上课不爱认真听讲,桌子上到处都是铅笔屑,弄得手和脸都非常脏,不爱洗手,有时还会拿别人的东西……她的表情非常不屑。课间时,童童找她说话,小米虽然不太情愿,但还是陪着她聊了几句(课间观察记录)。中午阅读时间,童童与邻桌女生小凡共读一本绘本。两人并肩而坐,童童跟着小凡手指在文字间的划动,逐字逐句地跟着小声朗读。研究者好奇地询问她们:你俩是好朋友吗?童童不置可否,小凡则略微思考了一下,轻轻点点头,算是赞同我的说法。但后来她又单独认真地告诉我:"老师,我们只是一般的朋友关系。"小凡没有选择在童童面前直接否认,能够设身处地为她着想,不想让她难受、难堪(课间观察记录)。

(二)同伴接纳态度后测总体情况

1.同伴接纳态度后测结果分析

绘本干预结束后进行后测,研究者使用与前测相同的问卷进行测试,仅将题目的序号进行调整。干预后,实验组普通儿童对残疾儿童在认知、情感、行为意向维度和总体接纳态度上高于对照组,并在认知、情感维度和总体接纳态度上呈现出极其显著的差异($p<0.01$)(表5-7)。通过实验组和对照组后测结果的比较,可以看出绘本干预能有效改善普通儿童对残疾儿童的同伴接纳态度。

表5-7　实验组与对照组同伴接纳态度各维度后测的平均分及标准差(M±SD)

	维度	认知	情感	行为意向	总体接纳态度
实验组	自强小学($n=34$)	3.66±1.07	3.48±±1.44	3.36±1.48	3.52±1.24
	厚德小学($n=33$)	3.63±1.03	3.90±0.88	3.70±1.03	3.76±0.87
	t	−0.111	−1.465	−1.067	−0.934
	p	0.912	0.148	0.290	0.354
对照组	自强小学($n=34$)	3.13±1.06	3.15±1.36	3.30±1.38	3.18±1.18
	厚德小学($n=34$)	3.05±1.31	2.98±1.24	3.06±1.31	3.02±1.10
	t	0.297	0.553	0.745	0.560
	p	0.767	0.582	0.459	0.577
合计	实验组($n=67$)	3.64±1.04	3.69±1.21	3.53±1.28	3.64±1.07
	对照组($n=68$)	3.09±1.10	3.06±1.30	3.18±1.34	3.10±1.14
	t	3.107	2.885	1.538	2.836
	p	0.003 **	0.005 **	0.126	0.005 **

2.同伴接纳态度后测具体表现

(1)普通儿童对残疾儿童的认识逐渐改变

随着绘本干预的持续开展,普通儿童通过绘本接触到越来越多的残疾儿童类型,包括智力障碍、听觉障碍、孤独症、多动症等。绘本阅读记录单(图 5-10)具体反映了普通儿童对残疾儿童的认识正在逐步发生改变。"在绘本课上,《超级哥哥》《我的妹妹听不见》《我的姐姐不一样》《我的哥哥会变身》《好好爱阿迪》讲的都是'慢飞天使'的故事。我喜欢阿迪,他的观察力非常强,能包容别人。""我喜欢阿迪,因为他有很多优点,他观察仔细,友善、细心、礼貌,还能体会别人的心情。""我喜欢阿迪,因为他爱帮助别人,让别人感到快乐。""我最喜欢阿迪,他对小动物很温柔,富有爱心。""我喜欢超级哥哥,他特别喜欢跟人握手。""我喜欢《我的姐姐不一样》里的姐姐,她弟弟虽然刚开始不喜欢她,但后来发现姐姐其实很爱她,而且姐姐还很会照顾小孩子。""我喜欢《爱闯祸的小天使》里的小天使,别人帮助他,他就能够知错就改。""我最喜欢《我的妹妹听不见》里的妹妹,因为她很乐观,最会用脸或肩膀表达,而且睡觉打雷也不用怕。她姐姐说:'耳朵聋了不会(痛),但是如果人们不了解她,她的心会疼。'所以我们要多了解她们。"

图 5-10　《好好爱阿迪》阅读记录单

"我最感动的场景是阿强对阿迪说:'去,去,去! 阿迪,回家去!'阿迪说:'阿强,我不是狗!'阿迪伤心而去,阿强伤了他的心。我想对阿迪说,虽然你很特别,但你要自信哟! 琪琪,你很善良,愿意帮助阿迪。阿强,脾气如果好一些,相信你会更棒。""我最想对《好好爱阿迪》里的阿强说,你应该(和阿迪)一起玩,不能拉他出去。""阿迪对琪琪说:'长什么样不重要,这里(心)最重要'最令人感动。""最令我感动的是阿迪,刚开始他们(琪琪和阿强)都不愿意和他玩,可是后来琪琪发现阿迪能做很多事(找到青蛙蛋、睡莲),就和他一起玩了,而且他们还成了好朋友。我最想说,阿迪,你真是一个好孩子;琪琪,你是一个有爱心的人,你要多和阿迪一起玩;阿强,你太自私了,你要对阿迪好一点。""阿迪,你很棒!我喜欢你。琪琪,你对阿迪很好,你要继续加油!阿强,你别再骂阿迪了,你也要好好爱阿迪。""琪琪,我喜欢你,因为你能够对每个朋友一视同仁;阿强,你要用心爱每一个朋友。""阿强,如果你是阿迪,你的心也会痛的。"

普通儿童对绘本中融合教育价值观的理解,促进了他们对班级中残疾儿童的认识由完全消极到积极的转变,使他们学会发现并欣赏残疾儿童身上的诸多优点,愿意主动关心、帮助残疾儿童,如图5-11所示。"我身边有这样的'慢飞天使'(健健),考试老是考不好,我对他的印象是跑步很快。""我身边的'慢飞天使'(健健)原来英语一直没有进步,可他今天进步了。""我身边的'慢飞天使'(童童)有时爱冲动,但是她很热情。""我身边也有这样的'慢飞天使'(童童),我对她印象很好,她成绩落后,我会帮助她。""他(健健)以前学习很不好,现在有很大进步。我想对他说:'你要更加努力!'""我很少主动关心的一位同学是健健,通过观察,我发现他的优点包括跳得远、跑得快、会主动问好、爱帮助人。今后我要主动关心他。""健健的优点有乐观、有爱心、乐于助人、让着别人,我会好好保护他,会欣赏他的优点,他有困难时我会帮他,我会提醒他做得不对的事情。""我发现健健的优点包括帮助人、关爱他人、不打人、听话、尊敬长辈。我一定要做他最好的朋友。""我发现童童的优点包括爱帮助人、关心同学、文明、有礼貌、有进步。我要帮助她进步,帮助她学习,让她认真听课,帮助她努力,共同进退。""童童的字写得好,关心同学,现在也能积极发言,我要帮助她,关心她,和她团结一心。"

图5-11 《超级哥哥》阅读记录单

(2)普通儿童对残疾儿童的态度和行为明显转变

绘本干预后,实验组普通儿童不仅对残疾儿童的认识更为积极,绘本中普通儿童友善对待残疾儿童的行为也为他们树立了正面榜样,促进了他们对残疾儿童的态度和行为上明显转变,愿意做"爱心天使"(图5-12)。

图 5-12 普通儿童争做"爱心天使"

小文曾经是班级中比较粗鲁、淘气、缺乏同理心的男孩,曾多次欺负童童。他从共读第一本绘本开始就一点一点地发生了改变。读完《你是特别的,你是最好的》后,他主动找研究者借走绘本,两天后他把自己仿画的绘本送给了研究者。没想到第 2 周,他又重新画了一本送给研究者,连书中的英文都认真地抄写出来,令研究者既惊喜又意外,感动得大力夸奖了他。自此以后,每次见到研究者,他都非常积极热情地问好,同学们对他的态度也逐渐改观。小文的转变尤为明显,不仅班主任、研究者注意到,童童和她的好朋友小美也都感受到了。小文这样描述自己的变化:"我从第一节绘本课开始,就喜欢上听故事和阅读。我学会了主动打招呼,变得爱积极举手发言了,我上课时的小动作少了,不爱打人了。原来我有时会欺负童童,现在我不会了,因为老师说这样不对。"(访谈记录)除了小文,更多同学的态度和行为也变得愈加友善。童童的自我评价是:"我觉得自己是一个乖巧、细心、爱帮助别人的孩子。这学期班里很多同学对我都更友好了。"(访谈记录)研究者拿出班级同学名单请她勾选出来,她选出了 19 位同学,其中包括干预前曾经对她有消极评价、排斥她的几位男同学。健健在学业表现上有明显进步,很多同学都关注到他的变化,并逐渐开始欣赏他,"健健这学期进步好大,以前他语文考试都不及格,这学期居然考了 65 分,还有两次听写他居然得了 100分。语文老师在班上大大地夸奖了他。我也要向他学习。他有什么困难我会帮助他"(访谈记录)。

(3)残疾儿童和普通儿童之间的互动增多

普通儿童对残疾儿童认识、态度和行为的转变,促使他们之间的关系更为亲近,互动更加频繁,而排斥和疏远的行为则减少。"体育课后,健健的衣服找不到了。回教室的路上,健健遇到了班长小凯,小凯主动问他发生了什么事情,并告诉他可能在操场旁边堆放体育器材的教室里。健健请小凯和他一起去寻找,小凯欣然同意前往。后来得知,同学小华已经把健健的衣服带回了教室。下午课间操自由活动时,健健主动站在小凯和另一位男生旁边,并主动与他们聊天。整队时,健健主动提醒同学们前后对齐,同学们的态度非常友好。"(课间观察记录)"每次上完绘本课,研究者都会根据学生的课堂表现及时给予鼓励。小雪积极要求帮忙保存贴纸,后来健健也主动加入进来。于是,一到下课,他们就一起合作,给同学们发奖励贴纸,他们的合作越来越默契。同学们都会排队等待,主动告诉健健自己的发言次数。健健从小雪那里逐渐学会了如何与每位同学沟通:这次你的发言次数还不够奖励贴纸,下次再来吧!健健每一次都非常认真,就像在行使非常重要的职责一样,完成任务后,则会心满意足地回到座位上。帮助研究者让他体会到了助人为乐和自我实现的成就感,同时能够和更多的同学交往,让他获得愉悦感、归属感。"(课间观察记录)童童不仅和普通儿童交往增多,还获得了一份珍贵的友情。"我来学校上学很开心,因为小美、小芊和小雅都会跟我玩,跟我聊天,会帮助我,我最喜欢她们。平时我最喜欢和小美一起玩,因为她也喜欢我,我俩是好朋友,她邀请我去她家里玩,我会把自己的水果、文具分给她。"(访谈记录)童童爸爸也给予了类似的回应:"童童回家经常给我和妈妈讲学校里的事情,经常提到小美、小芊、小雅和小文。每天早上妈妈准备水果的时候,她都会叮嘱:'妈妈多带一点,我还要分给小美吃呢。'"(访谈记录)

在课堂和课间,残疾儿童不再总是孤独的,他们和普通儿童共同阅读、共同合作、共同聊天、共同运动、共同讨论问题、共同协助老师,如图5-13、图5-14所示。

我读给你听

我们一起合作

和好朋友聊喜欢的书

图5-13　残疾儿童童童和同伴的互动

我们一起运动

我们一起讨论

我们一起帮老师

图5-14　残疾儿童健健和同伴的互动

（三）同伴接纳态度前后测结果分析

实验组同伴接纳态度各维度前后测结果,见表5-8。数据显示,干预后,除行为意向维度外,实验组同伴接纳态度在认知、情感维度和总体接纳态度的得分均高于前测得分,存在显著差异。经检验,实验组后测的情感维度得分($M=3.69$)、认知维度得分($M=3.64$)和行为意向维度得分($M=3.53$)与总体接纳态度(4分)仍存在显著性差异。通过实验组前后测结果的比较,可以得出,绘本干预能够有效提升普通儿童对残疾儿童的同伴接纳态度,其中情感维度的改善最为明显,认知维度次之。实验组普通儿童对残疾儿童的同伴接纳态度虽有显著性的改善,但仍需进一步提升。同时,两个学校的实验组相比,厚德小学比自强小学的干预效果更佳,达到非常显著的水平。

表5-8　实验组同伴接纳态度各维度前后测的平均分及标准差(M±SD)

	维度	认知	情感	行为意向	总体接纳态度
自强小学	前测($n=34$)	3.10±0.85	2.53±1.32	3.45±1.16	2.93±0.98
	后测($n=34$)	3.66±1.07	3.48±+1.44	3.36±1.49	3.52±1.24
	t	−2.376	−2.822	−0.273	−2.161
	p	0.020*	0.006**	0.786	0.034*
厚德小学	前测($n=33$)	3.15±0.74	2.71±1.32	3.77±1.06	3.09±0.83
	后测($n=33$)	3.63±1.03	3.90±0.88	3.70±1.03	3.76±0.87
	t	−2.169	−4.329	−0.275	−3.203
	p	0.034*	0.000***	0.784	0.002**
合计	前测($n=67$)	3.13±0.79	2.62±1.32	3.61±1.12	3.01±0.90
	后测($n=67$)	3.64±1.04	3.69±1.21	3.53±1.28	3.64±1.07
	t	3.241	4.903	−0.383	3.656
	p	0.002**	0.000***	0.702	0.000**

对照组同伴接纳态度各维度前后测结果,见表5-9。结果显示,各个维度后测得分均低于前测得分,认知维度达到显著性差异。这说明,在未干预的自然情境下,普通儿童对残疾儿童的同伴接纳态度不会自然改善,可能基本维持原有水平,甚至可能恶化。

表5-9　对照组同伴接纳态度各维度前后测的平均分及标准差(M±SD)

	维度	认知	情感	行为意向	总体接纳态度
自强小学	前测($n=34$)	3.23±0.78	3.03±0.93	3.33±0.94	3.17±0.69
	后测($n=34$)	3.13±1.06	3.15±1.36	3.30±1.38	3.18±1.18
	t	0.450	−0.430	0.106	0.040
	p	0.654	0.669	0.916	0.968

续表

维度		认知	情感	行为意向	总体接纳态度
厚德小学	前测($n=34$)	3.62±0.75	3.16±0.92	3.45±0.89	3.39±0.67
	后测($n=34$)	3.05±1.15	2.98±1.24	3.06±1.31	3.02±1.10
	t	2.410	0.677	1.443	1.636
	p	0.019*	0.501	0.154	0.107
合计	前测($n=68$)	3.42±0.78	3.09±0.91	3.39±0.91	3.27±0.68
	后测($n=68$)	3.09±1.10	3.06±1.30	3.18±1.34	3.10±1.14
	t	2.031	0.154	1.082	1.099
	p	0.044*	0.878	0.281	0.274

在干预的前、中和后 3 个时间段,对实验组进行访谈的同时,研究者也对对照组普通儿童进行了访谈。总体而言,普通儿童对班级中残疾儿童的认识比较辩证、客观。"阳阳懂礼貌,帮助他人,经常拿纸笔橡皮给其他同学,上课比较遵守纪律。他说话不太清楚,老爱抢人东西;经常看男生玩,会捣乱;性格不开朗,和他一起玩的人很少。他加入别人游戏时被打过,还被推到女厕所。"(访谈记录)"乐乐特别不爱学习,上课不认真听讲,贪玩,邋遢,学习不怎么样,不写作业,不爱干净,不听老师的话。但他能够主动帮老师关门、关灯。没有同学愿意和他一起玩,他没有好朋友。"(访谈记录)残疾儿童在班级中也会得到女生的帮助。但是干预后的访谈发现,对照组普通儿童对残疾儿童的态度和行为并没有变化。"阳阳喜欢帮助别人,很笨,不太遵守游戏规则,很多人不愿意和他玩。印象最深的事情是他把铅笔屑放到别人书包里,把铅笔放到别人水杯里。"(访谈记录)"乐乐的桌子周围总是很脏,一团糟,他不讲卫生。他很懒惰,贪玩好吃,纪律差,不好好学习,上课老想出教室玩,成绩很差。他能够帮忙打扫卫生。他没有朋友,偶尔有人找他玩,我们女生都不喜欢他。"(访谈记录)

为了解干预前后实验组普通儿童对残疾儿童同伴接纳程度的变化,对每个普通儿童总体接纳态度得分进行了对比分析,如图 5-15 所示。可以发现,干预前,67 名学生中仅有 11 名学生对残疾儿童的接纳程度比较高(≥4 分),有 11 名学生对残疾儿童的接纳程度较低(≤2 分)。经过绘本干预后,58 名学生的接纳程度有不同程度的提升,34 名学生对残疾儿童的接纳程度达到比较高的水平,仍有 3 名学生的接纳程度处于较低水平。但有 9 名学生接纳程度有所降低,范秀辉的研究也得出了类似的结论。[1]

---

[1] 范秀辉.普通幼儿对身心障碍同伴接纳态度之干预研究[D].重庆:重庆师范大学,2012:63-64.

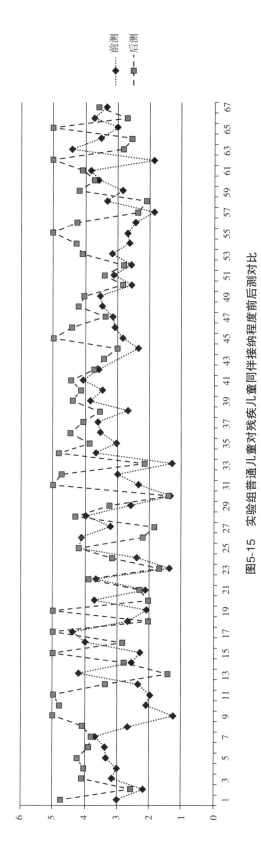

图5-15　实验组普通儿童对残疾儿童同伴接纳程度前后测对比

（四）绘本干预对残疾儿童同伴接纳态度影响的协方差分析

为了排除前测对绘本干预效果的影响，研究者进行了协方差分析，结果见表5-10。

表5-10　绘本干预对残疾儿童同伴接纳态度影响的协方差分析（$N=67$）

	p	差异来源	平方和	df	均方	F
总体接纳态度	前测（总体）	0.136	1	0.136	0.111	0.740
	绘本干预	9.195	1	9.195	7.477	0.007
	误差	161.108	131	1.230		
	总计	1689.949	134			
认知维度	前测（认知）	0.840	1	0.840	0.731	0.394
	绘本干预	9.028	1	9.028	7.857	0.006
	误差	150.524	131	1.149		
	总计	1679.720	134			
情感维度	前测（情感）	0.637	1	0.637	0.404	0.526
	绘本干预	11.366	1	11.366	7.210	0.008
	误差	206.494	131	1.576		
	总计	1745.972	134			
行为意向维度	前测（行为倾向）	0.722	1	0.722	0.418	0.519
	绘本干预	3.668	1	3.668	2.126	0.147
	误差	226.051	131	1.726		
	总计	1737.554	134			

结果显示，排除前测影响，绘本干预对促进普通儿童对残疾儿童认知和情感维度的接纳和总体同伴接纳态度的效果非常显著，但对于促进普通儿童对残疾儿童同伴接纳态度的行为意向维度的效果差异不显著。

二、残疾儿童同伴接纳水平前后测结果分析

研究者运用同伴提名问卷，考察实验组和对照组每个儿童在班级中的同伴接纳类型和同伴接纳水平。

（一）残疾儿童同伴接纳水平前测结果分析

1.班级同伴接纳水平前测整体情况

表 5-11　实验组和对照组同伴接纳类型分组前测结果分析

学校	班级	受欢迎组（n）	被拒绝组（n）	被忽视组（n）	矛盾组（n）	一般组（n）
自强小学	实验组（$n=35$）	6	8	0	0	21
	对照组（$n=35$）	10	8	9	0	8
厚德小学	实验组（$n=34$）	8	4	0	0	22
	对照组（$n=35$）	4	6	4	1	20
合计	实验组（$n=69$）	14	12	0	0	43
	对照组（$n=70$）	14	14	13	1	28
总计		139	28	26	13	1	71

干预前,实验组和对照组 139 名儿童属于受欢迎组、被拒绝组、被忽视组的比例分别为 20.14%、18.71%、9.35%（表 5-11）。其中实验组、对照组处于高同伴接纳水平（受欢迎组）的儿童比例为 20.29% 和 20.00%,处于低同伴接纳水平（被拒绝组和被忽视组）的儿童比例为 17.39% 和 38.57%。对照组被忽视组的儿童比例高于实验组。

儿童青少年通过自身的特点、与同伴交往的行为方式和社交能力等,影响同伴对待他的态度和行为,从而确立自己在群体中的社交地位。[1] 群体的态度和行为反应影响个体的社会认知、行为方式和人格发展,影响同伴关系的主要因素有儿童青少年的行为特征、社会认知、情感、人格因素及其他社会关系;合作、友好、亲社会行为与同伴接纳相关,攻击和破坏行为与同伴拒绝相关。[2] 分析儿童的积极提名和消极提名理由,总体而言,班级中最受欢迎儿童的主要特点有:乐于并善于交往,具备"乐于助人、善良、幽默和乐观"等优秀的内在品质和亲社会行为,具有"学习成绩好、上课主动积极发言"等优异的学业表现,拥有"漂亮、聪明、可爱、活泼、乖巧、帅气"等外在形象;而班级中最受排斥儿童的主要特点包括:经常表现出"打人、骂人、抢夺他人物品"等攻击性和破坏性行为,"学习态度和学业成绩不佳",外表看起来"丑、脏、胖、傻",干扰他人学习等行为等。这与俞国良等学者的研究结果一致,即小学儿童最不喜欢某些同学比例最高的原因是攻击性行为。[3]

① 邹泓,林崇德.青少年的交往目标与同伴关系的研究[J].心理发展与教育,1999,15(2):2-7.
② 林崇德.心理学大辞典[M].上海:上海教育出版社,2003:1249.
③ 辛自强,池丽萍.社会变迁中的青少年[M].北京:北京师范大学出版社,2008:269.

2.残疾儿童同伴接纳水平前测分析

表5-12　实验组和对照组残疾儿童同伴接纳水平前测结果分析

学校	班级	残疾儿童	积极提名（n）	消极提名（n）	Zp	Zn	SP	SI	同伴接纳类型分组
自强小学	实验组（n=35）	童童	1	15	-0.57	3.25	-3.81	1.34	被拒绝组
	对照组（n=34）	阳阳	0	6	-0.50	2.59	-3.09	2.09	被拒绝组
厚德小学	实验组（n=34）	健健	0	10	-0.92	2.21	-3.12	0.64	被拒绝组
	对照组（n=35）	乐乐	0	21	-0.95	4.72	-5.67	3.77	被拒绝组

表5-12的干预前测结果显示,童童仅获得1次积极提名,消极提名15次,属于被拒绝组。该班级共有7名儿童属于被拒绝组,童童则是班级中最受排斥的儿童,同伴接纳水平最低。童童主要受到拒绝组和一般组同学的排斥,原因涉及她的社会化行为、行为习惯等,包括"打人和挠人""不爱干净""拿别人东西""很傻"。健健得到10次消极提名,属于班级中最不受欢迎的4名儿童之一,同伴接纳水平最低。他主要受到一般组同学的排斥,主要原因和学业表现有关,包括"学习不好""上课不注意听讲""字写得差""很笨""太黑"。

干预前测结果表明,阳阳得到6次消极提名,属于班级8个被排斥的儿童之一,他被排斥的原因主要是"爱抢东西""打人"。乐乐属于班级6个被排斥的儿童之一,受到班级60%儿童的排斥,他被排斥的理由主要是"不爱学习""学习非常不好""很懒""很笨""不爱劳动""不爱干净""很胖"。因此,乐乐在班级中"感到很孤单,没有朋友,学校保安是我的朋友。大家都不喜欢跟我玩,有的同学还会欺负我,很少有同学对我好、帮助我。我不喜欢上学"(访谈记录)。

（二）残疾儿童同伴接纳水平后测结果分析

1.班级同伴接纳水平后测整体情况

表5-13　实验组和对照组同伴接纳类型分组后测结果分析

学校	班级	受欢迎组（n）	被拒绝组（n）	被忽视组（n）	矛盾组（n）	一般组（n）
自强小学	实验组（n=35）	0	0	0	0	35
	对照组（n=35）	5	4	5	0	20
厚德小学	实验组（n=34）	0	1	0	0	33
	对照组（n=35）	3	5	7	1	19
合计	实验组（n=69）	0	1	0	0	68
	对照组（n=70）	8	9	12	1	39
总计	139	8	10	12	2	107

对比表 5-11 和表 5-13 可以发现，干预后，整体上实验组受到排斥的儿童由 12 名减少到 1 名。对照组被排斥的儿童人数仍有 9 名，被忽视组儿童人数基本没有变化，处于低同伴接纳水平的儿童比例为 30%。

2.残疾儿童同伴接纳水平后测结果分析

表 5-14 的后测结果显示，童童得到的消极提名减少为 8 次，由最受排斥的儿童变为一般组的儿童，实际的同伴接纳水平有提升。童童唯一获得的积极提名来自班级最受欢迎的女生，原因是"有时候她会帮助我，我很喜欢她"。童童得到消极提名的原因是"打人""拿别人东西"。童童获得 8 次进步提名，连曾经排斥她的 4 名儿童也改变了对她的看法，原因是"学习进步""语文课爱发言""不打人了"。其中，健健没有得到任何消极提名，从受排斥的儿童变为一般组儿童，实际的同伴接纳水平有较大的提升。同时，健健获得 13 次进步提名，大多数曾经排斥他的同学都对他的进步给予了充分的肯定。健健进步的原因包括"学习有很大进步""很努力""积极发言""变聪明了一点"。

表 5-14　实验组和对照组残疾儿童同伴接纳水平后测结果分析

学校	班级	残疾儿童	积极提名（n）	消极提名（n）	Zp	Zn	SP	SI	分组
自强小学	实验组（$n=35$）	童童	1	8	-0.23	0.33	-0.56	0.11	一般组
	对照组（$n=34$）	阳阳	1	5	-0.40	1.87	-2.27	1.47	被拒绝组
厚德小学	实验组（$n=34$）	健健	0	0	-0.34	-0.33	-0.10	-0.68	一般组
	对照组（$n=35$）	乐乐	0	20	-0.81	4.04	-4.85	3.24	被拒绝组

后测结果表明，对照组的阳阳和乐乐仍属于该班级最受排斥的学生，处于被拒绝组，他们的同伴接纳水平均未得到改善。

三、残疾儿童的友谊关系变化分析

研究者根据友谊提名的结果绘制出班级的社会关系图，分别考察普通儿童和残疾儿童建立友谊关系的情况。

（一）残疾儿童友谊关系前测分析

1.班级友谊状况前测分析

社会关系图是在某个特定时刻某群体内部社会关系的图示。[①] 图 5-16 和图 5-17 分别为实验组两个班级前测时的班级社会关系图。由图 5-16 可知，自强小学实验组

---

① 唐纳德·R.克里克山克，德博拉·贝纳·詹金斯，金·K.梅特卡夫.教师指南［M］.祝平，译.南京：江苏教育出版社，2009：112.

35 名儿童有 16 名形成了 14 对友谊关系,19 名儿童尚未形成友谊关系,15 名儿童获得提名不到两次且没有形成友谊关系。

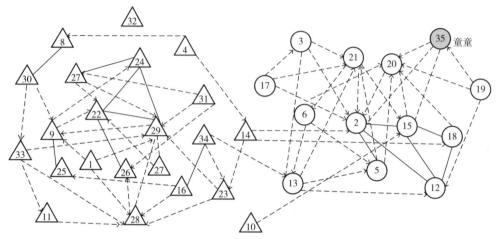

注:○代表女生,△代表男生;35号为残疾儿童。

——代表双向选择,即形成友谊关系;–→代表单向选择,未形成友谊关系。

图 5-16 自强小学实验组社会关系图

由图 5-17 可知,厚德小学实验组 34 名学生中 18 名已经形成 15 对友谊关系,16 名儿童尚未形成友谊,其中 9 名儿童未获得友谊提名。

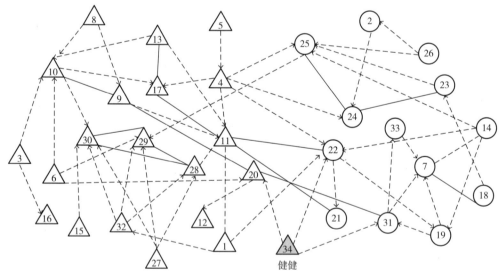

注:○代表女生,△代表男生;34号为残疾儿童。

——代表双向选择,即形成友谊关系;–→代表单向选择,未形成友谊关系。

图 5-17 厚德小学实验组社会关系图

实验组已建立友谊关系的人数和对数多于对照组,见表 5-15。干预前,整体上,实验组有 34 名儿童建立 29 对友谊关系,未建立友谊关系的儿童有 35 名;对照组儿童有

26 名形成 18 对友谊关系,44 名儿童尚未形成友谊关系。

表 5-15　实验组和对照组友谊数量前测比较

学校	班级	互选朋友 (n)	互选朋友 (对)	无互选 朋友(n)	残疾儿童 提名朋友(n)	残疾儿童被 提名朋友(n)	残疾儿童 互选朋友(n)
自强 小学	实验组(n=35)	16	14	19	3	1	0
	对照组(n=35)	12	9	23	3	0	0
厚德 小学	实验组(n=34)	18	15	16	3	0	0
	对照组(n=35)	14	9	21	3	0	0
合计	实验组(n=69)	34	29	35	6	0	0
	对照组(n=70)	26	18	44	6	0	0

2.残疾儿童友谊关系前测分析

由表 5-15 可知,实验组和对照组的 4 名残疾儿童均未建立友谊关系。如图 5-16 所示,童童仅获得 1 名女生的友谊提名。但童童并没有将她作为好朋友,而是提名在班级比较受欢迎且"经常帮助我、关心我、学习好"的 3 名女生作为好朋友。但她们提名的好朋友是班级其他学业成绩优异且受欢迎的儿童。如图 5-17 所示,健健提名比较受欢迎的儿童作为好朋友,但未获得友谊提名。对照组残疾儿童阳阳和乐乐未获得任何友谊提名。

4 名残疾儿童都提名了 3 个朋友,但他们的提名均是单向的。这说明,残疾儿童有强烈的交友渴望,但他们对友谊的认识和理解是不同的。健健、阳阳和乐乐主要将友谊理解为身边的玩伴,欣赏其学业或班级中受欢迎的社会地位,而童童不仅欣赏对方,还更多地关注对方给予自身的帮助。

(二)残疾儿童友谊关系后测分析

1.班级学生友谊数量后测分析

干预后,自强小学实验组有 21 人形成 18 对友谊,未形成友谊且获得提名不到 2 次的儿童有 12 名;厚德小学实验组有 21 人形成 15 对友谊,10 名儿童未获得任何友谊提名(表 5-16)。干预后测结果表明:实验组建立友谊的人数和对数增加,未建立友谊的人数下降;对照组存在同样的发展趋势,但增长幅度没有实验组明显。

表 5-16　实验组和对照组友谊数量后测对比

学校	班级	有朋友 (n)	互选朋友 (对)	无朋友 (n)	残疾儿童 提名朋友(n)	残疾儿童被 提名朋友(n)	残疾儿童 互选朋友(n)
自强 小学	实验组(n=35)	21	18	14	3	1	1
	对照组(n=35)	14	9	21	3	0	0

续表

学校	班级	有朋友（n）	互选朋友（对）	无朋友（n）	残疾儿童提名朋友（n）	残疾儿童被提名朋友（n）	残疾儿童互选朋友（n）
厚德小学	实验组（$n=34$）	21	15	13	3	0	0
	对照组（$n=35$）	16	10	19	3	0	0
合计	实验组（$n=69$）	42	33	27	6	1	1
	对照组（$n=70$）	30	19	40	6	0	0

2.残疾儿童友谊数量后测分析

从表5-16可见,绘本干预后,实验组1名残疾儿童建立友谊关系,而对照组的两名残疾儿童均未建立友谊关系。童童与后测中班级最受欢迎的小美成为好朋友,该女生获得9次友谊提名,但她只提名童童和小丽两名女生。小丽是全班受欢迎的女生之一,但小美仍将童童作为积极提名的第一个对象。干预前后,童童一直将小美作为好朋友,说明她对小美的友情是稳定的,她一如既往地付出与坚持,也为她赢得了这份珍贵的友情。童童友谊提名的小芊和小雅在前测时分别给予她积极提名和友谊提名,这说明童童能够充分地感受到来自同伴的认可和善意。她提名这3名女生的理由均是因为她们"愿意帮助我"。健健即使得到了10名同学的进步提名,也没有获得同学的好朋友提名。这说明尽管健健不再受到任何同学的排斥,但还未建立起友谊关系。

与干预前一致,4名残疾儿童都提名了3个朋友。但健健、阳阳和乐乐的提名仍是单向朋友,他们对友谊的认识和理解基本停留在"玩伴"和单纯地欣赏对方的层次,而童童更关注对方给予自身的帮助。

3.残疾儿童友谊质量分析

干预后,童童和小美互选为好朋友,需要完成友谊质量问卷,以了解她们之间的友谊质量。经统计分析发现,她们的积极友谊质量为3.40,消极友谊质量得分仅0.33,这说明两人之间的友谊质量较高,几乎没有冲突。相对而言,童童得到了好朋友更多的肯定与关心、帮助与指导以及主动解决冲突;而童童给予了好朋友更多的陪伴和娱乐,同时她们能经常在一起亲密地交流,具体见表5-17。这说明童童和好朋友之间不仅喜欢对方的性格特征,也能对对方的需求及时作出反应。她们的友谊是相互间真诚的肯定与信任,彼此间的互助,具有双向性、公平性和互惠性。童童得到好朋友更多的支持,同时她也积极回应、努力回报这份友情。

表 5-17　残疾儿童友谊质量分析（M）

	肯定与关心	帮助与指导	陪伴和娱乐	亲密袒露和交流	冲突的解决	冲突和背叛	积极友谊质量	消极友谊质量
小美	2.67	2.33	4	3.33	2.67	0.33	3	0.33
童童	4	4	3.33	3.67	4	0.33	3.80	0.33
友伴对（$n=1$）	3.34	3.17	3.67	3.50	3.34	0.33	3.40	0.33

第五节　绘本干预方案的评价分析

绘本的选择、活动方式和奖励方式是干预研究的重要内容。研究者自编了绘本干预方案评价问卷，了解实验组所有儿童对绘本干预方案的评价，以此作为改进的参考依据。

一、项目区分度分析

研究者首先将原始数据录入 SPSS 软件，经计分处理，将分数由高至低进行排列，找出测验总分最高的 27%（高分组）和最低的 27%（低分组），然后用独立样本 t 检验分析两组在每一项得分的差异，求得 t 值作为临界比，即决断值。决断值大且差异达到显著水平 0.05 时，表示该题能鉴别不同调查对象反应的程度，则保留该题；反之，则应去除。本问卷共有 44 题，经分析，44 题的决断值均达统计的 0.05 显著水平，故皆予以保留，见表 5-18。

表 5-18　绘本干预方案评价问卷之项目区分度分析表

题号	决断值	题号	决断值	题号	决断值	题号	决断值
1	5.075 ***	12	2.796 **	23	6.131 ***	34	3.880 ***
2	5.376 ***	13	3.484 **	24	5.024 ***	35	5.100 ***
3	6.079 ***	14	5.685 ***	25	4.930 ***	36	5.536 ***
4	3.062 **	15	5.167 ***	26	4.676 ***	37	5.458 ***
5	4.182 ***	16	4.863 ***	27	2.537 **	38	5.534 ***
6	5.412 ***	17	2.474 *	28	3.645 ***	39	5.773 ***
7	4.732 ***	18	2.844 **	29	3.448 **	40	3.260 **
8	3.157 **	19	3.403 **	30	4.694 ***	41	3.485 **
9	4.030 ***	20	2.998 **	31	5.900 ***	42	3.435 **
10	2.944 **	21	2.912 **	32	4.569 ***	43	5.656 ***
11	5.451 ***	22	4.373 ***	33	3.600 **	44	3.889 ***

二、绘本干预方案评价问卷的信效度分析

(一)绘本干预评价问卷内容效度检验

本研究计算各维度之间以及各维度与问卷总体之间的相关,以此作为结构效度检验的依据。表5-19显示,问卷各维度间达到中等相关0.470~0.572,问卷各维度与问卷总分之间都达到显著相关,且高于各维度间的相关,相关范围在0.773~0.870。这说明本问卷具有较好的结构效度。

表5-19　绘本干预评价问卷各维度与总分之间的相关

	使用的绘本	教学活动形式	奖励方式	总体
使用的绘本	1			
教学活动形式	0.470**	1		
奖励方式	0.563**	0.572**	1	
总体	0.773**	0.843**	0.870**	1

(二)绘本干预方案评价问卷的信度检验

为了解问卷的可靠程度及问卷的稳定性、问卷内部一致性,采用Cronbach's α 系数作为问卷信度检验的指标,α 系数愈高,表示信度越好。任何测验的信度系数达0.80~0.90才算相当令人满意,达0.70~0.79才可以接受。[1] 经信度检验,绘本干预评价方案问卷整体的 α 值为0.938,各维度的 α 值分别为0.867、0.921、0.899,见表5-20。这说明问卷达到相当好的信度指标。

表5-20　绘本干预方案评价问卷的信度分析

维度	使用的绘本	教学活动形式	奖励方式	总体
题数	20	16	8	44
Cronbach's α	0.867	0.921	0.899	0.938

三、绘本干预方案的评价

(一)绘本干预方案的整体评价

绘本干预方案中使用的绘本、教学活动形式和奖励方式是影响绘本干预效果的最重要因素。表5-21的数据表明,3个维度得分均显著高于中位数。实验组儿童对干预

---

① 方子华.小学学生家庭阅读活动、学校阅读环境与阅读动机之相关研究[D].屏东:屏东师范学院,2010:62.

方案的评价均分为 4.31 分。3 个维度和总体得分均显著高于 4 分,说明儿童对绘本干预方案整体评价比较高。

表 5-21　对绘本干预方案的整体评价(M±SD)

维度	使用的绘本	教学活动形式	奖励方式	总体
N = 67	4.16±0.57	4.28±0.80	4.47±0.79	4.31±0.60

(二)干预使用绘本的评价

实验组儿童对干预中所使用绘本的评价总体得分为 4.16 分。除《你是特别的,你是最好的》外,其他绘本的得分均显著高于中位数。这说明儿童对干预使用的绘本整体上比较喜欢,较认同绘本中所传递的平等、尊重、接纳、友善、宽容等价值观。儿童最喜欢的 3 本绘本是《搬过来,搬过去》《小老鼠和大老虎》《故障鸟》,如图 5-18 所示。

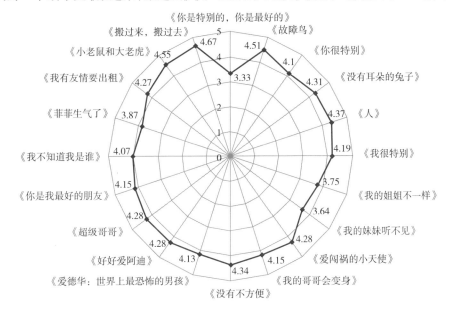

图 5-18　儿童对干预使用的绘本的评价

(三)对教学活动形式的评价

根据绘本干预的过程和特点,研究者将教学活动形式分为教师教的活动形式(朗读和讲读故事)、儿童参与的活动形式(独立回答问题、集体回答问题、集体朗读、轮流朗读、做游戏、角色表演、观看视频、小组讨论等)、延伸活动形式(填记录单、与家人分享、评选最喜欢的绘本、重复阅读、亲子阅读)等。实验组儿童对教学活动形式的评价总体得分为 4.28 分,说明他们对干预中运用的教学活动形式整体上比较喜爱。各种教学活动形式的得分均显著高于中位数。最深受儿童喜爱的 3 种教学活动形式是做游戏、讲读故事、观看视频，平均分超过 4.50 分，如图 5-19 所示。

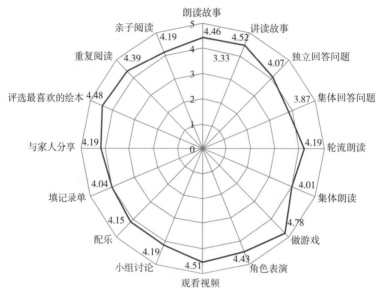

图 5-19 儿童对教学活动形式的评价

（四）对干预使用奖励方式的评价

在干预过程中，研究者运用多种不同方式激励儿童参与的积极性和持续性。实验组儿童对干预中所使用奖励方式的评价总体得分为 4.47 分，说明儿童对奖励方式整体上非常认可。各种奖励方式的得分均显著高于中位数。最受儿童青睐的 3 种奖励方式是老师发奖状、老师奖励绘本、老师奖励学习用品，平均分均超过 4.50 分，如图 5-20 所示。

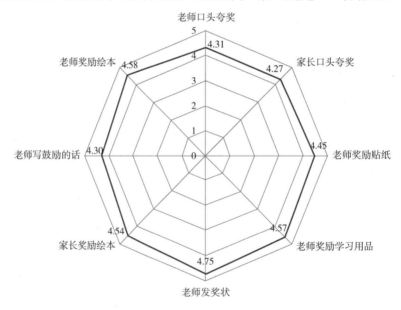

图 5-20 儿童对干预使用奖励方式的评价

第六节　讨论与分析

一、绘本干预能有效促进残疾儿童的同伴关系

我国在基础教育阶段对普通班残疾儿童的接纳问题并未给予足够的重视。如何让普通儿童接纳残疾儿童,形成正确的认知、悦纳的情感和积极的行为,最常见和有效的方式之一就是运用融合绘本。教师有系统的活动引导,能潜移默化地帮助普通儿童在人际道德方面从"利己"成长到"利他"的阶段,从而改变普通儿童对残疾儿童的认识和评价,并改善对残疾儿童的态度。欧美等国甚至专设"融合专家"或融合促进师来推动或直接负责促进普通儿童对残疾儿童的接纳。宋明君分析37篇研究报告发现,经过认识障碍、体验障碍等各种活动,中小学学生对残疾儿童的接纳度明显提升[1],可见,系统地认识与接纳残疾儿童的课程和教学是有必不可少且富有成效的。范秀辉运用融合绘本有效地促进了学前儿童对肢体残疾儿童的接纳。[2] 本研究采用融合绘本和同伴关系主题绘本,在自然班级中进行干预研究,从而提高普通儿童对残疾儿童的接纳程度。

整体而言,尽管干预前,对照组残疾儿童同伴接纳态度优于实验组,但干预后实验组普通儿童对残疾儿童的认知、情感、行为意向维度的得分显著高于对照组。同时,对实验组前后测结果进行比较发现,情感、认知维度的提升最为明显,总体接纳态度具有极其显著的提升。认知是态度的基础,情感是态度中最核心的成分,行为是态度的最高成分。态度的3种心理成分之间的关系很复杂。行为是在认识和情感基础上形成的,认知和情感变化的积累会改变人的行为倾向。[3] 吉尔福伊尔(Gilfoyle)和格林纳(Gliner)运用木偶戏的方式进行干预,研究发现,普通儿童对残疾儿童的认知得到明显提升,而情感和行为没有变化。[4] 可见,态度的3种心理成分中行为意向的改变是最有难度的。绘本干预后,不仅有效促进了普通儿童和残疾儿童之间的同伴关系,也改善了班级普通儿童之间的同伴关系,干预前在同伴中受到排斥的残疾儿童和普通儿童都得到了同伴更多的包容、理解、欣赏和尊重,班级整体氛围更加和谐、平等。

学生不仅能够理解绘本的内涵,还能进一步将绘本传达的包容、理解、欣赏和尊重

① 宋明君.特殊儿童主题绘本之内容分析与教学应用[J].弘光人文社会学报,2004(1):129-142.
② 范秀辉.普通幼儿对身心障碍同伴接纳态度之干预研究[D].重庆:重庆师范大学,2012.
③ 张静.组织行为学[M].北京:机械工业出版社,2015:47-48.
④ GILFOYLE E,GLINER J.Attitudes toward handicapped children:impact of an educational program[J].Physical & Occupational Therapy in Pediatrics,1985,5(4):27-41.

等融合教育价值观与生活实际相结合,愿意做"爱心天使",帮助身边的"慢飞天使"。通过阅读记录单可以发现,很多普通儿童对绘本中的人物和情节留下深刻的印象,对绘本中残疾主角表现出了喜爱与认同,对友好、有爱心、有同情心的行为则表示大力赞赏,对不友善的行为则表达了批评和不满,并提出希望和建议。普通儿童对绘本中融合教育价值观的理解促进他们对班级中残疾儿童的认识发生了由消极到积极的转变,学会发现并欣赏他们身上的诸多优点,并且表示会主动关心、帮助他们。普通儿童对残疾儿童认识的转变,促使他们之间的关系更为亲近,互动更加频繁,而排斥和疏远的行为则减少了。胡静怡的研究也同样发现,普通儿童上绘本课积极的态度、正向的思考及平等待人的能力,不仅表现在课堂的发言中,也落实于日常生活中。①

绘本干预能够取得一定成效的原因是多方面的。首先,绘本干预遵循了儿童阅读能力发展阶段的规律,让儿童先爱上阅读、学习阅读,从而从阅读中学习。其次,绘本是儿童最适合的读物,能有效地激发儿童的阅读兴趣,其深刻隽永的内涵能够达到潜移默化的教育作用。正如"故事医生"苏珊·佩罗(Susan Perrow)分析故事带给儿童行为的改变时所说:"故事创造性地融入儿童的感受之中,而不是采取'警世故事'的方式(强迫儿童接受某种规范的做法)进行外在的道德说教,而是让儿童自己形成想象力丰富的隐喻性图景,从而让儿童在内心中产生想要改变自身行为的动力——比起那种仅仅督促儿童遵从外在规范的做法,这种方法更加持久,也更加有效。"②绘本故事是温和的,充分尊重每个儿童自身的感受,积极肯定他们的独特想法,让儿童觉得很有亲切感并在阅读中受到潜移默化的影响,促使他们对残疾儿童的态度发生积极的改变。再次,研究者具备绘本干预的基本策略与方法,能够设计多元化的教学活动形式,吸引普通儿童和残疾儿童充分参与活动,尤其注重从情感层面上促进普通儿童对残疾儿童的接纳。共读绘本能让普通儿童产生认同感、实现心灵的净化并领悟其中的道理,进而将这些内化为自身的认识、塑造人格和成为内在需求,最终转化为由内在动机驱使的实际行为。最后,干预研究周期较长,注重班级阅读环境的营造。研究持续时间14周,每周两次。课后,研究者提供纸质绘本供儿童重复阅读,加深儿童对绘本内容的理解,并对儿童的课堂表现和课后阅读行为给予充分的奖励。

二、绘本干预使残疾儿童和普通儿童共同受益

绘本图文结合,降低了残疾儿童阅读的起点,使他们能够借助图画、结合上下文和生活实际理解词句的意思。绘本干预活动激发了残疾儿童的阅读兴趣,让他们感受到

---

① 胡静怡.以绘本教学提升普通班学生对身心障碍同伴态度之行动研究[D].台北:台北市立教育大学,2009.
② 苏珊·佩罗.故事知道怎么办2:给孩子的101个治疗故事[M].春华,淑芬,译.天津:天津教育出版社,2014:3.

阅读的乐趣,提升了他们学习的积极性,培养了他们阅读和表达的自信。残疾儿童语言表达能力逐渐增强,干预初期回答问题只能使用个别词语,干预后期则能够运用句子表达。残疾儿童由最初的冷眼旁观者,变为课堂的积极参与者,能积极发表自己的感受和想法,乐于与人交流;由重复他人的回答,变为有自己独立的思考。童童和健健成为班里绘本课上最积极发言的儿童(图 5-21)。残疾儿童在绘本课上的变化也带来他们在语文或数学课上的改变,改变了同伴对他们的认知和理解。胡静怡的研究也同样发现:绘本干预过程中,班级中残疾儿童的参与趋于积极主动;每次发言受到肯定,给予了残疾儿童信心,由原先都不回答、重复他人话语到最后可以回答自己的想法,专注力也越来越持久。①

图 5-21 残疾儿童专注听课、积极发言

在绘本干预过程中,研究者选择的绘本受到儿童普遍喜爱。研究者设计了多元化的教学活动形式,并采用了精神和物质相结合的奖励方式。儿童对教学活动形式和奖励方式的评价甚至超过绘本。这与其他研究结论比较一致。宁李羽娟的研究通过绘本引导普通班儿童以正确的观念认识残疾儿童,发现大多数学生很喜欢课程中使用的绘本,多数学生很喜欢教师上课的方式。② 胡晓玫的研究发现,实验组儿童对于增进对残疾儿童接纳态度的实验课程整体评价较高,并且绘本教学组显著高于绘本阅读组。③ 儿童对绘本干预方案的喜爱,通过分析师生的访谈和观察可以得到印证:每周两次的绘本课成为孩子们最喜欢的课程,要是多上一节语文课、数学课,孩子们都可不乐意了,但是听说换成绘本课,孩子们可真是乐坏了,一阵欢呼(访谈班主任陶老师)。每次上课之前,总有几个孩子跑过来悄悄问我,今天讲的故事是什么。得到答案后,他们便心满意足地回到座位上。下课后,刚刚讲过的绘本总是成为最抢手的一本。好几个孩子已经许下心愿,希望得到老师奖励的绘本《故障鸟》(观察日志)。我在班级观摩听

① 胡静怡.以绘本教学提升普通班学生对身心障碍同伴态度之行动研究[D].台北:台北市立教育大学,2009.

② 宁李羽娟.以绘本引导认识特殊学生课程设计与实施[D].花莲:花莲教育大学,2005.

③ 吴晓玫.图画书教学应用于小学学童对身心障碍同学接纳态度之研究[D].新竹:新竹教育大学,2005.

课的第一天,"小画家"一整天都在埋头画画。最近课上他的变化最大,不仅能够专注听故事,而且能够按照老师的要求,腰板挺得特别直,举手姿势标准,满含期待的眼神看着老师(观察日志)。胡静怡的研究也同样发现,绘本课程能够促进普通儿童在课堂上积极参与:轻松的绘本课程,让平日不善表达、不敢发问的儿童,勇敢地举起手并发表自己的想法,每位儿童在每堂课上至少都有一次发言。[①] 普通儿童不仅在课堂上能够积极参与,而且课间会主动进行自主阅读,甚至有的儿童阅读时会将绘本中的经典文字抄录在笔记本上(图5-22)。

图 5-22 普通儿童课上积极发言、课后自主阅读

干预前,实验组缺乏良好的阅读物质条件和阅读心理氛围,多数学生缺少阅读兴趣,没有养成阅读习惯。干预后,实验组学生家庭中的儿童读物数量和学生课外阅读时间都有显著增加。自强小学实验组的阅读成效得到学校领导的充分肯定,积极着手改善全校的阅读物质环境和阅读氛围,并多次邀请研究者培训家长以开展亲子阅读活动(图5-23)。

图 5-23 改善阅读环境,重视亲子阅读

---

① 胡静怡.以绘本教学提升普通班学生对身心障碍同伴态度之行动研究[D].台北:台北市立教育大学,2009.

三、影响同伴关系干预效果的因素

本研究发现,4 个班级的残疾儿童在干预前,都受到班级普通儿童的排斥。塞尔(Sale)和凯里(Carey)同样使用同伴提名法,对比分析了残疾儿童和疑似残疾儿童在班级中的社会地位。研究发现与同龄人相比,这些残疾儿童和疑似残疾儿童更多地被认为是不被喜欢的学生。[①] 这说明,残疾儿童受到排斥具有一定的普遍性。但是这并不能表明,生理或者智力、精神上的障碍是导致残疾儿童受到排斥的直接原因。残疾可能带来的行为、学业和社交上的问题才是他们容易受到排斥的最根本因素。即使是普通儿童,一旦有这些问题,在同伴中也很容易遭到拒绝、忽视。残疾儿童具有乐于助人、乐观开朗的性格和良好的行为习惯,同样能够受到欢迎,甚至赢得友谊。本研究发现,两个实验组同伴关系的干预效果都达到了显著性水平,但两个班级有差异。厚德小学实验组儿童对残疾儿童健健的同伴接纳态度的干预效果更佳,达到了非常显著水平;而自强小学的残疾儿童童童建立了友谊关系。这与两校的学校环境、班级环境、残疾儿童特点及普通儿童的特点等多方面的因素有关。

首先,厚德小学在学校阅读环境、班级阅读氛围、家庭阅读环境、儿童阅读习惯等方面更胜一筹。在绘本干预前,学校已经拥有独立的图书馆,藏书丰富、适宜,环境安静优美、宽敞明亮,儿童课间可自由阅读,学校重视开展全校阅读活动,每月定期评比书香班级、阅读之星等,并在走廊的宣传栏发布评比结果,激发了儿童课外阅读兴趣;儿童每天都能携带自己喜欢的读物到班级,即使是数学课上只要完成作业,老师也会提醒儿童可以自由阅读,干预期间实验组曾获学校书香班级奖,多位儿童获得阅读之星称号。在绘本干预前,自强小学没有专门的图书馆和公共的图书空间,未曾组织过推广阅读活动;班级图书角设置在教室后面最角落处,形同虚设,公益机构捐献的图书被束之高阁,儿童有限的课间和午间,也被教师用来完成作业。直到绘本干预的中后期,学校才在走廊拐角设立了图书角,但是所提供的图书数量有限、空间有限,同时仅能容纳 10 多个儿童阅读。实验组以研究者提供部分图书、学校购买部分图书的方式,打造了一个真正的班级图书角,成为儿童流连忘返的地方。两校实验组儿童的家庭环境有差异,厚德小学实验组儿童父亲的学历水平略高,所从事的工作更稳定,收入更丰厚。在干预前后,厚德小学实验班儿童家庭阅读物质条件和课外阅读时间都略优于自强小学实验班儿童。相对于成人而言,由于儿童和青少年的认知没有定型,在阅读中容易顺利完成认同、投射、净化、领悟等心理过程,阅读治疗对他们比较有效。[②] 阅读治

---

① 邓猛.国外特殊教育学基本文献讲读[M].北京:北京大学出版社,2015:230.
② 王波.阅读疗法[M].2 版.北京:海洋出版社,2014:215.

疗对那些有读书习惯的儿童和成年人最有效。① 本研究的调查也发现,课外阅读时间对于普通儿童对残疾儿童的同伴接纳态度是具有预测力的。这可能是厚德小学的同伴接纳态度干预效果更优的重要原因。

其次,与残疾儿童的特点有关。两个实验组的残疾儿童虽然都是轻度智力障碍儿童,他们的成绩表现差别不大,语言表达比较简单,在绘本干预活动中表现积极,教师和同伴都认可他们进步比较大,但是他们的外表、优势特长不一样,行为习惯不同,对友谊的认识和理解都有差异,也影响到了他们的同伴接纳态度及友谊关系的建立。健健是班上个子最高的学生,跑步速度比较快,没有攻击性行为和不良习惯,愿意和同学交往,经常积极主动为老师帮忙。童童乖巧可爱,情绪比较稳定,但缺乏一定的物品归属感,常常大方赠送小礼物给喜欢的同学。有同学反映她偷拿他人物品,也有同学认为她不讲卫生,经常饭前不洗手,有比较强烈的同伴交往的意识,但是有感觉统合失调的表现,即使是与人友好地打招呼,也是重重地拍手臂或紧紧地抱住不放,成年人可以理解她的行为,但是班级的普通儿童不一定能接受,曾与班级的几位男生发生过语言和肢体上的冲突。干预前,童童和健健因为学业不良或攻击性行为而受到多名同伴的消极提名。干预后,童童和健健在学习上更加积极的表现或攻击性行为的减少,得到了同伴的积极接纳,健健不再有消极提名,而童童仍得到了消极提名。健健比童童有更为明显的优势特长,乐于助人,没有不良行为和习惯。因此,干预后,普通儿童群体对他的接纳程度更高。尽管在融合教育学校残疾儿童获得友谊比普通儿童更难,但这并不意味着残疾儿童在普通班级就无法建立真正平等的友谊关系。国外有研究采用综合干预策略帮助残疾儿童与普通儿童在课堂上进行社会交往,研究发现,普通儿童和教师都认为干预措施有助于发展两组学生间的友谊。② 童童和健健都有交友的需求。童童还表现出极为强烈的渴望,在班级联欢活动中曾表达她的心声:"我希望和每一个同学都能成为好朋友。"她一方面经常得到好朋友的精神和物质帮助,另一方面也真诚地回报对方的付出,努力维持双方之间的友谊。她不仅懂得友谊的真谛,而且掌握了建立和维持友谊的技巧,因而获得真正意义的友情。童童和健健对友谊的认识和理解是不同的,健健更多地将友谊理解为欣赏和身边的玩伴,处于对友谊认知发展第一个阶段;童童对友谊的理解则逐渐走向深刻,干预前,她已经认识到友谊除欣赏外,还有相互的帮助与关心。童童和好朋友对于友谊的理解总体上处于友谊认知发展的第二阶段。她们之间的友谊是双向、公平、互惠与合作性质的,具有较高的友谊质量,

---

① 王波.阅读疗法[M].2 版.北京:海洋出版社,2014:347.

② 邓猛.国外特殊教育学基本文献讲读[M].北京:北京大学出版社,2015:230.

而不是普通儿童长期单方面地支持和帮助残疾儿童。朋友之间的互惠性越强,友谊关系会维持得越长久、越稳定,这样会形成一个互相支持、彼此信任、经常沟通交流和冲突性少的朋友交往氛围。[1]

最后,访谈结果与研究者和研究协助者的观察结果表明,厚德小学实验组的班主任老师较为年轻活泼,对学生的管理比较人性化,班级氛围更为宽松、平等、和谐,学生的个性更为活泼、思维更为活跃、阅读理解能力更强,这些方面的差异可能在一定程度上影响绘本干预的效果。

四、干预的结论

通过绘本干预,普通儿童对残疾儿童同伴接纳态度得到显著改善。干预能提高普通儿童对残疾儿童的多元性、差异性和平等权利的认识,激发他们对残疾儿童的关怀、理解和尊重的情感,增进他们对残疾儿童的欣赏、支持和合作的行为。这有助于建立普通儿童与残疾儿童之间的友谊,促进他们之间的同伴关系,并改善班级普通儿童之间的同伴关系。干预后,残疾儿童不再是普通儿童排斥的对象,但普通儿童对残疾儿童的同伴接纳态度仍需提升。

干预选用的绘本受到了普通儿童和残疾儿童的普遍欢迎,设计的多元化教学活动形式得到了儿童广泛喜爱,采用的奖励方式获得了儿童的高度认可。绘本干预在改善班级儿童同伴关系的同时,也营造出了浓厚的班级阅读氛围,使残疾儿童和普通儿童的自信心、观察力、想象力、语言表达能力等均有不同程度的提高。通过绘本干预,残疾儿童学习动机和学习自信得到激发,课堂参与的积极性提高,阅读兴趣和阅读理解水平提升,并迁移到其他课程的课堂学习中,并在一定程度上改变了普通儿童对其学习态度和学习能力的认知。

---

① 杨丽珠.儿童青少年人格发展与教育[M].北京:中国人民大学出版社,2014:290.

第六章

研究的综合讨论

自有人类,就有残疾人。残疾是人类社会中的客观存在,残疾是人类进化、社会文明进步过程中不可避免付出的代价。① 特殊教育的发展进程充分反映了人类对残疾人的认识和态度发展变化的历程。从野蛮消灭、歧视、隔离到平等、接纳、尊重,社会对残疾人的认识和态度的改变是特殊教育产生与发展的重要影响因素。② 善待残疾人就是善待人类自身,如何认识与对待残疾人,是衡量一个国家和社会政治、经济、文化与道德文明发展程度的重要标准。③ 联合国的《残疾人权利公约》提到:残疾儿童不因残疾而被排拒于免费和义务初等教育或中等教育之外……在各级教育系统中培养尊重残疾人权利的态度,包括从小在所有儿童中培养这种态度。④

融合教育既是一种理念,又是一种态度、一种价值和一种信仰体系。融合教育是一种持续的教育过程,即接纳所有学生,反对歧视和排斥,促进积极参与,注重集体合作,满足不同需求。⑤ 这一定义首先强调"接纳",学校要接纳所有儿童,而且更重要的是要满足所有儿童的不同需求,使所有儿童都能积极参与,这样才能真正改变社会中存在的歧视和排斥现象。法尔维等指出,融合教育是指全部接纳,通过一切手段为社区内每位儿童或民众提供接纳的权利与机会,融合学校的基本信念包括接纳、归属和社区感。⑥ 融合教育涉及面广,存在诸多影响因素。巴尼特(Barnett)和蒙达·阿马娅(Monda Amaya)指出融合教育要获得成功,态度的、组织的、教学方面的改变必须到位;阿什曼(Ashman)和埃尔金斯(Elkins)认为,课程的调整、对残疾的积极接纳、保证学校融合的政策以及能否让普通学校教师承担起教育残疾孩子的责任,是融合教育的目标能否实现的关键。⑦ 融合教育是一个逐步发展的过程,可以有不同的程度和水平。皮尔(Pijl)与梅耶尔(Meijer)将融合分为6个层次,即物理空间的融合、术语的融合、管理的融合、社会性融合、课程的融合和心理融合,心理融合是指普通教师与学生接纳个别差异,认为有不同的需要是正常的事情。⑧ 布思和安思科(Ainscow)将融合教育简化为3个层次,即物理空间的融合、社会性融合和课程的融合,其中社会性融合是指学校和班级中形成良好的融合氛围,残疾儿童能够受到普通儿童的接纳和尊重,使残疾儿

① 朴永馨.特殊教育学[M].福州:福建教育出版社,1995:30-31.
② 顾明远,梁忠义.世界教育大系:特殊教育[M].长春:吉林教育出版社,2000:9-11.
③ 邓猛,等.中国残疾青少年社区融合与支持体系[M].北京:北京师范大学出版社,2015:1-3.
④ 联合国残疾人权利公约[J].中国康复理论与实践,2007,13(2):101-108.
⑤ 黄志成,等.全纳教育:关注所有学生的学习和参与[M].上海:上海教育出版社,2004:11.
⑥ 邓猛.融合教育理论反思与本土化探索[M].北京:北京大学出版社,2014:65.
⑦ 邓猛.融合教育理论反思与本土化探索[M].北京:北京大学出版社,2014:74.
⑧ 邓猛.关于全纳学校课程调整的思考[J].中国特殊教育,2004(3):1-6.

童能够平等地参与班级生活。① 课程融合是融合教育中最难达到的层次,社会性融合则是课程融合的基础,没有普通儿童的接纳和尊重,残疾儿童则难以真正参与课堂学习和生活。

近年来,我国融合教育的规模逐年扩大,开展融合教育的学校和幼儿园数量迅速增加,2020 年在普通学校就读的残疾儿童达到 43.57 万名。② 残疾儿童不仅要面对课业压力,也要面对与同伴相处的挑战。残疾儿童在与同伴互动时缺乏技巧与经验,导致常受到排挤和负面态度的对待;现阶段的融合只注重融合环境的安置,而忽略了对残疾儿童心理环境的建设,融合教育的效果便会打折扣。③

同伴关系在残疾儿童发展和社会化过程中具有成人无法替代的重要作用和独特价值。利普斯基(Lipsky)和高德纳(Gartner)认为融合教育应重视个别差异,强调给予儿童平等参与的机会,让每个儿童都有参与感和归属感。残疾儿童被安置在普通班级中,能有更多的学习机会,通过与同伴合作不断地学习,与普通班儿童的互动频率也会增加,经同伴的协助而有更好的学习效果,并能从中学到成功的经验;而普通班儿童可以从中学习尊重个别差异和沟通互动的社会能力。④ 对特殊儿童来说,来自同伴的接纳和友谊与来自教师的支持同样重要,同伴的接纳能够增进特殊儿童与普通儿童社会交往的机会,满足特殊儿童的需要,帮助他们提高自尊,促进情感发展。⑤ 本研究在全面调查残疾儿童同伴关系现状的基础上,选择最需要同伴关系干预的残疾儿童类型,采用绘本干预的方式,有效改善了残疾儿童的同伴关系及整个班级的同伴关系,同时为班级营造了浓厚的阅读氛围,使残疾儿童和普通儿童各方面的能力均有不同程度提高。

调查研究是对残疾儿童同伴关系的客观描述,而干预研究则是在调查研究基础上选取同伴关系不良的智力障碍儿童,探索改善其同伴关系的有效措施。本章综合前两部分研究的结论,以生态系统理论、阅读治疗理论与读者反应理论为指导,进一步对残疾儿童同伴关系的典型特点、影响因素模型、绘本干预的模式和效果进行反思与提炼。

①　BOOTH T E,AINSCOW M E.From them to us:an international study of inclusion in education[M].London:Routledge,1998.

②　中华人民共和国教育部.2020 年全国教育事业发展统计公报[EB/OL].(2021-08-27)[2023-05-26].中华人民共和国教育部政府门户网站.

③　彭素真.小学学童对身心障碍同伴接纳态度之调查[D].台北:台湾师范大学,2005.

④　WEINER H M.Effective inclusion:professional development in the context of the classroom[J].Teaching Exceptional Children,2003,35(6):12-18.

⑤　周兢.学前特殊儿童教育[M].大连:辽宁师范大学出版社,2002:300.

第一节　融合教育学校残疾儿童同伴关系的典型特点

发展心理学指出,小学阶段是自我意识、同伴关系、友谊发展、人格发展的关键期,同伴接纳、友谊质量对学生人格、心理健康、学校适应及成年后的社会适应等有重要而深远的影响。对残疾儿童来讲,积极而稳定的同伴关系会促进他们自我概念、人格、情感、社会认知、社会适应以及社会交往等方面的发展。同伴接纳反映的是群体对个体的态度;友谊则是一种以亲密情感和互惠互助为主要联结纽带的人际关系,反映的是个体与个体之间的情感联系。①

同伴关系对残疾儿童的影响,可分为心理层面和行为层面。郭为藩指出同伴的互动如同镜子一般,儿童通过他人对自己的观感与态度,勾勒出自我的形象,并透过此形象产生对自我的观感。② 班杜拉(Bandura)提出学习主要是因为个人、环境和行为三者交互影响,强调环境对人的学习有影响,人的学习同时也受个人对环境中人、事、物的认知影响,且儿童的学习是由观察及模仿所得。③ 对残疾儿童来说,通过观察榜样,他们可以习得恰当的行为方式。因此,研究者们强调同伴的社会化影响对儿童至关重要。在社交互动中,同伴往往成为儿童模仿或观察的对象。故而,同伴的行为举止常常会对儿童的行为产生影响。同伴接纳与同伴互动是影响融合教育的十大因素之一。④ 同伴关系是影响儿童人格发展的重要因素,儿童一旦有被拒绝的经验,可能导致其否定自己的社交能力,造成心理不健全。⑤ 同伴关系不仅有助于提升青少年的人际互动能力,也能满足他们的身心发展需求。心理学家马斯洛的需要层次理论认为,人人都有需要,从归属与爱到自尊的需求层次中,即代表个体均有被接纳、归属感的需求,进而产生被认同及被赏识的需求。⑥ 融合教育学校的残疾儿童同伴关系研究需要着眼于提升残疾儿童的社交能力,更需要改善普通儿童对残疾儿童的认识和理解,为残疾儿童营造支持的社会心理环境。

---

① 秦启文,黄希庭.应用心理学导引:个体与团体的效能[M].北京:高等教育出版社,2006:235-237.

② 胡静怡.以绘本教学提升普通班学生对身心障碍同伴态度之行动研究[D].台北:台北市立教育大学,2009.

③ 刘豪兴.国外社会学综览[M].天津:天津人民出版社,1993:378-383.

④ BISHOP V E.Identifying the components of success in mainstreaming[J].Journal of Visual Impairment & Blindness,1986,80(9):939-946.

⑤ ROHRBECK C A.Peer relationships,childhood[M]// GULLOTTA T P,BLOOM M.Encyclopedia of primary prevention and health promotion.New York,NY:Springer,2003:804-808.

⑥ 张登浩.马斯洛心理健康思想解析[M].杭州:浙江教育出版社,2013:121-131.

一、普通儿童对残疾儿童持正向态度

残疾儿童与普通儿童的同伴关系是影响融合教育成效的重要因素之一。在小学阶段,同伴群体在孩子的生活中变得越来越重要,其影响可以和父母对孩子的影响相提并论,乃至超过父母对孩子的影响。[①] 本研究发现,总体上普通儿童对残疾儿童持正向态度,这与大部分已有研究的结论具有一致性。江小英的调查发现,农村小学生对残疾同伴的接纳程度较高。[②] 范秀辉的研究得出,普通幼儿对肢体障碍同伴的态度总体上是较为积极的。[③] 谭雪莲发现,普通幼儿对智力落后幼儿的接纳程度较高,愿意和他们一起参加班级活动。[④] 彭素真的调查显示,小学儿童的整体态度及在认知、情感与行为倾向三方面的态度都较积极。[⑤] 洪荣照、黄翠琴的调查表明,普通儿童对孤独症同伴的接纳态度是趋于正向的态度。吴信锵发现,小学生对残疾同伴的整体接纳态度趋于正向。[⑥] 肯普(Kemp)发现,特殊需要儿童在班级中的社会地位处于中等水平。[⑦] 本次调查的城市是发展中的国际化大都市北京。北京市30多年来致力于推动融合教育发展,在融合教育的政策支持、物质保障、专业指导、师资培训和教育教学质量提高等方面进行了有益的探索,走在全国前列。北京市在全国较早开始探索资源教室、特殊教育中心等专业支持模式,大力支持区县中小学建立示范性资源教室,创建市级融合教育示范学校,建立残疾儿童随园就读康复资源中心,全面建设符合首都地位的现代特殊教育体系。北京市中小学接受融合教育的残疾儿童占在校残疾儿童比例高于全国平均水平,残疾儿童生均公用经费居全国之首。这些举措的实施促进了北京市融合教育整体质量的提升,也影响了学校教师、普通儿童对残疾儿童的认识和态度。

二、智力障碍儿童同伴关系亟待改善

调查研究中的19名残疾儿童中六成处于最低同伴接纳水平,3/4的智力障碍儿童受到同伴排斥和忽视,处于最低同伴接纳水平,仅有智力障碍儿童受到普通儿童的排斥。普通儿童对智力障碍儿童的实际同伴接纳水平最低,这与智力障碍儿童的同伴接

① 萨德克,齐托曼.教师·学校·社会:我们该怎样思考和谈论教育[M].孙振东,译.重庆:重庆大学出版社,2014:100.
② 江小英,王婧.农村小学生对随班就读同伴接纳态度的调查报告[J].中国特殊教育,2013(12):10-18.
③ 范秀辉.普通幼儿对身心障碍同伴接纳态度之干预研究[D].重庆:重庆师范大学,2012.
④ 谭雪莲.幼儿园智力落后儿童与普通儿童同伴关系研究:以两个智力落后儿童的个案研究为例[D].重庆:重庆师范大学,2009.
⑤ 彭素真.小学生对身心障碍同伴接纳态度之调查[D].台北:台湾师范大学,2005.
⑥ 吴信锵.彰化县小学学童对身心障碍同侪接纳态度之研究[D].台东:台东大学,2008.
⑦ AVRAMIDIS E.Social relationships of pupils with special educational needs in the mainstream primary class:peer group membership and peer-assessed social behaviour[J].European Journal of Special Needs Education,2010,25(4):413-429.

纳态度得分最低是高度一致的。同时,干预的前测结果与调查研究的结果基本一致,实验组和对照组 4 名智力障碍儿童的同伴接纳态度得分仅 3 分,处于最低同伴接纳水平。态度影响着人们的行为,但态度和行为之间并不总是一致的。阿伦森提出态度的可接近性越高越能够预测行为的观点。态度的可接近性是指某一事物与对该事物的评价之间的联系强度,人们关于态度对象的经验越直接,这种态度的可接近性就越高,人们的自发行为与他们态度的一致性也越高;当我们需要立即对如何采取行动作出决定、没有时间认真思考时,可接近程度才是重要的①,则可以预测有意行为。普通儿童与残疾儿童同在一个班级学习和生活,同伴接纳态度问卷的对象可接近性高,他们对残疾儿童的接纳态度能够预测其实际接纳行为。

与班级中的普通儿童相比,残疾儿童受排斥和拒绝是普通儿童的 3 倍,这可能与调查中智力障碍儿童占大多数有密切关系。如果残疾儿童具备乐于助人、乐于交往的特点,也会获得同伴的积极提名,可见普通儿童排斥和拒绝残疾儿童的根本原因并不是他们的残疾,而是残疾带来的问题行为、不良习惯,影响甚至干扰到普通儿童。肯普采用同伴提名法也得出了类似的结论,普通幼儿排斥特殊需要儿童并不是因为特殊,只是不喜欢他们有攻击性行为,因为这会伤害到他们的身体。② 与其他类型残疾儿童相比,智力障碍儿童学业成绩不佳,学习态度显得不够积极,部分儿童还具有攻击性行为、不良的习惯,且外表缺乏吸引力,容易受到同伴的排斥和拒绝。这说明,残疾儿童通常是班级中同伴接纳水平最低的个体,而智力障碍儿童则又是其中同伴接纳水平最低的,因此,他们的同伴关系最亟待改善。

普通儿童对智力障碍儿童的排斥形式和内容表现不同。可能是语言上的霸凌,行为上的攻击,如故意给智力障碍儿童取外号,或毁坏他们的物品。排斥可能是有意的,也可能是无意的,如无端对智力障碍儿童恶语相加,或讲笑话不顾及他们的感受。排斥既可能是轻度的,也可能是严重的,如对智力障碍儿童不屑的眼神,或将他们锁进厕所。排斥既可能是公开的,也可能是隐秘的,如表示拒绝和智力障碍儿童进行小组合作,或私下贬低他们。在融合教育学校中,智力障碍儿童大多都遭遇过普通儿童的排斥,并留下了不同程度的伤害。残疾儿童受到不同程度的欺负,比普通儿童受到欺负的比例更高,小学阶段的残疾儿童比幼儿园和高中阶段的残疾儿童受到更多欺负。③

---

① 埃略特·阿伦森,提摩太 D.威尔逊,罗宾 M.埃克特.社会心理学:阿伦森眼中的社会性动物[M].侯玉波,朱颖,等译.北京:机械工业出版社,2014:163-165.

② AVRAMIDIS E.Social relationships of pupils with special educational needs in the mainstream primary class:peer group membership and peer-assessed social behaviour[J].European Journal of Special Needs Education,2010,25(4):413-429.

③ 王文娟.随班就读特殊儿童学校欺负行为之研究:基于随班就读特殊儿童个案研究[D].重庆:重庆师范大学,2014.

智力障碍儿童常常是班级中的弱势群体,给人好欺负的印象,加上语言表达能力欠佳、反应速度慢、反击能力弱,容易成为校园欺凌的对象。卡特(Carter)和斯宾塞(Spencer)的研究发现,具有残疾的学生,无论残疾是显而易见的还是不易发现的,都要比没有残疾的同龄孩子遭遇更多的欺凌。① 惠特尼(Whitney)等人研究发现,具有特殊教育需求的儿童被欺凌的风险要高出两倍或三倍。② 罗丰苓指出,当"人缘不佳、遭受孤立、嘲笑、排挤"成为残疾儿童在普通班级的常态,"人缘好、受欢迎、同学能接纳差异并和平相处"反而是少数的异常时,残疾儿童"成功融入普通班学习的梦想"则很遥远。③

三、残疾儿童建立友谊关系难度更大

本研究中,普通儿童获得友谊提名的次数是残疾儿童的 4.57 倍,建立友谊关系的残疾儿童仅有 21%。对残疾儿童而言,亲密的朋友关系的形成受更多因素的影响,比被同伴接纳的难度更大。这与比斯、高曼和斯金纳的研究结论一致,残疾儿童比同龄普通儿童更可能缺乏朋友。④ 在融合教育学校中,少数乐于助人、乐于分享、善良的残疾儿童能够与普通儿童建立平等、亲密的友谊关系,并具有稳定性。

融合教育环境并不必然就带来儿童间的友谊,残疾儿童都非常渴望来自同伴的友谊。残疾儿童自身能力是友谊形成的重要影响因素,他们对友谊的认知、对友谊的需求、交往的技能等都会影响其友谊建立的可能性、友谊质量和稳定性。本研究中建立友谊关系的残疾儿童对友谊的认识和理解处于更高的阶段,认为能够相互帮助或聊得来的同学是好朋友,同时他们更多表现出乐于助人等内在品质等。霍曼斯的社会交换理论强调,友谊的互惠性对于维持友谊的稳定性有重要影响。多数残疾儿童由于自身障碍的影响,因此难以建立亲密互惠的友谊关系。

本研究发现,运用绘本干预作为残疾儿童友谊关系的催化剂,能有效帮助部分智力障碍儿童与普通儿童建立起互惠、稳定的友谊关系。相关研究也得出了类似积极的结论,综合干预策略有助于发展普通儿童和特殊儿童间的友谊。⑤ 洪玮君的研究发现,智力障碍儿童渴望与普通儿童建立友谊关系,但他们与普通儿童的友谊关系是不平等的;成人的引导、智力障碍儿童能力的提升和普通儿童的努力,有助于两类儿童间友谊

---

① CARTER B B,SPENCER V G.The fear factor:bullying and students with disabilities[J]. International Journal of Special Education,2006,21(1):11-23.

② 基思·沙利文.反欺凌手册[M].徐维,译.北京:中国致公出版社,2014:64-66.

③ 罗丰苓.SAFE 班级辅导模式[M].台北:张老师文化事业股份有限公司,2016:23-24.

④ BUYSSE V,GOLDMAN B D,SKINNER M L.Setting effects on friendship formation among young children with and without disabilities[J].Exceptional Children,2002,68(4):503-517.

⑤ 邓猛.国外特殊教育学基本文献讲读[M].北京:北京大学出版社,2015:230.

关系的建立与发展;增加普通儿童与智力障碍儿童接触的机会,可能带来友谊关系的转变;智力障碍儿童与普通儿童的友谊关系对彼此都是重要的,双方都能从中学习。[①]同时,在融合教育学校,帮助残疾儿童建立或改善友谊关系比改善同伴接纳态度难度更大,影响因素也更为复杂。何秉燕发现,绘本课程对增进脑瘫儿童的友谊关系具有可行性;但增进友谊关系必须经长时间的实施,具延续性,需要教师的引导,才能使残疾儿童的友谊关系得到改善。[②]

第二节　融合教育学校残疾儿童同伴关系的
影响因素模型

儿童发展生态系统理论强调,自然环境是个体发展的主要影响源。从微观系统到宏观系统与个体相互作用并影响着儿童的发展。生态系统中最核心的是微观系统。儿童的微观系统由家庭扩展到学校、同伴关系、社区。对儿童而言,学校是除家庭以外影响最大的微观系统。微观系统是一个动态的发展情境,所有关系都是双向互动的。良好的同伴关系是团结友爱、和谐相处,儿童在这样的同伴关系中会表现出更多乐观、合作、助人、分享的亲社会行为。如果儿童之间相互排斥、疏远,就容易产生暴力行为和攻击行为,或出现胆怯、孤独、不合群等行为,从而影响儿童生理、心理和社会性发展。儿童不仅受到同伴关系的影响,而且他们自身的生理特征和社会性特征也影响着同伴的行为。乐于助人、善于合作、友善待人、活泼开朗、学业成绩优异的儿童很可能受到同伴的欢迎和喜爱,而一个攻击性强、以自我为中心、学业表现不佳的儿童则容易受到同伴的排斥和厌恶。这些交互作用逐渐建立并经常发生,就会对儿童的发展产生持久的影响。

生态取向的残疾儿童观强调影响残疾儿童发展的环境因素的多样性和不确定性。残疾儿童与环境之间发生着复杂的互动。柯克等认为,同伴群体作为残疾儿童生态系统的重要组成部分,强调同伴对残疾儿童学业和社会发展的重要性,对残疾儿童的生活都有重大影响,是帮助残疾儿童最大限度发挥潜能的重要资源。[③] 随着儿童的成长,同伴群体逐渐成为残疾儿童最主要的影响因素。

---

①　洪玮君.有伴同行? 谈小学普通班智能障碍儿童与一般同侪之友谊关系[D].台北,台湾师范大学,2006:153-175.

②　何秉燕.运用图画书课程增进脑性麻痹儿童友谊关系之行动研究[D].台北:台北教育大学,2006:83-86.

③　KIRK S A,GALLAGHER J J,COLEMAN M R,et al.Educating exceptional children[M].13th.Boston,MA:Wadsworth Cengage Learning,2012:16-17.

本研究发现,残疾儿童和普通儿童之间可能形成亲密、接纳、疏离或排斥的同伴关系,影响他们之间的同伴关系的因素是多方面且复杂的。根据生态系统理论,学校是影响儿童发展的主要微观生态环境,同时班级环境则是影响儿童发展更为直接的因素。在这个微观生态系统中,影响因素之间的关系可建构为图6-1的模型。整体而言,与残疾儿童接触程度、残疾儿童总数、年级等因素(加粗文字)对残疾儿童同伴接纳态度具有预测力,且预测力最强。这与吴信锵的研究结论有相似之处。吴信锵的研究认为,不同背景变项预测接纳态度由高至低依次为接触程度、特教倡导、性别与年级。[①]

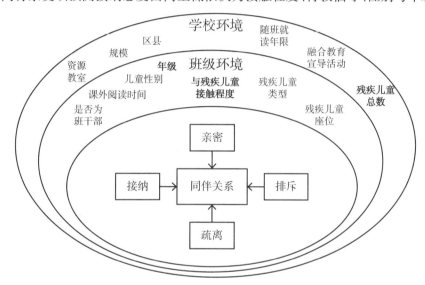

图6-1 残疾儿童同伴关系影响因素的生态系统模型

一、学校环境对残疾儿童同伴关系的影响

从学校环境层面,残疾儿童总数、资源教室和融合教育年限对残疾儿童同伴接纳态度具有预测力。残疾儿童总数少于5个的学校的残疾儿童同伴接纳态度显著提高。可能的原因有:第一,这几所残疾儿童人数少的学校招收的是听觉障碍和视觉障碍类型的残疾儿童,其他学校以智力障碍儿童为主。听觉障碍和视觉障碍儿童的学业表现和社会性发展都优于智力障碍儿童,这有利于他们同伴关系的发展。第二,这些学校都建有资源教室。资源教室的基本功能是为残疾儿童提供评估诊断、学习辅导、康复训练、制订个别化教育计划,为教师提供信息、提供培训、技术支持,为家长提供服务和培训。[②] 由于学校的残疾儿童人数少,因此残疾儿童在资源教室能够获得更多的学习辅导和康复训练机会,能有效改善学业水平和社会交往能力。第三,建有资源教室的

① 吴信锵.彰化县小学学童对身心障碍同侪接纳态度之研究[D].台东:台东大学,2008.
② 申仁洪.从隔离到融合:随班就读效能化的理论与实践[M].重庆:重庆大学出版社,2014:330.

学校,通常也会开展融合教育宣导活动。本研究还发现,建有资源教室的学校的残疾儿童同伴接纳态度更高,建立友谊关系的残疾儿童比例更大。融合教育是一种理念、一种态度、一种价值观,是一种持续的教育过程,同时融合教育涉及面广,影响因素众多,并非短时间就能够产生效果,需要一定时期的专业实践和专业积累。本研究发现,开展融合教育年限6~10年的学校,普通儿童对残疾儿童的同伴接纳态度均显著高于年限更短和较长的学校。这些学校的融合教育是在加强全市资源教室建设之后开始实施的,有强有力的政策支持、充足的经费保障、全员资源教师的持续培训,发展起点较高,没有旧有模式的束缚,且积累了足够的实践经验。

二、班级环境对残疾儿童同伴关系的影响

从班级环境层面看,与残疾儿童接触程度、年级、是否担任班干部、残疾儿童类型、课外阅读时间等对于残疾儿童同伴接纳态度具有预测力。本研究的调查显示,普通儿童与残疾儿童的接触程度与对残疾儿童同伴接纳程度成正比,这与国内外大多数研究的结论是一致的,如吴支奎的研究发现与智力障碍儿童接触越深,接纳态度越积极。[①]苏里亚-马丁内兹发现,与残疾同伴互动多的大、中学生对残疾同伴的接纳水平更高。[②]接触经验多的儿童对残疾儿童有足够的、充分了解的机会,更容易形成客观、全面的认识。接触经验少的儿童则可能存在消极的观点和偏见,从而拒绝和排斥残疾儿童。同时,普通儿童对残疾儿童接纳程度较高,反过来也更乐于与残疾儿童互动。本研究发现,高年级残疾儿童的同伴接纳程度显著高于中年级。不同研究得到的结论不尽一致,原因可能是所调查地区的经济发展水平不同、融合教育实施的程度不同、调查的残疾儿童类型不同等。而江小英的调查发现,3年级和5年级学生的同伴接纳程度显著高于4年级和6年级。[③]不同类型残疾儿童的同伴接纳程度具有显著性差异,视觉障碍儿童的同伴接纳程度最高,占人数最多的智力障碍儿童的同伴接纳程度则最低。这与其他研究的结论具有一致性。吴支奎的调查显示,普通小学生对智力障碍儿童普遍持排斥态度。[④]斯珀斯坦等的调查显示,美国青少年不愿意与智力障碍同伴进行社会性互动,尤其是在校外。[⑤]这与智力障碍儿童的生理、认知和社会性发展特点密切相关。他们成为同伴接纳程度最低、受到同伴排斥最多、建立友谊最困难的一类残疾儿

---

① 吴支奎.普小学生对随班就读弱智生接纳态度的研究[J].中国特殊教育,2003(2):16-22.

② SURIÁ-MARTÍNEZ R.Comparative analysis of students' attitudes toward their classmates with disabilities[J].Electronic Journal of Research in Educational Psychology,2011,9(1)197-216.

③ 江小英,王婧.农村小学生对随班就读同伴接纳态度的调查报告[J].中国特殊教育,2013(12):10-18.

④ 吴支奎.普小学生对随班就读弱智生接纳态度的研究[J].中国特殊教育,2003(2):16-22.

⑤ SIPERSTEIN G N,PARKER R C,BARDON J N,et al.A national study of youth attitudes toward the inclusion of students with intellectual disabilities[J].Exceptional Children,2007,73(4):435-455.

童,也是最需要同伴关系干预的残疾儿童类型。本研究显示,班干部对残疾儿童同伴接纳态度更积极。因为班干部通常由品学兼优的儿童担任,他们更加宽容、友善,有能力且乐于帮助残疾儿童。随着课外阅读时间的增加,普通儿童对残疾儿童的同伴接纳程度逐渐提升。阅读能够促进儿童的道德成长,培育儿童的人文精神,塑造儿童良好的性格和完善的人格,具有良好阅读习惯的儿童能对残疾儿童体现出更多的人文关怀。

第三节　融合教育学校残疾儿童同伴关系的绘本干预模式

本研究选择融合绘本和同伴关系主题绘本,通过互动式分享讲读,设计讨论、表演、游戏和延伸活动等多元化的教学活动形式,吸引普通儿童和残疾儿童充分参与活动,同时辅以适当的奖励方式,对普通儿童与残疾儿童的同伴关系进行干预。干预尤其注重从情感层面促进普通儿童对残疾儿童的接纳。图6-2为残疾儿童同伴关系的绘本干预模式。研究者选择在融合教育的学校环境下,在自然的融合班级中开展绘本干预。绘本干预的四大要素是精选优质主题绘本、互动式分享讲读、多元化参与形式和适当的奖励方式。

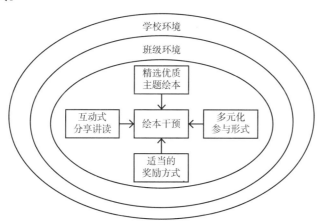

图6-2　残疾儿童同伴关系的绘本干预模式

一、精选优质主题绘本是绘本干预的前提

绘本干预是一种以绘本为核心的干预,所以选择适宜的绘本是重要的前提,需要特别慎重对待,因为选书不准,不但不能解决问题,反而有可能……为其错误的观念增

加合理性。① 已有的相关研究均将选书作为研究的重要内容。选择绘本的原则：一是适宜性，图画和文字的难易度符合低年级学生的理解力；二是主题性，选择针对同伴互动、包容、欣赏他人与尊重他人相关主题的绘本；三是儿童性，所选绘本应以儿童为本位，以儿童视角观察世界，符合儿童的阅读旨趣、阅读需求和阅读经验；四是艺术性，绘本要兼顾视觉审美特征，既包括艺术的美感、表现形式的多元，又看重运用图画说故事的能力，帮助儿童从图画中获取信息，并在视觉审美中强化对作品的情绪体验和积累视觉审美经验。参照绘本干预的相关研究制订选书步骤，本研究首先广泛收集与残疾儿童相关的绘本，依据融合教育价值观和同伴关系主题的框架，精心挑选经典优质绘本 30 本。其次邀请绘本阅读经验与教学经验丰富的教师和研究者，针对绘本内容、教学方向、与读者阅读能力的匹配度、各种残疾类型兼顾、残疾儿童形象的塑造等进行审查。最后选定 20 本文字优美、图画精美、故事性强、富有趣味性的绘本用于干预。研究结果证明，这些绘本受到了儿童普遍喜爱，成为提升普通儿童和残疾儿童同伴关系的有效工具。

二、互动式分享讲读是绘本干预的关键

在阅读治疗实践中，交互式阅读治疗的疗效强于以阅读为中心的阅读治疗，它更深入、更专业、更高级。这种阅读治疗强调不应仅仅寄希望于读者自己的领悟，而应该在读者读完一本书后，再针对其情感反应开展辐射性的对话来强化治疗效果，其优点在于能拉近和改善治疗关系，提升读者的士气，唤醒读者的希望、忠诚、尊敬甚至害怕等情感，通过这些内在感觉领域的变化，产生疗效。② 互动式分享讲读是以启发式问题推动讲读进程，鼓励儿童尽情表达自己的读书感受，在与他人分享读书感悟时获得情感支持。③ 互动式分享讲读强调"分享"比"阅读"更为重要。阅读治疗和儿童阅读策略都强调阅读的互动性，强调成人在阅读过程中的桥梁作用，绘本干预的过程更是如此。本研究中，互动式分享讲读是绘本干预中最关键的环节。互动主要是干预实施者、绘本与儿童三者之间的互动。干预实施者要引导儿童仔细观察绘本中图画的细节，大胆猜测故事情节的发展，认真思考绘本中人物内心所思所想，勇于表达对人物态度和行为的看法。分享主要是指儿童之间或师生之间一起平等交流阅读感受，倾听和尊重每个人的感受、理解、欣赏和评价，不以干预实施者的分析代替儿童的解读，不以模式化的解读代替儿童的思考，不以集体讨论代替个人阅读体验，增强儿童对绘本中

---

① 王波.阅读疗法[M].2 版.北京:海洋出版社,2014:215.
② 王波.阅读疗法[M].2 版.北京:海洋出版社,2014:215.
③ 许雪梅.互动式分享阅读对小学高年级学生叙事能力的影响[D].上海:上海师范大学,2014.

人物的情感经历和价值取向的感悟与理解,让绘本中的故事和儿童的内心联系起来,与他们的生活经验勾连起来。讲读主要是指成人与儿童共同阅读绘本,参与、支持儿童的阅读活动,包括讲述、朗读、讨论、探究、鉴赏等多种元素与方式。① 绘本是图文结合起来讲述故事,因此,讲读绘本不只是讲读文字,干预实施者可以根据自己对图画和文字的理解,即兴地运用自己的语言对故事进行讲解和描述。

互动式分享讲读的要素包括:第一,在朗读、讲述时,辅以表情、肢体语言,语气亲切自然、真挚诚恳,充满感情色彩,语速快慢有度,声音抑扬顿挫,满含深情,肢体动作得体到位,最好配以不同的、轻柔舒缓的背景音乐,营造轻松、优雅的阅读情境,同时也可以建立一种阅读的仪式感。第二,以启发式问题推动讲读进程。在讲读过程中,儿童往往是主动的参与者而不是被动的听众,如讲读绘本《我有友情要出租》时,大猩猩失去了好朋友咪咪后,决定免费出租友情,这时,干预实施者可以停下来问儿童开放性问题:"猜猜会有谁来出租大猩猩的友情呢?"大猩猩期待友情,却忽视了一直默默陪伴在它身边的小老鼠。这时,干预实施者可以再问"如果你是小老鼠,你会怎么办?"等启发性和开放性的问题,激发儿童的想象和发散性思维,联结儿童的生活经验,引导儿童主动参与讲读过程,建构自己对故事的理解。第三,鼓励儿童尽情地分享自己的阅读感受。儿童之间的分享可以相互激发,也可以活跃思维和阅读氛围,增加阅读的乐趣。因此,干预实施者首要的就是营造人人有机会参与、人人受到鼓励、人人有归属感的课堂氛围,必须让儿童在表达时感到安全、放心,知道自己的意见会被尊重。绘本课堂既不是传统课堂上教师的一言堂,也不是少数儿童展示的舞台。只有这样才能真正激发儿童的参与积极性,带给儿童愉悦的情绪体验,引发儿童深入的思考,尽情地分享自己的阅读感受。讲读过程中或讲读完再和儿童聊聊读过的内容,倾听他们的感受。例如,讲读《菲菲生气了》之前,跟儿童讨论,"你有没有生过气? 生气的时候你会做什么? 说来听听吧?"讲读之后,请儿童分享自己调整情绪的有效方式,最终让儿童明白:每个人都会有生气的时候,关键在于学会控制自己的情绪,才会有更多的好朋友。尽量少问"为什么""懂得了什么道理"之类的问题,这样提问的语气更像是挑衅和质询,很有威胁感,最好的做法是认真地倾听,表现出对儿童发言的兴趣,用鼓励性、邀请性的语气提问,"说来听听……"②即使儿童的确有不恰当的观点,也要用平等的语气与他讨论,"我是这么想的……,要是我,我会这么做……"第四,重视重复阅读。无论是重复讲读还是听读同一作品,随着次数的增多,都会产生进一步的发现,从而产生新的感受和理解。儿童对快乐的重复体验有着天然的喜爱,在反复阅读中不断吸收精神营养,

① 陈晖.图画书的讲读艺术[M].南昌:二十一世纪出版社,2010:11.
② 艾登·钱伯斯.说来听听:儿童、阅读与讨论[M].蔡宜容,译.北京:五洲传播出版社,2011:122-124.

对于图文共同呈现或图像信息丰富的作品,重复阅读有着普遍的必要性,图画书的探索趣味和阅读发现也支持和吸引着读者开展多次的重复阅读。① 但是重复阅读并非简单机械地重复,而应采用不同的方式,才不会让儿童觉得枯燥失去兴趣,例如儿童参与朗读、观看视频、欣赏绘本剧、阅读纸质绘本等。同时,每次讲读不必将每一个细节讲透,要适当留白,激发儿童重复阅读的兴趣,留给儿童重复阅读的空间。例如讲读完《故障鸟》后,研究者留下问题"这本书里面藏着很多的秘密等待我们发现,比如哪些朋友一直默默陪伴着故障鸟呢?"第二次上课,就有儿童主动分享他发现的诸多细节。每一次互动式分享讲读活动都是在干预实施者—绘本—学生之间的对话,即使是同一个绘本,由于情境不同,儿童的生活经验不同、阅读经验不同、理解能力不同,他们做出的阅读反应也可能有相当大的差异。儿童在课堂的积极参与表明他们喜欢互动式分享讲读的方式。

三、多元化参与形式是绘本干预的重点

多元化参与形式是绘本干预的重点。干预实施者在引导儿童充分享受阅读乐趣的基础上,综合采用独立回答问题、集体回答问题、集体朗读、轮流朗读、游戏、角色表演、观看视频、小组讨论等多种活动形式促进每个儿童全面和充分参与,并将这些活动融入互动式分享讲读之中。其中,儿童最喜欢的参与方式是做游戏。研究者通常根据绘本故事情节,导入或拓展活动中采用游戏法,这既有利于建立研究者和学生之间的良好互动关系,也有利于配合绘本内容进行铺垫与引申,并调动儿童参与的积极性。在游戏活动中,儿童充分观察、体验和参与,加深对绘本故事的认识和理解。

四、适当的奖励方式是绘本干预的保障

运用适当的奖励方式激发儿童的阅读兴趣和持续参与的热情是发达国家和地区图书馆和学校推动阅读的普遍策略。阅读奖励对内在动机低的儿童进行相关奖励,可以产生长期的积极影响。② 研究者制定了明确的奖励制度,且每次课后都记录课堂参与情况和课外阅读情况,及时强化儿童参与阅读的积极性。儿童有机会选择喜欢的绘本作为阅读奖励,达到积分要求即可领取奖励,通过延迟满足延长儿童参与阅读的热情。精神奖励和物质奖励相结合的多种方式,满足了儿童多元化的奖励需求。本研究发现,参与干预的儿童更喜欢来自教师的奖励,奖状、学习用品和绘本是儿童最喜欢的奖励。适当的奖励方式是绘本干预得以顺利实施的保障。

---

① 陈晖.图画书的讲读艺术[M].南昌:二十一世纪出版社,2010:80-81.

② SMALL R V,ARNONE M P,BENNETT E.A hook and a book:rewards as motivators in public library summer reading programs[J].Children and Libraries,2017,15(1):7.

第四节　融合教育学校残疾儿童同伴关系的
绘本干预效果

目前,针对融合教育学校残疾儿童与普通儿童之间的同伴关系干预研究主要分为两大类,部分研究认为利用特殊教育的服务提升残疾儿童的社会技能、丰富其同伴交往策略,有助于残疾儿童应对融合环境的改变,从而改变其同伴关系。[①] 有研究着力于指导残疾儿童提高社会技能,但发现成效有限;残疾儿童在班级中,尝试运用教师所教授的技巧时,却发现无法接受同伴异样的眼光,或是同伴对残疾儿童有很深的刻板印象,不论残疾儿童的表现是否适当,常常受到第二次伤害。同伴关系是一种双向的互动关系,单方面教授残疾儿童的社会技能并不能解决他们在同伴交往中面临的问题,普通儿童对残疾儿童的认知、感情和行为也需要改变。本研究运用绘本干预普通儿童对残疾儿童的同伴接纳态度及二者的友谊关系,研究结果表明效果显著。

一、绘本干预是改善残疾儿童同伴关系的有效手段

在融合教育环境中,单凭教师的力量是远远不够的,只有同班普通儿童真正将残疾儿童视为班级中不可或缺的一员时,他们的适应能力才能提升。如果融合教育未能配以恰当的措施,很可能会导致残疾儿童同伴互动不佳,同时在学业上的进步也会受到限制。在我国,融合教育学校中同伴关系的研究未能得到足够的重视,而很多欧美国家有专门的融合专家或融合促进师来负责推动,其中最常采用且有效的方式是以融合绘本为媒介,经由教师设计的系统活动,引导普通儿童逐步接纳残疾儿童,形成正确的认知、悦纳的情感和积极的行为。人际关系发展活动借由一个有系统的介入课程,需要教师的引导。范秀辉运用融合绘本有效地促进了学前儿童对肢体残疾儿童的接纳。[②] 本研究运用绘本干预,发现普通儿童与残疾儿童的同伴关系得到了有效改善。可见,系统地认识与接纳残疾儿童的课程与教学是有必不可少且富有成效的。

欧文斯(Owens)与诺威尔(Nowell)认为绘本能为儿童提供社会概念的刺激,引发儿童的学习动机,而这是儿童在社会学习中的必要过程。他们的研究发现,通过绘本教学能为融合教育带来正向的支持,原因在于绘本课程对普通班而言,是没有压力且

---

① 张弛.小学随班就读智障学生同伴关系的实证研究[D].上海:华东师范大学,2015.
② 范秀辉.普通幼儿对身心障碍同伴接纳态度之干预研究[D].重庆:重庆师范大学,2012.

自由的学习。① 在本研究的讨论过程中，儿童踊跃且自愿地发言，并学习对故事主角的同理心，了解如何尊重他人、如何提供适当的协助，使绘本潜移默化的功能得以发挥。绘本不仅可以丰富儿童的生活经验，增强认知能力与学习效果，还能培养美感，提升欣赏的价值，进而发展情感和同理心的价值观。② 林敏宜指出，将绘本运用于人格成长方面，可以涵养心性、陶冶气质，培养儿童正确的判断能力、同理心及社会正义情操。③ 研究者挑选绘本的过程兼顾了研究目的的需要、绘本主题内容及与儿童的经验联结的可行性，通过讨论更能引出儿童的看法及经验的分享，有助于儿童情境的转化及观念的类化。绘本干预能激发儿童的同理心，并提高普通儿童对残疾儿童的接纳程度。

韦纳（Weiner）认为普通儿童可以通过学习，习得尊重个别差异和沟通互动的社会能力。④ 拉玛-杜克思（Lamar-Dukes）和杜克思（Dukes）指出，在融合教育环境中，每个人都应被包含、被接受，都必须被提供相关支持，不论课业或生活的学习都应被同伴接纳并提供相关的支持。⑤ 本研究干预后，普通儿童不仅在课堂上表现出积极的态度，在日常生活中的行为也有积极的改变。童童在访谈中，特别谈到班长小聪给予她的点点滴滴的支持和帮助。研究者观察到他们之间的友爱互动。在阅读挑战大比拼环节中，小聪注意到同组的童童一时没想起答案，便及时地给她口头提示。当小组抢到比较简单的问题时，小聪鼓励童童优先回答。小聪具有较强的领导力，在班级里颇具威信。她能够以实际行动包容童童，主动将宝贵的答题机会留给童童，说明她充分了解和相信童童的能力。对童童而言，班长的支持和信任是最好的鼓励。小聪的行为为其他同学树立了良好的榜样。在挑战活动中，研究者可以感受到普通儿童以宽容的态度和行动接纳残疾儿童。对残疾儿童及普通儿童来说，在参与活动过程中展现出的友善行为的意义远远大于比赛的结果。为残疾儿童创造在学业、行为及社交方面的成功体验，彰显出该班级学生正在向真正的融合目标迈进。

相对于成人而言，由于儿童和青少年的认知没有定型，在阅读中容易顺利完成认同、投射、净化、领悟等心理过程，因此阅读治疗对他们比较有效。⑥ 但是阅读治疗不是

---

① OWENS W T, NOWELL L S. More than just pictures: using picture story books to broaden young learners' social consciousness[J]. The Social Studies, 2001, 92(1): 33-40.

② 蔡铭津. 绘本及其在教学研究上的探讨[M]// 黄文树. 幼稚园绘本教学理念与实务. 台北: 秀威咨询科技股份有限公司, 2010.

③ 林敏宜. 图画书的欣赏与应用[M]. 台北: 心理出版社, 2001: 52-57.

④ WEINER H M. Effective inclusion[J]. TEACHING Exceptional Children, 2003, 35(6): 12-18.

⑤ LAMAR-DUKES P, DUKES C. Consider the roles and responsibilities of the inclusion support teacher[J]. Intervention in School and Clinic, 2005, 41(1): 55-61.

⑥ 王波. 阅读疗法[M]. 2版. 北京: 海洋出版社, 2014: 215.

解决所有问题的万灵丹,阅读治疗对那些有阅读习惯的儿童和成年人最有效。[1] 阅读治疗的正向作用往往来时如抽丝,不易感觉。[2] 一般认为,阅读治疗理论的核心是认同、净化和领悟3个递进的阶段。认同是阅读治疗的基础,是人们在观察外部世界包括欣赏文学作品时,总是事先在脑海中形成一个期待,有意无意地将作品中人物的经历、情感与自己进行对照,如果能够找到吻合就会发生共鸣和认同,从而获得情感等方面的支持,这种体验经常发生在阅读治疗过程中。[3] 净化主要是指读者在欣赏文学作品时,与作品中的人物发生心灵契合和沟通,使情绪得以调节和慰藉,从而进入了有所排解和解脱的情感状态。[4] 领悟是指读者在经过认同、净化后,对阅读对象深层含义的追问和思考。[5] 一旦有所领悟,就有一种豁然开朗、醍醐灌顶的喜悦。领悟往往能使读者获得的认识根深蒂固地保留在脑海,对读者情绪的影响也比较持久,而共鸣和净化只能引起读者短暂的情感震荡和态度转变。领悟能够使儿童改变对世界的认知和情感,并增加更多富有成效的行为。阅读治疗的效果以领悟为最大,净化次之,认同再次之。[6] 不是所有读者在阅读时都会产生领悟,很多人在阅读时最多达到对作品、作者的净化而已。[7] 也并非所有作品都可以给读者带来领悟,只有当作品本身具有深刻的哲学意味时,才能引导读者进一步思考生命的价值等诸如此类的人生意义问题。[8]

本研究干预过程中,研究者对教师、家长与儿童的访谈和观察都可以发现,实验组的儿童阅读兴趣普遍更为浓厚,班级阅读环境和家庭阅读环境得到一定改善。好的图画书是离哲学最近的。[9] 绘本以独特的全知视角为读者展现故事中主人公面临的处境、心理,帮助读者了解他们的与众不同之处,同时发掘出他们那些不易察觉的闪光品质,与生活中对残疾儿童的原有刻板印象产生认知冲突,从而产生全新的领悟。读了《好好阿迪》后,我才知道,原来"慢飞天使"也有很多的优点,我对他的认识是片面的;他也渴望朋友,他不喜欢一个人孤孤单单的;我身边也有"慢飞天使",我可以更主动地、友善地与他相处(访谈记录)。干预后,多数儿童对绘本蕴含的融合教育价值观产生了认同,能够对绘本中的人物产生同理心,从而达到净化的层次,并产生持久的变化。大部分普通儿童对残疾儿童的同伴接纳态度有明显提升,并且在与残疾儿童相处

---

① 王波.阅读疗法[M].2版.北京:海洋出版社,2014:347.
② 季秀珍.儿童阅读治疗[M].南京:江苏教育出版社,2011:175.
③ 季秀珍.儿童阅读治疗[M].南京:江苏教育出版社,2011:8.
④ 季秀珍.儿童阅读治疗[M].南京:江苏教育出版社,2011:8.
⑤ 季秀珍.儿童阅读治疗[M].南京:江苏教育出版社,2011:8.
⑥ 王波,傅新.阅读疗法原理[J].图书馆,2003(3):1-12.
⑦ 季秀珍.儿童阅读治疗[M].南京:江苏教育出版社,2011:42.
⑧ 季秀珍.儿童阅读治疗[M].南京:江苏教育出版社,2011:42.
⑨ 翟晋玉.好的图画书是离哲学最近的[N].中国教师报,2014-02-12(3).

的实际生活中,已经产生了行为上的改变,从排斥、疏离逐渐走向欣赏、接纳,甚至建立了亲密的友谊关系。但仍有小部分普通儿童对残疾儿童的同伴接纳态度较为消极,仍处于排斥和疏离的状态,尚未达到领悟的层次。和大多数的治疗或干预手段一样,绘本干预也有其局限性,对尚未形成或正在形成阅读习惯的儿童影响有限,也并非所有儿童都能够顺利从认同、净化达到领悟的程度,如图 6-3 所示。

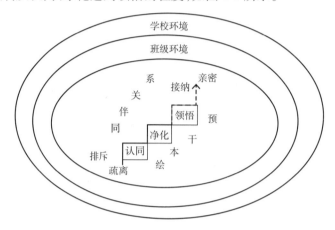

图 6-3　残疾儿童同伴关系干预效果

本干预研究对普通儿童的认知和情感维度的同伴接纳态度改善最为明显,认知、情感和行为意向 3 个维度趋于协调一致。态度的形成与转变是个体社会化的重要过程,常随着环境的变化,个体对事物的态度也会发生转变。根据凯尔曼的态度发展三阶段理论可以得出,在自然状态下,普通儿童对残疾儿童的同伴接纳态度 3 个维度是很难协调一致的,处于态度发展的初始阶段,即顺从和服从阶段,他们与残疾儿童的交往,对残疾儿童的友善行为,可能是为了获得教师或家长更高的评价或避免惩罚而表现出的表面的顺从和服从,并非出于他们主动的意愿。范秀辉的研究发现,普通幼儿对残疾幼儿的正向行为大都来自教师的鼓励和提示,并不是幼儿内心的想法;他们愿意去帮助残疾同伴,就是为了得到教师的夸奖。① 经过系统的绘本干预,普通儿童则逐步过渡到态度发展的认同和同化阶段,大部分儿童最终达到态度发展的内化阶段。普通儿童在欣赏绘本时,有意识或无意识地将绘本中人物的经历、情感与自己进行对照,与绘本潜移默化传达的多元、差异与平等、关怀、接纳与尊重、欣赏、合作与支持等融合教育价值观产生共鸣,从而产生认同感。他们还会与绘本中残疾儿童的同伴和兄弟姐妹的心理发生心灵契合和沟通,反思自己日常生活中面对残疾儿童可能产生的消极情绪反应和不当行为,并意识到这些情绪反应和行为是自然的,使自责感、罪恶感得以排解和解脱,受此影响,逐渐模仿绘本中正面人物的积极态度,开始主动关注和了解残疾

---

① 范秀辉.普通幼儿对身心障碍同伴接纳态度之干预研究[D].重庆:重庆师范大学,2012.

儿童。绘本干预的效果是潜移默化的、因人而异的,需要一个较长的过程。普通儿童阅读《好好爱阿迪》《故障鸟》时,开始思索"外表和内心什么最重要""真正的朋友是什么"等诸如此类的深层次问题,则进入了产生领悟的阶段,表现出从内心深处真正接受他人的观点而彻底转化为自己的态度。

二、绘本干预是搭建师生之间平等对话课堂的有趣方式

儿童文学是传递人类基本价值的文学,是以善为美、引人向上、导人完善的文学,优秀的儿童文学作品影响儿童一生的成长;儿童文学是一座桥梁,是沟通儿童与现实、儿童与历史、儿童与未来、儿童与成年人、儿童与儿童之间的精神桥梁,包括理解、抚慰、拯救、引导等不同的功能[①];儿童文学传达的主要是人类共同的美德,如友善、诚实、勇敢、宽容、合作、诚信等;儿童文学陶冶性情、增进美感,对儿童的情感、态度、价值观产生着潜移默化的影响。绘本是一种特殊的儿童文学类型,在儿童文学中占有重要地位,通常具有很强的故事表现力。研究表明,学习兴趣越大,对学习材料的情感反应越积极,学习的坚持性越强,思考越深入,对材料的记忆效果越好,学习效果越高。[②]

绘本干预对于每名儿童都有吸引力,能激发儿童的阅读兴趣,提升儿童的学习动机,带给儿童愉悦的情绪体验。每次课前,都会有几名儿童充满期待地询问新的故事内容。课后,他们会主动将讲读过的绘本带回家重复阅读,还常主动给研究者分享阅读的新发现和新感悟。在访谈中,儿童表达出对绘本课的一致喜爱,"特别喜欢""讲得有趣""很有意思""很吸引我""懂得很多道理"。干预后期乃至结束后很长一段时间,经常会有儿童向研究者表达他们的期盼:我最喜欢老师您讲故事,好想听您多给我们讲故事。不仅如此,儿童在课堂上的参与积极性也越来越高。第一课大部分儿童都显得比较拘谨,感受到轻松、愉快、安全、民主、平等的课堂氛围后,便开始积极踊跃发言,表达更加流畅和自信。注意力不集中的儿童也开始专注地听故事,从来不发言的儿童渐渐地也能够鼓起勇气举手,有更多的儿童参与学习。绘本干预以儿童能够理解和乐于接受的方式,带给儿童愉悦而少压力的学习体验,以有趣的故事为契机,建构师生之间平等对话的课堂,寓教于乐,达到事半功倍的效果。

三、绘本干预是促进融合班级文化建设的有益途径

1.残疾儿童不断进步

残疾儿童参与绘本课且表现积极,这对于提升其班级适应能力有帮助。郭为潘指

---

① 王泉根.儿童文学教程[M].北京:北京师范大学出版社,2009:8-10.
② 安妮塔·伍尔福克.教育心理学[M].伍新春,等译,北京:机械工业出版社,2015:347.

出,同伴互动如同镜子一般,儿童透过他人对自己的观感与态度,勾勒出自我的形象,并透过此形象产生对自我的观感。[①] 儿童在与同伴互动和长期或长时间的相处中,会自然而然地通过交流过程来调整对自己的评价。如果接收到负面评价,儿童对自我形象的认知将会受到冲击。相反,积极评价则会增强儿童对自我价值的认同感。融合教育应该为残疾儿童提供更多学业、行为和社交的成功经验。在课堂讨论的环节,研究者会特别留意童童、健健的专注程度,尽量给他们平等的参与机会。绘本降低了残疾儿童阅读的起点,使他们能够借助图画、结合上下文和生活经验理解故事内容,激发了他们的阅读兴趣和学习的积极性,使他们感受到阅读的乐趣,从而树立了阅读和表达的自信。最初,残疾儿童要么不会主动举手回答,要么不知道如何表达自己的想法或者重复他人的话语。研究者在每次课上都会给予他们答题的机会,每次都会给予鼓励性的反馈,由此增强了他们的信心。童童和健健参与越来越积极,专注的时间越来越长,举手越来越踊跃,逐渐能够对故事中的主角产生同理心,并开始大胆分享自己独立的观点。他们从最初课堂的看客蜕变为课堂的参与者,成为班级发言最积极的儿童。残疾儿童在绘本干预过程中的参与度远远大于其他课程。健健主动提出和同学一起协助研究者管理奖励贴纸和绘本。做老师的小助手带给健健莫大的鼓励,也增加了他和同学沟通与交往的机会。残疾儿童参与学习和互动的积极性增强,进一步迁移到其他课程的学习中。在访谈过程中,班主任和普通儿童均对他们的进步刮目相看。残疾儿童同样充分认识到了自身的进步:有信心、爱发言、很努力。

2.普通儿童能力提升

本研究发现,绘本干预后,实验组的残疾儿童不再受到排斥,并且班级被排斥的普通儿童也大大减少。这说明,绘本干预不仅能够改善整个班级儿童之间的同伴关系,而且使曾受到排斥的残疾儿童和普通儿童得到了同伴更多的宽容、理解、尊重、欣赏,从而使班级整体氛围更加和谐、融洽、平等。在访谈中,班主任和家长反映,实验组儿童的阅读兴趣更加浓厚,阅读时间更长,更热爱学习,发言更积极,各方面能力均有提升,"孩子更快乐、更自信、更活泼","更善于思考,注意力集中,发现问题的能力提高","更有想象力,观察力,语言表达能力提高,会主动思考,思维更加活跃"(访谈记录)。研究者在干预后期发现,绝大多数儿童都变得乐于思考、勇于表达,从不知道如何提问到提出五花八门的问题,比研究者预想的问题更为发散、深入。实验组期末语文成绩平均分高于对照组,尤其是阅读理解和作文得分的差异更为明显,说明绘本干预对儿童学业成绩产生了积极影响。

---

① 胡静怡.以绘本教学提升普通班学生对身心障碍同伴态度之行动研究[D].台北:台北市立教育大学,2009:88.

3.班级阅读氛围浓厚

在绘本干预前,两个实验组家庭图书资源比较缺乏,班级、学校都缺乏良好的阅读氛围。多数儿童缺少阅读兴趣,没有养成阅读的习惯。为激发儿童对绘本阅读的兴趣,研究者选择富有趣味性的绘本,并以绘声绘色的演绎迅速吸引儿童的注意力。同时,研究者根据班级儿童的特点,经常对儿童的阅读行为给予口头夸奖,制定并实施详细具体的奖励制度。儿童对绘本课表现出极大的热情,而且参与度提高、发言积极踊跃,表现更加自信。学校教导主任、班主任、家长和儿童都反映儿童对绘本课情绪高涨,成为他们最喜欢的课。每次讲完一个绘本故事,他们都争抢着要将绘本借回家多次品读,去发掘绘本中隐藏的更多的秘密。即使快到学期末,儿童对绘本课的热情也丝毫不减。干预结束,每名儿童都因自己的努力而获得了奖状、绘本或学习用品等。干预期间,自强小学实验组的阅读成效得到了学校领导的充分肯定,促使学校积极着手改善全校的阅读环境和阅读氛围。学校利用走廊的空间设置开放式的图书角,购置丰富且适合各年级儿童阅读能力和阅读旨趣的图书,使图书角成为儿童流连忘返的空间。学校邀请研究者为低年级开展了多次亲子阅读讲座,组织家长积极参与故事妈妈团队,开展亲子绘本共读活动,并为全校各年级推荐暑期阅读书目。

4.家庭阅读氛围浓厚

研究者鼓励实验组儿童开展课外阅读,允许他们将班级的绘本借回家重复阅读,并与父母共读。绘本干预后,实验组儿童家中童书数量及课外阅读时间显著增加。对照组家庭的阅读环境和阅读氛围没有显著性变化。在随机访谈中,实验组家长屡屡谈到家庭阅读氛围和亲子关系的改善:"现在每天都看""阅读兴趣更浓厚,阅读时间更长""常常回家提到绘本课""会讲小故事""和我们谈绘本里的人物""更愿意与家长沟通,共同话题多了,也更容易交流""交流时间更多,亲子关系更融洽""经常和孩子一起享受读书的乐趣,也增进和孩子的感情""一起购书,图书多了"(访谈记录)。本研究发现,课外阅读时间对残疾儿童的同伴接纳态度具有预测力。普通儿童的阅读环境渐渐改善,阅读兴趣日益提高,阅读习惯逐步养成,阅读和思考越加深入,使他们对外部世界和周围同伴的看法也发生了变化,对残疾儿童体现出更多的关爱、友善、尊重、理解和接纳。

四、绘本干预中研究者的角色

美国阅读治疗师培训的经验表明,合格的阅读治疗师应该有良好的沟通和交往能力,努力学习一些倾听、朗读、演讲、口才方面的技巧是十分必要的,这会大大润滑和改善治疗过程,优化治疗效果①,可见绘本干预中实施者的素养起着重要作用。艾登·钱

---

① 王波.阅读疗法[M].2版.北京:海洋出版社,2014:208-211.

伯斯的"阅读循环圈"理论强调,儿童阅读过程中最重要的需要一个有协助能力的成人。绘本阅读是儿童主动建构意义的过程,教师要搭建起儿童与文本对话的桥梁。尽管绘本具有直观形象性,但儿童要准确理解绘本中图画和文字所传达的内容并非易事,仍然需要成人的指导和帮助。成人用自己的语言将图画中的内容描述出来,诉诸儿童的听觉,儿童可以一边听成人的讲述,一边看图画书,耳目并用,既听赏了成人的讲述,又在视觉上得到了印证,这对儿童而言是一种独特的体验。① 教师与儿童一起共读绘本,会让儿童的绘本阅读更充分、更有趣、更有效。在运用绘本影响小学生对残疾同伴的接纳态度的实践中,师生共读比学生独立阅读相同的绘本的效果更为明显。笔者对阅读治疗效果评估的研究也发现有类似的结果,即良好治疗关系的建立主要取决于阅读治疗师的素养。优秀的阅读治疗师总是能解决读者的问题,而一般的阅读治疗师即便采用和优秀阅读治疗师一样的书目、方法,也难以成功解决同类人的同样问题。② 因此,绘本干预的关键在于有协助能力的成人。

研究者在教学过程中,除了引导儿童分享个别经验,还注意运用教学策略,通过适时的提问能促进儿童正向思考,并在思考后提供适当的回答。由于儿童对于绘本的理解层次有很大的差异,因此研究者依据绘本内容的深浅适时地做转化,把绘本中所要传达的含义通过适切的提问和说明表达出来。除此之外,研究者还运用课程整合能力与说故事技巧,根据儿童的反应及时作出调整,使所有儿童均能接受教师传达的讯息。同时,研究者根据研究协助者、实验组班主任反馈的儿童在课堂内外的表现,调整干预目标和内容。在整个绘本干预过程中,研究者的引导对儿童产生了正向的影响,也让残疾儿童在融合教育环境中感受到愉悦感和成就感,从而变得更加自信、更加积极。在干预过程中,研究者扮演着不同的角色,既是干预的设计者、实施者,也是儿童学习和发展的促进者、引导者、对话者、倾听者、参与者,努力成为"平等中的首席"。

五、讨论结论

对残疾人的错误认识和消极态度是社会发展进程中普遍存在的现象。改变普通儿童对残疾儿童的认识与态度是一个长期的过程,任重而道远。③ 融合教育学校普通儿童与残疾儿童之间同伴关系的发展是一个疏远与亲密、嘲笑与理解、歧视与尊重、排斥与接纳不断博弈和冲突的复杂的动态过程。从本研究结果来看,普通儿童与残疾儿童同伴关系亟待改善:总体上,普通儿童对残疾儿童的同伴接纳态度比较积极;但智力

---

① 王泉根.儿童文学教程[M].北京:北京师范大学出版社,2009:258.
② 王波.阅读疗法[M].2版.北京:海洋出版社,2014:215,347.
③ 邓猛,等.中国残疾青少年社区融合与支持体系[M].北京:北京师范大学出版社,2015:4.

障碍儿童多数处于被排斥和被忽视的地位;残疾儿童建立友谊关系难度大。尽管绘本干预能够有效改善普通儿童与残疾儿童的同伴关系,但普通儿童与残疾儿童同伴关系的改善是一个长期的过程,整体水平仍有待提高。值得注意的是,班主任对班级普通儿童与残疾儿童同伴关系的评价过于乐观,这可能导致班主任忽略两个群体在同伴交往过程中存在的问题,使普通儿童与残疾儿童同伴关系不良现象无法得到改善甚至可能恶化。

从残疾儿童同伴关系的影响因素来看,班级环境和学校环境是影响普通儿童与残疾儿童同伴关系的重要因素。对残疾儿童同伴接纳态度具有显著的正向预测力由高到低依次为与残疾儿童接触程度、年级、资源教室、是否担任班干部、残疾儿童类型、融合教育年限、课外阅读时间7个因素。

运用融合绘本和同伴关系主题绘本,采用多元化互动式的教学形式进行系统干预,能够有效改善普通儿童对残疾儿童的接纳态度,使残疾儿童在班级的社会地位得到提升,并建立起亲密的友谊关系。绘本干预为融合班级带来了显著改变,营造出了和谐融洽的班级氛围和浓厚的阅读环境,促进了残疾儿童和普通儿童共同发展进步。

当融合环境中每个成员都认识、尊重并接纳同伴的多样性时,残疾儿童才有可能真正地融入普通教育环境中,学校也才能成为一所融合性的学校。[1] 绘本对儿童发展具有举足轻重的价值,资源丰富多元,叙事举重若轻,是优质的教育资源,广受普通儿童和残疾儿童青睐。绘本干预能有效改善班级残疾儿童和普通儿童以及普通儿童之间的同伴关系,实现促进所有儿童共融、共生、共进、共赢的融合教育目标。

---

① 邓飞.融合教育:理想与实践[M].上海:华东师范大学出版社,2016:4-5.

附　录

附录1 普通学校残疾儿童同伴关系问卷
（普通儿童版）

亲爱的同学：

你好！我们目前正在做一个关于中小学生同伴关系的问卷调查。这不是考试，你不用写上名字。答案没有对错之分，我们会为你保密。每个同学都需要独立完成，不能相互看，也不能相互交流。你是怎么想的或怎么做的，就怎么回答。有选项就打"√"，没有选项就填写。你的回答对我们很重要哟！谢谢你的帮助！

第一部分：基本情况

根据你的实际情况选择，在选项字母下面打"√"。

1.我的性别是_____。

    A.男   B.女

2.我的学校所在地属于_____区。

3.我所在的年级是_____。

    A.2 年级   B.3 年级   C.4 年级   D.5 年级   E.6 年级

4.我在家中的排行是_____。

    A.独生子女   B.老大   C.老二   D.老三

5.爸爸文化程度是_____。

    A.研究生   B.本科或大专   C.高中或初中   D.小学及以下

6.我家有儿童图书_____。

    A.10 本以下   B.10～20 本   C.21～50 本   D.51～100 本   E.100 本以上

7.我平均每天看课外书的时间是_____：

    A.没有时间   B.1～10 分钟   C.11～20 分钟   D.21～30 分钟   E.30 分钟以上

8.是否担任班级干部_____。

    A.是   B.否

9.我上学期的语文成绩是_____。

    A.95 分及以上 B.85～95 分   C.75～84 分   D.75 分以下   E.不知道

10.我班上总共有_____名同学。

    A.20～30   B.31～40   C.41～50

第二部分:同伴接纳态度问卷

根据你真实的想法,在最符合的选项数字处打"√"。

这只是一个例题,告诉你如何回答问题。

	非常 不符合	比较 不符合	一般 符合	比较 符合	非常 符合
我喜欢看动画片。	1	2	3	4√	5

正式开始啦!

同学1:○○○

我和他_____接触。

A.经常接触(每天都会聊天,经常相处在一起)

B.有时接触(偶尔会聊天,有事才会跟他说话)

C.很少接触(一天平均讲不到5句话)

D.基本不接触(一周平均讲不到5句话)

编号	题目	非常 不符合	比较 不符合	一般 符合	比较 符合	非常 符合
1	班上多数同学都会帮助○○○。	1	2	3	4	5
2	○○○有他的优点和长处。	1	2	3	4	5
3	班上有的同学会欺负○○○。	1	2	3	4	5
4	○○○和我们一样,也能取得进步。	1	2	3	4	5
5	○○○做得好的时候,我会称赞他。	1	2	3	4	5
6	如果有人欺负○○○,我会上前制止。	1	2	3	4	5
7	○○○有能力和我们一起学习。	1	2	3	4	5
8	○○○有时候也会帮助别人。	1	2	3	4	5
9	○○○遇到学习上的困难,大家应该帮助他。	1	2	3	4	5
10	在校外碰到○○○,我会主动跟他打招呼。	1	2	3	4	5
11	○○○很多事情都做得不好。	1	2	3	4	5
12	我愿意和○○○参加小组活动。	1	2	3	4	5
13	我愿意和○○○一起参加全校性活动。	1	2	3	4	5
14	我愿意和○○○一起玩。	1	2	3	4	5
15	我愿意和○○○做邻桌。	1	2	3	4	5
16	我不太愿意邀请○○○到家里玩。	1	2	3	4	5
17	我愿意和○○○做朋友。	1	2	3	4	5

续表

编号	题目	非常 不符合	比较 不符合	一般 符合	比较 符合	非常 符合
18	~~〇〇〇最好不要在我们班级。~~	1	2	3	4	5
19	~~我能够和〇〇〇友好相处。~~	1	2	3	4	5

注:原问卷是19个题目,经探索性因素分析后,删掉了5个相关度小的题目。为避免问卷内容的重复,仅在原问卷题目中画去删掉的题目,以方便读者了解原问卷和修改后的最终问卷。

同学2:□□□

(题目与同学1相同,仅代表的符号不同,略)

同学3:△△△

(题目与同学1相同,仅代表的符号不同,略)

注:针对同学2和同学3的问卷题目与同学1相同,仅代表的符号不同。实际测试的时候,测试人员在教室黑板上写出同学1、2、3的名字。一般同学1写残疾儿童的名字,同学2、同学3写普通儿童的名字,以免残疾儿童被单独标示出来。两名普通儿童仅填写针对另外两名儿童的问卷题目,残疾儿童填写附录2的问卷。

第三部分:同伴提名问卷

填写题,根据你的实际情况填写。

在班上,你最喜欢和最不喜欢的3位同学及原因。你认为进步最大的同学及其表现(这部分仅后测时填写)。

编号	最喜欢的同学	喜欢的原因
1		
2		
3		

编号	最不喜欢的同学	不喜欢的原因
1		
2		
3		

编号	进步最大的同学	表现
1		
2		
3		

第四部分:友谊提名问卷

在班上,我的好朋友的名字和成为好朋友的原因(可以写0~3个,最多可以写10个好朋友的名字)。

编号	好朋友的名字	原因
1		
2		
3		
4		
5		
6		
7		
8		
9		
10		

第五部分:友谊质量问卷

这个问卷是想了解你与班上最要好朋友的实际情况。下面每道题都有5种选择答案,分别代表5种情况,请根据实际情况,选择一个最符合的答案,并在代表该答案的数字上打"√"。注意不要漏答或错行。

你的姓名是_____   你的好朋友的姓名是_____

编号	请记住下面评论的是你与你好朋友的关系	完全不符合	不太符合	有点符合	比较符合	完全符合
1	任何时候,只要有机会我们就总是坐在一起。	0	1	2	3	4
2	我们常常互相生气。	0	1	2	3	4
3	他/她告诉我,我很能干。	0	1	2	3	4
4	这个朋友和我使对方觉得自己很重要、很特别。	0	1	2	3	4
5	做事情时,我们总把对方作为同伴。	0	1	2	3	4
6	如果我们互相生气,会在一起商量如何使大家都消气。	0	1	2	3	4
7	我们总在一起讨论我们所遇到的问题。	0	1	2	3	4
8	这个朋友让我觉得自己的一些想法很好。	0	1	2	3	4
9	当我遇到生气的事情时,我会告诉他/她。	0	1	2	3	4
10	我们常常争论。	0	1	2	3	4
11	这个朋友和我在课间总是一起玩。	0	1	2	3	4
12	这个朋友常给我一些解决问题的建议。	0	1	2	3	4
13	我们一起谈论使我们感到难过的事。	0	1	2	3	4
14	我们发生争执时,很容易和解。	0	1	2	3	4
15	我们常常打架。	0	1	2	3	4
16	他/她常常帮助我,所以我能够更快完成任务。	0	1	2	3	4
17	我们能够很快地停止争吵。	0	1	2	3	4
18	我们做作业时常常互相帮助。	0	1	2	3	4

非常感谢你的合作,请检查一下是否漏题,谢谢!

附录2　普通学校残疾儿童同伴关系问卷
（残疾儿童版）

亲爱的同学：

你好！我们目前正在做一个关于中小学生同伴关系的问卷调查。这不是考试，你不用写上名字。答案没有对错之分，我们会为你保密。每个同学都需要独立完成，不能相互看，也不能相互交流。你是怎么想的或怎么做的，就怎么回答。有选项就打"√"，没有选项就填写。你的回答对我们很重要哟！谢谢你的帮助！

第一部分：基本情况

根据你的实际情况选择，在选项字母下面打"√"。

1.我的性别是_____。

　　A.男　　　　　　B.女

2.我的学校所在地属于_____区。

3.我所在的年级是_____。

　　A.3 年级　　　　B.4 年级　　　　C.5 年级　　　　D.6 年级

4.我在家中的排行是_____。

　　A.独生子女　　　B.老大　　　　　C.老二　　　　　D.老三

5.爸爸的文化程度是_____。

　　A.研究生　　　　B.本科或大专　　C.高中或初中　　D.小学及以下

6 我家有儿童图书_____。

　　A.10 本以下　　　B.10~20 本　　C.21~50 本　　D.51~100 本　　E.100 本以上

7.我平均每天看课外书的时间是_____。

　　A.没有时间　　　B.1~10 分钟　　C.11~20 分钟　　D.21~30 分钟　　E.30 分钟以上

8.是否担任班级干部_____。

　　A.是　　　　　　B.否

9.我上学期的语文成绩是_____。

　　A.95 分及以上　B.85~95 分　　C.75~84 分　　　D.75 分以下　　E.不知道

10.我班上总共有_____名同学。

　　A.20~30　　　　B.31~40　　　　C.41~50

第二部分:同伴接纳态度问卷

根据你最近一周的想法,在最符合的选项数字处打"√"。

这只是一个例题,是告诉你如何回答问题。

	非常 不符合	比较 不符合	一般 符合	比较 符合	非常 符合
我喜欢看动画片。	1	2	3	4√	5

正式开始啦!

编号	题目	非常 不符合	比较 不符合	一般 符合	比较 符合	非常 符合
1	如果我需要时,同学会愿意帮助我。	1	2	3	4	5
2	我与同学一起时很开心。	1	2	3	4	5
3	如果有人欺负我,其他同学会上前制止。	1	2	3	4	5
4	我喜欢去上学。	1	2	3	4	5
5	我和其他同学在一起时感到没话可说。	1	2	3	4	5
6	班上有的同学会欺负我。	1	2	3	4	5
7	我在班里感到孤单。	1	2	3	4	5
8	我的同学对我很好。	1	2	3	4	5
9	我遇到学习上的困难,同学会帮助我。	1	2	3	4	5
10	我希望有另一班不同的同学。	1	2	3	4	5
11	我做得好的时候,同学会称赞我。	1	2	3	4	5
12	同学愿意和我参加小组活动。	1	2	3	4	5
13	同学愿意和我一起参加全校性活动。	1	2	3	4	5
14	同学愿意和我一起玩。	1	2	3	4	5
15	同学愿意和我做邻桌。	1	2	3	4	5
16	同学愿意邀请我到家里玩。	1	2	3	4	5
17	同学愿意和我做朋友。	1	2	3	4	5
18	在校外碰到同学,他们会主动跟我打招呼。	1	2	3	4	5
19	我能够和同学友好相处。	1	2	3	4	5

第三部分:同伴提名问卷

填写题,根据你的实际情况填写。在班上,我最喜欢和最不喜欢的 3 位同学及原因。

编号	最喜欢的同学	喜欢的原因
1		
2		
3		

编号	最不喜欢的同学	不喜欢的原因
1		
2		
3		

第四部分:友谊提名问卷

在班上,我的好朋友的名字和成为好朋友的原因(可以写0~3个)。

编号	好朋友的名字	原因
1		
2		
3		

第五部分:友谊质量问卷

这个问卷是想了解你与班上最要好朋友的实际情况。下面每道题都有 5 种选择答案,分别代表 5 种情况,请根据实际情况,选择一个最符合的答案,并在代表该答案的数字上打"√"。注意不要漏答或错行。

你的姓名是_____　　你的好朋友的姓名是_____

编号	请记住下面评论的是你与你好朋友的关系	完全不符合	不太符合	有点符合	比较符合	完全符合
1	任何时候,只要有机会我们就总是坐在一起。	0	1	2	3	4
2	我们常常互相生气。	0	1	2	3	4
3	他/她告诉我,我很能干。	0	1	2	3	4
4	这个朋友和我使对方觉得自己很重要、很特别。	0	1	2	3	4
5	做事情时,我们总把对方作为同伴。	0	1	2	3	4
6	如果我们互相生气,会在一起商量如何使大家都消气。	0	1	2	3	4
7	我们总在一起讨论我们所遇到的问题。	0	1	2	3	4
8	这个朋友让我觉得自己的一些想法很好。	0	1	2	3	4
9	当我遇到生气的事情时,我会告诉他/她。	0	1	2	3	4
10	我们常常争论。	0	1	2	3	4
11	这个朋友和我在课间总是一起玩。	0	1	2	3	4
12	这个朋友常给我一些解决问题的建议。	0	1	2	3	4
13	我们一起谈论使我们感到难过的事。	0	1	2	3	4
14	我们发生争执时,很容易和解。	0	1	2	3	4
15	我们常常打架。	0	1	2	3	4
16	他/她常常帮助我,所以我能够更快完成任务。	0	1	2	3	4
17	我们能够很快地停止争吵。	0	1	2	3	4
18	我们做作业时常常互相帮助。	0	1	2	3	4

非常感谢你的合作,请检查一下是否漏题,谢谢!

附录3　普通学校残疾儿童同伴关系问卷
（教师版）

亲爱的老师:

您好! 我们目前正在做一个关于中小学生同伴关系的问卷调查。答案没有对错之分,数据仅作研究之用,我们会为您保密。请根据您的实际情况作答,有选项就打"√",没有选项就填写。您的回答对我们很重要! 谢谢您的帮助!

第一部分:基本情况

根据你的实际情况选择或填写,在选项字母下面打"√"。

1.我的性别是_____。

　　A.男　　　　　　B.女

2.学校现在有_____班级,所在地属于_____区。

3.学校现在有_____班级,是否是班主任_____。

　　A.是　　　　　　B.否

4.我所在的年级是_____。

　　A.3 年级　　　　B.4 年级　　　　C.5 年级　　　　D.6 年级　　　　E.2 年级

5.我班上的学生数量有_____。

　　A.20～30 个　　B.31～40 个　　C.41～50 个

6.最近一年,学校进行了以下哪些活动_____。

　　A.残疾人的体验活动　　　　B.特殊教育知识的宣传

　　C.特殊教育影片欣赏　　　　D.参观特教机构

　　E.残疾人到学校演讲或表演　　F.没有

7.我班上残疾学生数量有_____。

　　A.1 个　　　　　B.2 个　　　　　C.3 个　　　　　D.3 个以上

名字是:_____;性别_____;特殊需求类型:_____;

名字是:_____;性别_____;特殊需求类型:_____;

名字是:_____;性别_____;特殊需求类型:_____。

这是为了分析某个残疾学生在普通学生中真实的同伴关系,孩子的姓名我们会严格保密。

第二部分:学生关系情况

根据班级学生情况,在最符合的选项数字处打"√"。

编号	题目	非常不符合	比较不符合	一般符合	比较符合	非常符合
1	班上多数同学都帮助过特殊学生。	1	2	3	4	5
2	班上有的同学会欺负特殊学生。	1	2	3	4	5
3	特殊学生有时候也会帮助别人。	1	2	3	4	5
4	特殊学生遇到学习上的困难,多数学生会帮助他。	1	2	3	4	5
5	多数学生能够和特殊学生友好相处。	1	2	3	4	5
6	特殊学生做得好的时候,其他同学会称赞他。	1	2	3	4	5
7	多数学生愿意和特殊学生参加小组活动。	1	2	3	4	5
8	多数学生愿意和特殊学生一起参加全校性活动。	1	2	3	4	5
9	多数学生愿意和特殊学生一起玩。	1	2	3	4	5
10	多数学生愿意和特殊学生做同桌。	1	2	3	4	5
11	多数学生愿意邀请特殊学生到家里玩。	1	2	3	4	5
12	多数学生愿意邀请特殊学生做朋友。	1	2	3	4	5
13	多数学生会主动跟特殊学生打招呼。	1	2	3	4	5

第三部分:选择题

根据你的实际情况选择,在选项字母下面打"√"。

1.普通学生比较不能接受特殊学生_____【最多可以选3项】。

　　A.上课注意力不集中　　　　B.不大和他们交往

　　C.喜欢打人或咬人　　　　　D.喜欢发脾气

　　E.干扰我上课　　　　　　　F.干扰其他学生学习

　　G.学习成绩不好　　　　　　H.卫生习惯不好

　　I.生活不能完全自理　　　　J.其他(请注明:_____)

2.如果有学生不愿意和特殊学生交往,我觉得原因是_____。

　　A.丢面子,怕麻烦　　　　　B.跟自己又没什么关系

　　C.家长反对　　　　　　　　D.和特殊学生交流有困难

　　E.打人、咬人或发脾气　　　F.干扰其他学生学习

　　G.学习成绩不好　　　　　　H.卫生习惯不好

　　I.其他(请注明:_____)

　　　　　　　　　　　　　非常感谢你的合作,请检查一下是否漏题,谢谢!

附录4　普通学校残疾儿童同伴关系访谈提纲
（普通儿童版）

一、干预前访谈提纲

访谈时间＿＿＿年＿＿＿月＿＿＿日到＿＿＿年＿＿＿月＿＿＿日。

访谈地点＿＿＿＿＿＿＿＿；访谈人＿＿＿＿＿；被访谈人＿＿＿＿＿。

指导语:今天老师想跟你聊聊你的同学。我们所说的话,老师都会保密,也请你保密好吗? 谢谢!

1.你觉得○○○跟班上其他同学一样吗?

2.○○○哪些地方一样? 哪些地方不一样?

3.你的同学、家人、老师和学校对你与○○○交往是怎样的态度?

4.你对○○○印象最深刻的一件事是什么?（谈话尽量围绕残疾学生在班上的被接纳情况进行）。

5.○○○在班上有好朋友吗? 他们为什么能成为好朋友?

6.你喜欢阅读绘本吗? 比较喜欢哪些绘本?

二、干预中访谈提纲

（一）实验组访谈提纲

访谈时间＿＿＿年＿＿＿月＿＿＿日到＿＿＿年＿＿＿月＿＿＿日。

访谈地点＿＿＿＿＿＿＿＿；访谈人＿＿＿＿＿；被访谈人＿＿＿＿＿。

指导语:今天老师想跟你聊聊绘本课,我们所说的话,老师都会保密,也请你保密好吗? 谢谢!

1.你喜欢绘本课吗? 为什么?

2.说说你最喜欢的3本绘本,喜欢它的哪些方面?

3.上了绘本课,你觉得自己有哪些方面的进步和变化?（如果学生一时想不起来,可提示:自信心、想象力、观察力、表达能力）

4.班上还有哪些进步比较大的同学? 您觉得主要原因是什么?

5.你觉得从绘本课上学到些什么?（如果学生一时想不起来,可提示:交朋友……）

6.你觉得自己是一个什么样的孩子? 有哪些优点? 有哪些缺点?

7.你觉得○○○是一个什么样的孩子？有哪些优点？有哪些缺点？

8.你对自己和○○○的看法有什么变化？你觉得主要原因是什么？

9.你觉得其他同学对○○○的看法有什么变化？你觉得主要原因是什么？

（二）对照组访谈提纲

访谈时间＿＿＿＿年＿＿＿＿月＿＿＿＿日到＿＿＿＿年＿＿＿＿月＿＿＿＿日。

访谈地点＿＿＿＿＿＿＿＿＿；访谈人＿＿＿＿＿＿；被访谈人＿＿＿＿＿＿。

指导语：今天老师想跟你聊聊班上的同学，我们所说的话，老师都会保密，也请你保密好吗？谢谢！

1.你觉得自己是一个什么样的孩子？有哪些优点？有哪些缺点？

2.你觉得○○○是一个什么样的孩子？有哪些优点？有哪些缺点？

3.○○○跟班上其他同学一样吗？哪些地方一样？哪些地方不一样？

4.你的同学、家人、老师对○○○有什么看法、做法？

5.平时○○○会和你一起玩吗？什么时候？玩什么？

6.平时哪些同学会和○○○一起玩？他在班上有好朋友吗？他们为什么能成为好朋友？

7.你对○○○印象最深刻的一件事是什么？（谈话尽量围绕残疾学生在班上的被接纳情况进行）

三、干预后访谈提纲

访谈时间＿＿＿＿年＿＿＿＿月＿＿＿＿日到＿＿＿＿年＿＿＿＿月＿＿＿＿日。

访谈地点＿＿＿＿＿＿＿＿＿；访谈人＿＿＿＿＿＿；被访谈人＿＿＿＿＿＿。

指导语：今天老师想跟你聊聊绘本课，我们所说的话，老师都会保密，也请你保密好吗？谢谢！

（一）实验组访谈提纲

1.绘本课结束，你对绘本课有什么看法？

2.说说绘本课中，你最喜欢或印象最深的3本绘本或3个人物。

3.平时课余的时间，你最喜欢做什么？最近读了哪些书？

4.你觉得自己这学期考得怎么样？还满意吗？

5.你觉得自己这学期在哪些方面有进步？你觉得主要原因是什么？

6.你认为变化最大的同学有哪些？你觉得主要原因是什么？

7.你觉得○○○这学期有哪些方面的进步/变化？他给你留下的印象比较深的事

情是什么？你觉得主要原因是什么？

8.这学期你和他一起玩的时间多吗？（经常？很少？一般?)多或者少的原因是什么？印象比较深的事情是什么？

9.你觉得自己与○○○的关系有无变化？主要在哪些方面？

10.其他同学和○○○一起玩的时间多吗？（经常？很少？一般?)例如有谁？原因是什么？印象比较深的事情是什么？

11.你觉得其他同学与○○○的关系有无变化？主要在哪些方面？

12.上学期你觉得○○○是一个什么样的孩子？这学期你觉得○○○是一个什么样的孩子？

13.她和班上其他同学有哪些一样的地方,哪些不一样的地方？

(二)对照组访谈提纲

访谈时间_____年_____月_____日到_____年_____月_____日。

访谈地点_____;访谈人_____;被访谈人_____。

指导语:今天老师想跟你聊聊绘本课,我们所说的话,老师都会保密,也请你保密好吗？谢谢!

1.你觉得自己这学期考得怎么样？还满意吗？

2.你觉得自己这学期在哪些方面有进步？

3.你觉得○○○这学期有哪些方面的进步？对他印象比较深的事情是什么？

4.老师为什么给○○○调整座位了？调整后有变化吗？

5.这学期你和他一起玩的时间多吗(经常、很少、一般)？多或者少的原因是什么？印象比较深的事情是什么？

6.其他同学和○○○一起玩的时间多吗(经常、很少、一般)例如有谁？原因是什么？给你留下印象比较深的事情是什么？

7.你觉得○○○是一个什么样的孩子？

8.你喜欢绘本课吗？为什么？

9.平时课余的时间你最喜欢做什么？最近读了哪些书？

附录5　普通学校残疾儿童同伴关系访谈提纲
（残疾儿童版）

一、干预前访谈提纲

1.你觉得来学校上学开心吗？

2.开心，原因是什么？/不开心，原因是什么？

3.你在学校最喜欢的人是谁？喜欢他（她）的原因？

4.你的好朋友是谁？为什么他们是你的好朋友？

5.你喜欢阅读绘本吗？比较喜欢哪些绘本？

二、干预中访谈提纲

（一）实验组访谈提纲

访谈时间_____年_____月_____日到_____年_____月_____日。

访谈地点_____;访谈人_____;被访谈人_____。

指导语:今天老师想跟你聊聊绘本课,我们所说的话,老师都会保密,也请你保密好吗？谢谢!

1.你喜欢绘本课吗？为什么？

2.说说你最喜欢的3本绘本,喜欢它的哪些方面？

3.上了绘本课,你觉得自己有哪些方面的进步和变化？（如果学生一时想不起来,可提示:自信心、想象力、观察力、表达能力）

4.班上还有哪些进步比较大的同学？您觉得主要原因是什么？

5.你觉得从绘本课上学到些什么？（如果学生一时想不起来,可提示:交朋友……）

6.你觉得自己是一个什么样的孩子？有哪些优点？有哪些缺点？

7.你觉得○○○是一个什么样的孩子？有哪些优点？有哪些缺点？

8.你对自己和○○○的看法有什么变化？你觉得主要原因是什么？

9.你觉得其他同学对○○○的看法有什么变化？你觉得主要原因是什么？

(二)对照组访谈提纲

访谈时间＿＿＿＿年＿＿＿＿月＿＿＿＿日到＿＿＿＿年＿＿＿＿月＿＿＿＿日。

访谈地点＿＿＿＿＿＿＿＿＿；访谈人＿＿＿＿＿＿；被访谈人＿＿＿＿＿＿。

指导语：今天老师想跟你聊聊班上的同学,我们所说的话,老师都会保密,也请你保密好吗? 谢谢!

1.你觉得自己是一个什么样的孩子? 有哪些优点? 有哪些缺点?

2.你跟班上其他同学一样吗? 哪些地方一样? 哪些地方不一样?

3.平时哪些同学和你一起玩? 什么时候? 玩什么?

4.你在班上有好朋友吗? 你们为什么能成为好朋友?

5.你们之间比较有意思的事情是什么?

三、干预后访谈提纲

(一)实验组访谈提纲

访谈时间＿＿＿＿年＿＿＿＿月＿＿＿＿日到＿＿＿＿年＿＿＿＿月＿＿＿＿日。

访谈地点＿＿＿＿＿＿＿＿＿；访谈人＿＿＿＿＿＿；被访谈人＿＿＿＿＿＿。

指导语：今天老师想跟你聊聊绘本课和你的同学,我们所说的话,老师都会保密,也请你保密好吗? 谢谢!

1.绘本课结束,你对绘本课有什么看法?

2.说说绘本课中,你最喜欢或印象最深的 3 本绘本或 3 个人物。

3.平时课余的时间你最喜欢做什么? 最近读了哪些书?

4.你觉得自己这学期考得怎么样? 还满意吗?

5.你觉得自己这学期在哪些方面有进步? 你觉得主要原因是什么?

6.你觉得来学校上学开心吗? 开心/不开心的原因是什么?

7.你在学校最喜欢的人是谁? 喜欢他(她)的原因是什么?

8.你平常和谁在一起玩的时间比较多? 为什么你们喜欢在一起玩?

9.这学期你和班级同学的关系怎么样? 哪些方面有变化? 主要原因是什么?

10.这学期哪些同学对你比以前更友好? 你觉得主要原因是什么?

11.你觉得自己是一个什么样的孩子?

(二)对照组访谈提纲

访谈时间＿＿＿＿年＿＿＿＿月＿＿＿＿日到＿＿＿＿年＿＿＿＿月＿＿＿＿日。

访谈地点＿＿＿＿＿＿＿＿＿；访谈人＿＿＿＿＿＿；被访谈人＿＿＿＿＿＿。

指导语:今天老师想跟你聊聊你和你的同学,我们所说的话,老师都会保密,也请你保密好吗?谢谢!

1.你觉得自己这学期考得怎么样?还满意吗?

2.你觉得来学校上学开心吗?开心/不开心的原因是什么?

3.你在学校最喜欢的人是谁?喜欢他(她)的原因是什么?

4.你平常和谁在一起玩的时间比较多?为什么你们喜欢在一起玩?

5.你觉得自己这学期有什么变化吗?原因是什么?

6.这学期你和班级同学的关系怎么样?哪些方面有变化?主要原因是什么?

附录6　普通学校残疾儿童同伴关系访谈提纲
（教师版）

一、干预前访谈提纲

1.该班残疾儿童的基本信息。

2.请问你觉得（　　　）在学习能力、课程参与、活动参与、社会人际（沟通）等方面的基本情况？整体的互动情形为何？

3.请问你觉得（　　　）在学习、参与活动、社会人际（沟通）哪方面问题比较突出？或是让你觉得困扰的地方是什么？其身心障碍对他有哪些影响？平时需要多给予哪些协助？

4.就你的观察中，哪些特质的学生较常与（　　　）互动，或帮助他？可能受到了哪些因素的影响？例如性别、年龄、接触经验、残疾儿童的特点或家庭状况等。

5.就你的观察中，哪些特质的学生不愿和（　　　）一起互动？可能受到了哪些因素的影响？

例如性别、年龄、接触经验、残疾儿童的特点或家庭状况等。

6.有些学生表示不愿意和（　　　）一起互动，老师您觉得可能有哪些原因？

7.（　　　）在班上有好朋友吗？他们为什么能成为好朋友？

8.班上学生喜欢阅读绘本吗？亲子阅读的整体情况如何？

二、干预中访谈提纲

实验组访谈提纲

访谈时间_____年_____月_____日到_____年_____月_____日。

访谈地点_____；访谈人_____；被访谈人_____。

指导语：今天想跟你聊聊学生们对绘本课的看法以及残疾儿童同伴关系，谢谢！

1.您觉得班上普通儿童参与绘本课的情况如何？○○○参与绘本课的情况如何？

2.就您的观察，学生上了绘本课，总体有哪些方面的进步和变化？（可提示：自信心、想象力、观察力、表达能力）

3.班上还有哪些进步比较大的同学？您觉得主要原因是什么？

4.你觉得○○○是一个什么样的孩子？有哪些优点？有哪些缺点？

5.您觉得这学期○○○有什么变化？可能的原因是什么？

6.您觉得其他同学对○○○的认识、看法、态度有什么变化？他们之间的关系有什么变化？主要在哪些方面？有什么印象深刻的事情？

7.有几位学生在讨论环节不爱发言,他们在其他课堂也是这样的吗？

三、干预后访谈提纲

(一)实验组访谈提纲

访谈时间_____年_____月_____日到_____年_____月_____日。

访谈地点_____;访谈人_____;被访谈人_____。

指导语:感谢您一学期以来对我们的大力支持,今天想跟您聊聊这学期班级学生的情况，谢谢!

1.班上学生参与绘本课的情况如何？对绘本课的认识和看法？

2.有几位学生在讨论环节不爱发言,他们在其他课堂也是这样吗？

3.这学期,班级的阅读环境和氛围怎样？有什么变化？（语文）

4.学生的阅读兴趣、习惯、能力有什么变化？（语文）

5.这学期班级整体的语文成绩如何？和上学期相比？和其他班级相比？（语文）

6.班级看图写话部分的成绩如何？和其他班级相比？（语文）

7.○○○这学期语文学习整体表现？期末成绩？和上学期相比？（语文）

8.班级学生的观察力、想象力、表达力、自信心、情绪管理有什么变化？印象比较深的人或事。（语文）

9.在您看来,变化最大的学生有几位？您觉得主要原因是什么？

10.在您看来,这学期以来,班级学生对○○○的认识、态度和行为有没有什么变化？变化或者无变化的原因是什么？印象比较深的人或事。

11.普通儿童之间的关系有什么变化？印象比较深的人或事。

12.您觉得普通儿童与○○○关系有无变化？主要在哪些方面？有什么印象深刻的事情？

13.您觉得○○○在学习和同学相处方面有什么变化吗？您觉得主要原因是？

14.下学期,○○○是否继续在班级就读？不是的话,原因是什么？

15.您觉得有关绘本课适合在小学低年级开展吗？它最大的作用和价值是什么？

(二)对照组访谈提纲

访谈时间_____年_____月_____日到_____年_____月_____日。

访谈地点_____;访谈人_____;被访谈人_____。

指导语:感谢您一学期以来对我们的大力支持,今天想跟您聊聊这学期班级学生的情况,谢谢!

1.这学期,班级的阅读环境和氛围怎么样?（语文）

2.班级学生的阅读兴趣、习惯、能力怎么样?（语文）

3.这学期班级整体的语文成绩如何? 和上学期相比? 和其他班级相比?（语文）

4.班级看图写话部分的成绩如何? 和其他班级相比?（语文）

5.○○○这学期学习/语文学习整体表现? 期末成绩? 和上学期相比?（语文）

6.班级学生的观察力、想象力、表达力、自信心、情绪怎么样? 请列举你的印象比较深的人或事。（语文）

7.在您看来,变化最大的学生有几位? 您觉得主要原因是什么?

8.在您看来,这学期以来,班级学生对○○○的认识、态度和行为怎么样? 请列举你的印象比较深的人或事。

9.普通儿童之间的关系怎么样? 请列举你的印象比较深的人或事。

10.您觉得普通儿童与○○○的关系怎么样? 有什么印象深刻的事情?

附录 7　普通学校残疾儿童同伴关系观察表

观察日期		观察者		观察场所	
互动起始时间	事件		互动成员	正向/负向	主动、被动

附录8　绘本干预方案评价问卷

亲爱的同学:

谢谢你这学期,认真地参与课程,为了更了解你的学习情形,我们需要你的宝贵意见。这不是考试,答案没有对错之分,每一题都要选出来哦! 请你读完题目后,根据自己的实际感觉写出你的看法,在最符合的选项数字处打"√"。

	非常喜欢	喜欢	没有意见	不喜欢	非常不喜欢
一、上课使用的绘本					
《你是特别的,你是最好的》	5	4	3	2	1
《我的妹妹听不见》	5	4	3	2	1
《你是我最好的朋友》	5	4	3	2	1
《故障鸟》	5	4	3	2	1
《我的姐姐不一样》	5	4	3	2	1
《你很特别》	5	4	3	2	1
《爱闯祸的小天使》	5	4	3	2	1
《没有耳朵的兔子》	5	4	3	2	1
《我很特别》	5	4	3	2	1
《没有不方便》	5	4	3	2	1
《好好爱阿迪》	5	4	3	2	1
《人》	5	4	3	2	1
《爱德华:世界上最恐怖的男孩》	5	4	3	2	1
《超级哥哥》	5	4	3	2	1
《我的哥哥会变身》	5	4	3	2	1
《菲菲生气了》	5	4	3	2	1
《搬过来,搬过去》	5	4	3	2	1
《我不知道我是谁》	5	4	3	2	1
《我有友情要出租》	5	4	3	2	1
《小老鼠和大老虎》	5	4	3	2	1
二、阅读活动的方式					
朗读故事	5	4	3	2	1
讲读故事	5	4	3	2	1
自己回答	5	4	3	2	1
一起回答	5	4	3	2	1

续表

	非常喜欢	喜欢	没有意见	不喜欢	非常不喜欢
分别朗读	5	4	3	2	1
齐声朗读	5	4	3	2	1
小游戏	5	4	3	2	1
角色表演	5	4	3	2	1
观看视频	5	4	3	2	1
小组讨论	5	4	3	2	1
记录单	5	4	3	2	1
家人分享	5	4	3	2	1
评选最喜欢	5	4	3	2	1
配乐	5	4	3	2	1
重复阅读	5	4	3	2	1
亲子阅读	5	4	3	2	1
三、奖励方式					
教师口头夸奖	5	4	3	2	1
家长口头夸奖	5	4	3	2	1
老师奖励贴纸	5	4	3	2	1
老师奖励学习用品	5	4	3	2	1
老师发奖状	5	4	3	2	1
家长奖励绘本	5	4	3	2	1
老师写鼓励的话	5	4	3	2	1
老师奖励绘本	5	4	3	2	1

附录9　融合绘本

以下图书选自《特殊儿童阅读书目》

序号	书名	作者	译者	出版社	主题关键词
难度分级：★					
1	不一样的1	吴亚男 著 柳垄沙 绘		明大出版社	童话故事 认知启蒙 幽默童趣
2	导盲犬斯特拉	[日]成行和加子 著 [日]入山智 绘	王志庚	北京联合出版公司	爱与关怀 同伴关系 残疾主题
3	弟弟的彩色世界	[西班牙]维多利亚·佩雷斯·埃斯克里瓦 著 [意]克劳迪娅·拉努奇 绘	石诗瑶	广西师范大学出版社	想象创意 语言表达 残疾主题
4	咕叽咕叽	陈致元 图文		明天出版社	童话故事 品格养成 生命教育
5	开心小猪和大象哥哥（全17册）	[美]莫·威廉斯 著	戴永翔 徐超 张懿	新星出版社	同伴关系 情绪管理
6	看得见 看不见	[日]吉竹伸介 著	毛丹青	江苏凤凰少年儿童出版社	爱与成长 接纳自我
7	你是我最好的朋友	[法]拉谢尔·比瑟伊 著 [法]克里斯坦·吉博 绘	金波	外语教学与研究出版社	爱与关怀 趣味启蒙 残疾主题
8	我的兔子朋友	[美]埃里克·罗曼 著	柯倩华	河北教育出版社	童话故事 同伴关系 幽默童趣
9	喜欢用工具的猫和不喜欢用工具的猫	蔡冬青 著 俞寅 绘		中国中福会出版社	童话故事 自然科普 幽默童趣
难度分级：★★					
10	阿文的小毯子	[美]凯文·亨克斯 著	方素珍	河北教育出版社	生活故事 习惯养成 亲子关系 入园准备
11	巴巴奥有话说	萧袤 著 杨希 张彦红 绘		海燕出版社	生活故事 残疾主题 品格养成
12	不一样也没关系	[美]克莱·莫顿 盖尔·莫顿 著 [英]亚历克斯·梅莉 绘	王漪虹	华夏出版社	生活故事 同伴关系 残疾主题

续表

序号	书名	作者	译者	出版社	主题关键词
13	弟弟的世界	刘清彦 著 陈盈帆 绘		河北教育出版社	认知启蒙 生活故事 残疾主题
14	点	[加]彼德·雷诺兹 著	邢培健	北京联合出版公司	生活故事 品格养成 师生关系 艺术启蒙
15	独眼猫一世	[韩]郭在九 著	吴剑荣	南京师范大学出版社	童话故事 认知启蒙 残疾主题
16	风是什么颜色的	[比]安·艾珀 著	王妙姗	贵州人民出版社	幽默童趣 认知启蒙 残疾主题
17	孤单的小狗	[日]奈良美智 绘	陈文娟	新星出版社	童话故事 认知启蒙
18	故障鸟	[英]迈克尔·布罗德 著	方素珍	电子工业出版社	自我认知 同伴关系 品格养成 残疾主题
19	哈罗德有自己的声音了	[美]寇特妮·狄克玛斯 著	陈蕙慧	北京联合出版公司	童话故事 自我认识
20	好蛋	[美]乔里·约翰 著 [美]皮特·奥斯瓦尔德 绘	漆仰平	贵州人民出版社	童话故事 品格养成 生命教育
21	花格子大象艾玛经典绘本系列(全10册)	[英]大卫·麦基 著	喻之晓	中信出版集团	童话故事 自我认知 同伴关系 幽默童趣
22	看不见	蔡兆伦 著		长江少年儿童出版社	生活故事 残疾主题
23	看呀!	[奥]玛蒂娜·福克斯 著 [奥]妮妮·斯帕格 绘	陶盛源	海豚出版社	成长故事 幽默童趣 触摸书
24	没有耳朵的兔子	[德]克劳德·鲍姆加特 [德]蒂尔·施威格 著	王星	接力出版社	童话故事 品格养成 自我认知 残疾主题
25	你为什么不开花	[捷克]卡塔琳娜·玛卡诺娃 著	郭超	中信出版集团	认知启蒙 认识自我 想象创意
26	胖石头	方素珍 著 崔永嬿 绘		中国少年儿童出版社	生活故事 品格养成 幽默童趣
27	勺子	[美]艾米·克鲁斯·罗森塔尔 著 [美]斯库特·马贡 绘	黄筱茵	北京联合出版公司	寓言故事 自我认知 同伴关系

序号	书名	作者	译者	出版社	主题关键词
28	失明的导盲犬	[美]本·奎因 著 [英]乔·托德-斯坦顿 绘	朱其芳	浙江文艺出版社	爱与关怀 同伴关系 残疾主题
29	土地里的小鸟	[德]奥利弗·舍尔茨 著	孔杰	新蕾出版社	想象创意 幽默童趣 认知启蒙
30	我是彩虹鱼	[瑞]马克斯·菲斯特 著	彭懿	接力出版社	童话故事 同伴关系 自我认知
31	我说话像河流	[加]乔丹·斯科特 著 [加]西德尼·史密斯 绘	刘清彦	北京联合出版公司	自我认知 同伴关系 残疾主题
32	小老鼠和大老虎	[日]庆子·凯萨兹 著	余丽琼	江苏少年儿童出版社	童话故事 品格养成
33	小蓝和小黄	[美]李欧·李奥尼 著 彭懿		明天出版社	童话故事 认知启蒙 艺术启蒙 同伴关系
34	小种子	[美]艾瑞·卡尔 著	蒋家语	明天出版社	认识自我 品格养成 生命教育 认知拓展
35	谢谢您,福柯老师	[美]派翠西亚·波拉蔻 著	周英	广西师范大学出版社	生活故事 师生关系 残疾主题
36	熊会滑雪吗?	[英]雷蒙德·安特罗伯斯 著 [英]波莉·邓巴 绘	李剑敏	成都时代出版社	爱与关怀 残疾主题
37	旋风小鼹鼠	[西班牙]安娜·耶纳斯 著	王婷	明天出版社	童话故事 师生关系 自我认知 残疾主题
38	鸭子骑车记	[美]大卫·香农 著	彭懿	新星出版社	童话故事 品格养成 幽默童趣
39	眼	[波]伊娃娜·奇米勒斯卡 著	明书	接力出版社	认知启蒙
40	一本关于颜色的黑书	[委]梅米娜·哥登 著 [委]露莎娜·法利亚 绘	朱晓卉	接力出版社	科普 幽默童趣 认知启蒙 触摸书
41	一只与众不同的狗	[英]罗伯·比达尔夫 著	江建利 徐德荣	北京联合出版公司	童话故事 自我认知 想象创意 幽默童趣

续表

序号	书名	作者	译者	出版社	主题关键词
42	走出森林的小红帽	韩煦 著		接力出版社	童话故事 经典改编 幽默童趣 残疾主题
难度分级：★★★					
43	阿宾的马	车车 著 汪小伦 绘		海豚出版社	人生故事 传统文化 残疾主题
44	爱德华—世界上最恐怖的男孩	[英]约翰·伯宁罕 著	余治莹	北京联合出版公司	生活故事 品格养成
45	奥莉薇	[美]伊恩·福尔克纳 著	郝广才	河北教育出版社	生活故事 亲子关系 幽默童趣
46	嘭-嘭！	[奥]汉斯·雅尼什 著 [奥]赫尔嘎·班石 绘	王星	湖北美术出版社	自我接纳 心灵治愈
47	彩虹色的花	[美]麦克·格雷涅茨 著	彭君	二十一世纪出版社	童话故事 品格养成 艺术创意
48	穿红靴子的拉丁小子	车车 著 田东明 绘		海豚出版社	品格养成 生活故事 残疾主题
49	大脚丫跳芭蕾	[美]埃米·扬 著	柯倩华	河北教育出版社	生活故事 品格养成 自我认知
50	冬夜说书人	徐鲁 著 王祖民 王莺 绘		明天出版社	生活故事 自我接纳 残疾主题
51	躲猫猫大王	张晓玲 编文 潘坚 绘		明天出版社	生活故事 同伴关系 残疾主题
52	鳄鱼爱上长颈鹿系列（全5册）	[德]达妮拉·库洛特 著	方素珍	少年儿童出版社	童话故事 品格养成 幽默童趣
53	菲菲真的不行吗？	[美]莫莉·卞 著	张弘	河北教育出版社	生活故事 品格养成
54	改变世界的六个点	[美]珍·布赖恩特 著	刘清彦	北京联合出版公司	民间故事 爱与关怀 残疾主题
55	怪男孩阿尔伯特·爱因斯坦	[美]唐·布朗 著	刘清彦	北京联合出版公司	人物传记 品格养成 残疾主题
56	海伦的大世界：海伦·凯勒的一生	[美]多琳·拉帕波特 著	徐德荣	北京联合出版公司	人物传记 残疾主题

序号	书名	作者	译者	出版社	主题关键词
57	很慢很慢的蜗牛	陈致元 著		河北少年儿童出版社	生活故事 品格养成 幽默童趣
58	坚定的小锡兵	[美]弗雷德·马塞利诺 著	董海雅	浙江少年儿童出版社	品格养成 情绪管理 残疾主题
59	犟龟	[德]米切尔·恩德 著 [德]曼弗雷德·施吕特 绘	何珊	二十一世纪出版社	品格养成 哲学启蒙 幽默童趣
60	玛德琳和图书馆里的狗	[美]莉萨·佩普 著	馨月	二十一世纪出版社	生活故事 品格养成 残疾主题
61	每个人都重要	[挪]克莉丝汀·罗希夫特 著	邹雯燕	明天出版社	认知启蒙 想象创意
62	美丽心灵看世界	[奥地利]法兰兹·约瑟夫·豪尼格 著 [德]薇蕾娜·巴尔豪斯 绘	曾璇	湖北少年儿童出版社	想象创意 幽默童趣 残疾主题
63	面条乔闯世界	[斯洛文尼亚]阿克辛嘉·柯曼娜 著 [斯洛文尼亚]兹万科·科恩 绘	赵文伟	作家出版社	思维拓展 创意想象 触摸书
64	石头汤	[美]琼·穆特 著	阿甲	南海出版公司	寓言故事 品格养成 传统文化
65	田鼠阿佛	[美]李欧·李奥尼 著	阿甲	南海出版公司	童话故事 品格养成 哲学启蒙
66	外婆不说话	吕丽娜 著 [阿根廷]卢恰那·卡罗西亚 绘	和静	青岛出版社	亲子关系 生活故事
67	我的名字克丽桑丝美美菊花	[美]凯文·汉克斯 著	周兢	明天出版社	生活故事 品格养成 同伴关系 自我认知
68	我爱妈妈	保冬妮 著 李宇柯 绘		希望出版社	生活故事 亲子关系 残疾主题
69	舞鹤	保冬妮 著 夏婧涵 绘		人民教育出版社	亲近自然 环境保护 残疾主题
70	小黑鱼	[美]李欧·李奥尼 图文	彭懿	南海出版公司	童话故事 品格养成 同伴关系
71	小鼹鼠与星星	常立 著 茶又 绘		上海教育出版社	残疾主题 爱与关怀

续表

序号	书名	作者	译者	出版社	主题关键词
72	亚斯的国王新衣	刘清彦 姜义村 著 九子 绘		河北教育出版社	童话故事 自我认知 残疾主题
73	野兽国	[美]莫里斯·桑达克 著	宋珮	贵州人民出版社	成长故事 亲子关系 冒险精神 想象创意
74	啄木鸟女孩	刘清彦 姜义村 著 海蒂朵儿 绘		河北教育出版社	生活故事 品格养成 生命教育 残疾主题
难度分级：★★★					
75	奔跑的女孩	[美]安妮特·贝·皮门特尔 著 [美]迈科·阿彻 绘	范晓星	云南出版集团公司 晨光出版社	生活故事 品格养成 成长励志
76	超听侠	[美]茜茜·贝尔 著	袁禾雨	贵州人民出版社	同伴关系 自我接纳 残疾主题
77	乘着一束光	[美]珍妮弗·伯恩 著	刘雪梅	海豚出版社、	人物传记
78	除了听，他们没有什么做不到	粘忘凡 著 孙心瑜 绘		河北教育出版社	残疾主题
79	断喙鸟	[美]纳桑尼·拉胥梅耶 著 [澳]罗伯特·英潘 绘	艾斯苔尔	北京联合出版公司	生活故事 残疾主题
80	每一个善举	[美]杰奎琳·伍德森 著 [美]E. B. 刘易斯 绘	王芳	江苏凤凰少年儿童出版社	品格养成 同伴关系
难度分级：★★★★★					
81	窗边的小豆豆	[日]黑柳彻子 著	赵玉皎	南海出版公司	自我认知 人物传记
82	吹小号的天鹅	[美国]E.B.怀特 著	任溶溶	上海译文出版社	童话故事 残疾主题 自我接纳
83	钢铁是怎样炼成的	[苏联]奥斯特洛夫斯基 著	梅益	人民文学出版社	苦难教育 残疾主题
84	假如给我三天光明 （彩色插图版）	[美]海伦·凯勒 著	张遥	青岛出版社	自我认同 残疾主题
85	慢小孩	迟慧 著		天天出版社	童话故事 成长教育
86	每个生命都重要	[日]稻垣荣洋 著	宋刚	中信出版集团	挫折教育 生命教育 精神品质

序号	书名	作者	译者	出版社	主题关键词
87	听见颜色的女孩	[美]莎朗·德蕾珀 著	卢宁	接力出版社	挫折教育 生命教育 残疾主题
88	我与地坛	史铁生 著		湖南文艺出版社	苦难教育 精神品质 残疾主题
89	象脚鼓	殷健灵 著		天天出版社	残疾主题 自我接纳 品德与生活
90	永远讲不完的故事	[德]米切尔·恩德 著	杨武能	二十一世纪出版社	童话故事 残疾主题 自我接纳
91	张海迪:轮椅上的远行者	汤素兰 著		党建读物出版社	艺术启蒙 生命成长 残疾主题
92	指尖上的舞蹈	曾维惠 著		希望出版社	生命教育 品格养成 自我认知

参考文献

中文文献

[1] 基思·沙利文.反欺凌手册[M].徐维,译.北京:中国致公出版社,2014.

[2] 佩里·诺德曼,梅维丝·雷默.儿童文学的乐趣.[M].陈中美,译.上海:少年儿童出版社,2008.

[3] 塞西尔 R.雷诺兹,伊莱恩·弗莱恩-詹曾.简明特殊教育百科全书[M].2 版.赵向东,等译.北京:华夏出版社,2013.

[4] 吉姆·崔利斯.朗读手册:大声为孩子读书吧[M].沙永玲,麦奇美,麦倩宜,译.海口:南海出版公司,2009.

[5] 约翰·W.克雷斯威尔.混合方法研究导论[M].李敏谊,译.上海:格致出版社,2015.

[6] 艾登·钱伯斯.打造儿童阅读环境[M].许慧贞,译.北京:五洲传播出版社,2011.

[7] 陈晖.图画书的讲读艺术[M].南昌:二十一世纪出版社,2010.

[8] 邓猛,朱志勇.从话题到问题:教育研究方法刍议[J].教育学术月刊,2013(3):25-29.

[9] 邓猛,朱志勇.随班就读与融合教育:中西方特殊教育模式的比较[J].华中师范大学学报(人文社会科学版),2007,46(4):125-129.

[10] 邓猛,潘剑芳.关于全纳教育思想的几点理论回顾及其对我们的启示[J].中国特殊教育,2003(4):1-7.

[11] 邓猛.从隔离到全纳:对美国特殊教育发展模式变革的思考[J].教育研究与实验,1999(4):41-44.

[12] 邓猛.融合教育理论反思与本土化探索[M].北京:北京大学出版社,2014.

[13] 邓猛,等.中国残疾青少年社区融合与支持体系[M].北京:北京师范大学出版社,2015.

[14] 邓猛.国外特殊教育学基本文献讲读[M].北京:北京大学出版社,2015.

[15] 邓猛.普通小学随班就读教师教学调整策略的城乡比较研究[J].中国特殊教育,2005(4):65-70.

[16] 邓猛.融合教育实践指南[M].北京:北京大学出版社,2016.

[17] 邓猛,李芳.融合教育导论[M].北京:北京师范大学出版社,2022.

[18] 关文军.融合教育学校残疾学生课堂参与研究[M].北京:科学出版社,2018.

[19] 贺荟中,左娟娟.近二十年来我国特殊儿童同伴关系影响因素研究[J].教育理论与实践,2012,32(15):37-39.

[20] 贺荟中,左娟娟.近十年来我国特殊儿童同伴关系特点研究[J].中国特殊教育,2012(2):8-11.

[21] 黄志成,等.全纳教育:关注所有学生的学习和参与[M].上海:上海教育出版社,2004.

[22] 季秀珍.儿童阅读治疗[M].南京:江苏教育出版社,2011.

[23] 康长运.幼儿图画故事书阅读过程研究[M].北京:教育科学出版社,2007.

[24] 林敏宜.图画书的欣赏与应用[M].新北:心理出版社,2001.

[25] 庞丽娟.幼儿被忽视社交地位的矫正研究[J].心理发展与教育,1992,8(2):8-13.

[26] 庞丽娟.幼儿被拒绝社交地位的矫正研究[J].心理发展与教育,1993,9(1):23-29.

[27] 庞丽娟.幼儿同伴社交类型特征的研究[J].心理发展与教育,1991,7(3):19-28.

[28] 朴永馨.特殊教育辞典[M].3版.北京:华夏出版社,2014.

[29] 朴永馨.特殊教育[M].长春:吉林教育出版社,2000.

[30] 申仁洪.从隔离到融合:随班就读效能化的理论与实践[M].重庆:重庆大学出版社,2014.

[31] 吴念阳.让孩子爱上阅读:互动式分享阅读指导手册[M].上海:上海人民出版社,2012.

[32] 吴明隆.问卷统计分析实务:SPSS操作与应用[M].重庆:重庆大学出版社,2010.

[33] 张文新.儿童社会性发展[M].北京:北京师范大学出版社,1999.

外文文献

[1] ANDREWS S E.Using inclusion literature to promote positive attitudes toward disabilities[J].Journal of Adolescent & Adult Literacy,1998,41(6):420-426.

[2] BISHOP V E.Identifying the components of success in mainstreaming[J].Journal of Visual Impairment & Blindness,1986,80(9):939-946.

[3] BLAND C M,GANN L A.From standing out to being just one of the Gang:guidelines for selecting inclusive picture books[J].Childhood Education,2013,89(4):254-259.

［4］ BLAND C M,BURSUCK W,NIEMEYER J.A case study of general education teacher use of picture books to support inclusive practice in the primary grades of an inclusive elementary school［D］.The University of North Carolina at Greensboro,2013.

［5］ BOOTH T, AINSCOW M. From them to us:an international study of inclusion in education［M］.London:Routledge,1998.

［6］ CECIL R REYNOLDS,ELAINE FLETCHER-JANZEN.Encyclopedia of special education ［M］.3rd.New York:JOHN WILEY & SONS,2007.

［7］ PRATER M A,DYCHES T T.Teaching about disabilities through children's literature ［M］.Westport,CT:Libraries Unlimited,2008.

［8］ NOWICKI E A,SANDIESON R. A meta-analysis of school-age children's attitudes towards persons with physical or intellectual disabilities［J］. International Journal of Disability,Development and Education,2002,49(3):243-265.

［9］ FAVAZZA P C,ODOM S L.Promoting positive attitudes of kindergarten-age children toward people with disabilities［J］.Exceptional Children,1997,63(3):405-418.

［10］ FAVAZZA P C, ODOM S L. Use of the acceptance scale to measure attitudes of kindergarten-age children［J］.Journal of Early Intervention,1996,20(3):232-248.

［11］ GERVAY S.Butterflies:Youth literature as a powerful tool in understanding disability ［J］.Disability Studies Quarterly,2004,24(1):［页码不详］.

［12］ GILFOYLE E, GLINER J. Attitudes toward handicapped children:impact of an educational program ［J］. Physical & Occupational Therapy in Pediatrics,1985,5(4):27-41.

［13］ HEIMAN T L.Friendship quality among children in three educational settings［J］. Journal of Intellectual & Developmental Disability,2000,25(1):1-12.

［14］ KEITH J M, BENNETTO L, ROGGE R D. The relationship between contact and attitudes:reducing prejudice toward individuals with intellectual and developmental disabilities［J］.Research in Developmental Disabilities,2015,47:14-26.

［15］ HORNE M D.Attitudes toward handicapped students:professional,peer,and parent reactions［M］.Hillsdale,NJ:L.Erlbaum Associates,1985.

［16］ HUCK C S,KIEFER B Z,HEPLER S,et al.Children's literature in the elementary school［M］.New York:McGraw-Hill College,2003.

［17］ KIRK S A,GALLAGHER J J,COLEMAN M R,et al.Educating exceptional children ［M］.13th.Boston, MA:Wadsworth Cengage Learning,2012.

［18］ DE BOER A, PIJL S J, MINNAERT A. Students' attitudes towards peers with disabilities:a review of the literature ［J］. International Journal of Disability, Development and Education,2012,59(4):379-392.

［19］ SAUNDERS K.What disability studies can do for children's literature［J］.Disability Studies Quarterly,2004,24(1):［页码不详］.

［20］ SIPERSTEIN G N, LEFFERT J S, WENZ-GROSS M. The quality of friendships between children with and without learning problems［J］.American Journal on Mental Retardation,1997,102(2):111.

［21］ SIPERSTEIN G N, PARKER R C, BARDON J N, et al. A national study of youth attitudes toward the inclusion of students with intellectual disabilities［J］.Exceptional Children,2007,73(4):435-455.

［22］ STOREY K.Children's attitudes towards their peers with disabilities :the role of implicit person theories［D］.Cardiff:Cardiff University,2013.

［23］ SURIÁ-MARTÍNEZ R. Comparative analysis of students' attitudes toward their classmates with disabilities ［J］. Electronic Journal of Research in Educational Psychology,2011,9:197-216.

［24］ BUNCH G,VALEO A.Student attitudes toward peers with disabilities in inclusive and special education schools［J］.Disability & Society,2004,19(1):61-76.

［25］ VIGNES C,COLEY N,GRANDJEAN H,et al.Measuring children's attitudes towards peers with disabilities:a review of instruments［J］.Developmental Medicine & Child Neurology,2008,50(3):182-189.

［26］ VIGNES C, GODEAU E, SENTENAC M, et al. Determinants of students' attitudes towards peers with disabilities［J］.Developmental Medicine & Child Neurology,2009, 51(6):473-479.

［27］ VILLA R A,THOUSAND J S.Creating an inclusive school［M］.2nd. Alexandria, Virginia:Association for Supervision and Curriculum Development,2005.

［28］ OWENS W T, NOWELL L S.More than just pictures:using picture story books to broaden young learners' social consciousness［J］.The Social Studies,2001,92(1): 33-40.

［29］ PUN W D K.Do contacts make a difference? The effects of mainstreaming on student attitudes toward people with disabilities［J］.Research in Developmental Disabilities, 2008,29(1):70-82.

［30］ YU S,OSTROSKY M M,FOWLER S A.Measuring young children's attitudes toward peers with disabilities［J］.Topics in Early Childhood Special Education,2012,32 (3):132-142.